V&R

Georg-Siegfried Schmutzler + 11.10.2003

Gegen den Strom

Erlebtes aus Leipzig unter Hitler und der Stasi

»... es war tatsächlich möglich ...«

Vandenhoeck & Ruprecht
in Göttingen

Die Deutsche Bibliothek – CIP-Einheitsaufnahme

Schmutzler, Georg-Siegfried:
Gegen den Strom : Erlebtes aus Leipzig unter Hitler und der Stasi ; "... es war tatsächlich möglich ..." / Georg-Siegfried Schmutzler. – Göttingen : Vandenhoeck und Ruprecht, 1992
ISBN 3-525-55420-6

Satz: Competext, Hohenstein
Druck und Bindearbeit: Hubert & Co. Göttingen

Vorwort

Wenn ich gelegentlich von dem erzählte, was ich durchlebt habe, wurde ich immer wieder aufgefordert, es doch einmal schriftlich festzuhalten. Man machte geltend, daß dies z. B. im Hinblick auf Schule, Universität, soziale, gesellschaftliche und politische Verhältnisse, aber auch aus kirchengeschichtlicher Sicht nützlich sein könne. Aus vielerlei Gründen ließ ich mir dafür Zeit. Einmal begonnen, nahm mich aber das Konkrete der von mir erlebten Zeitläufe so gefangen, daß ich ihm pausenlos auf der Spur blieb. Erst bei dem Jahre 1961 machte ich zunächst Halt. Dieses Jahr markiert eine besondere Zäsur in meinem Leben. Es ist das Jahr meiner Entlassung aus der Haft nach fast vierjähriger Zuchthausexistenz in der DDR. Es ist das Jahr, dem zwei Jahrzehnte kontinuierlicher Berufsarbeit auf theologisch-pädagogischem Feld folgten.

Das Motto dieses Buches weist hin auf meine Erfahrung, daß alle Geschichte, auch ein Stück Lebensgeschichte wie dieses, keineswegs gesetzmäßig festgelegt ist, sondern in jedem Augenblick Möglichkeiten bereithält, die entweder wahrgenommen werden oder nicht, entweder so oder anders. Ich habe es aber nicht aus abstrakt-geschichtsphilosophischen Gründen gewählt, sondern fand es in einer bemerkenswerten Interview-Aussage des ehemaligen Vizechefs der Stasi in der DDR, *Markus Wolf*. Über die Praktiken der Stasi zur Rede gestellt, antwortete er: »Das war ja das Schlechte an der Sicherheitsdoktrin, daß manches, was unter dem Oberbegriff ›ideologische Diversion‹ bezeichnet wurde, dann auch strafrechtlich umgesetzt worden ist; d. h. *es war tatsächlich möglich*, nach Gesetzen Andersdenkende zu kriminalisieren, zu verfolgen und zu verurteilen.« Diese, hegelisch formuliert, »schlechte Möglichkeit« war also, wie ich am eigenen Leibe zu spüren bekommen habe, gegeben. Möglich war aber auch der Widerstand gegen sie wie auch gegenüber dem System des Nationalsozialismus. Möglich waren Entscheidungen für dieses oder jenes Studium, für diesen oder jenen Beruf, für diese oder jene Auslegung des Wortes Gottes. Für den, der an Christus glaubt, sind das freilich keine beliebigen Möglichkeiten; sein Gewissen erlaubt ihm nur, die Möglichkeit zu ergreifen, die der Glaube ihm nahelegt, ob er nun dadurch mit menschlich gesetztem Recht in

Konflikt gerät oder nicht. Er ist sich dessen gewiß, daß von Gott her alles Gute jederzeit möglich ist, ja, daß Er auch die Verwirklichung der schlechten Möglichkeit zum Guten wandeln kann.

Diese Erinnerungen stützen sich im wesentlichen auf das persönliche Gedächtnis, doch so weit wie irgend möglich auch auf Dokumente. Ich widme diese Aufzeichnungen in großer Dankbarkeit allen, mit denen ich habe zusammenarbeiten dürfen, allen, die für mich gebetet und sich in der Zeit der Haft für mich eingesetzt haben, insbesondere aber den Jüngeren, die sich oft so schwer vorstellen können, wie es damals wirklich war.

Inhalt

1933

Nachdem der Reichspräsident des Deutschen Reiches am 30. Januar 1933 Hitler zum Reichskanzler berufen hatte und dieses Ereignis von den Nazis mit einem triumphalen Fackelzug durch das Brandenburger Tor in Berlin gefeiert worden war, bekamen wir sehr bald zu spüren: eine neue Ära hatte begonnen. Die braune Bewegung bewegte uns alle – im wörtlichen Sinne zunächst. Entsprechend dem Willen des kommenden Reichspropagandaministers Goebbels hatten »spontane Kundgebungen« stattzufinden, sobald den Nazis ein innen- oder außenpolitischer Erfolg zuteil geworden war. Am leichtesten ließen sich die Schulkinder mit ihren Lehrern in Bewegung setzen. Auch ihnen sollte bewußt werden, daß mit dem 30. Januar 1933 ein tiefer Einschnitt in die deutsche Geschichte erfolgt war: also schulfrei, also Antreten aller Schüler aller Klassen und Schulen zum großen Demonstrationsmarsch durch Leipzigs Straßen. Auch die Schüler der ORSO, der Oberrealschule-Ost, der späteren Humboldtschule, traten an, an der Spitze die angehenden Oberprimaner. Neben mir marschierte mein Freund Uli Franck, wir beide mit sehr gemischten Gefühlen. Gesungen wurde zwar nicht. Aber pausenlos wurden Fragen und Antworten der folgenden Art skandiert. Einer fragte: »Wer hat uns verraten?«, darauf alle im Chor: »Die Sozialdemokraten«. Und er fragte weiter: »Wo sind die Kommunisten?« Antwort: »Im Keller«. »Was machen sie dort?« »Huuuuuuuuu ...« Uli und ich sahen uns an. Wir fühlten, auf was für einem Niveau wir uns hier bewegten. Dabei hätte kaum einer der Marschierenden zu sagen gewußt, worauf sich denn dieses Geschrei vom »Verrat« der Sozialdemokraten bezog und ob es denn wirklich berechtigt war. Das Verhalten der SPD-Reichstagsfraktion am 23. März 1933 bewies doch das Gegenteil von Verrat an der Demokratie: sie war bekanntlich die einzige Fraktion, die das Ermächtigungsgesetz für Hitler ablehnte! Und was die Kommunisten betrifft, so ahnte noch keiner, was ihnen in allernächster Zeit bevorstand, insbesondere ihren Führern. Das Skandieren jener Fragen und Antworten war Uli und mir jedenfalls von Herzen zuwider. Doch unser Primus, später Offizier der Wehrmacht und schließlich General der Bundeswehr, wurde nicht müde, immer wieder zu schreien: »Wer hat uns verraten?« usw. Auch als wir an der Thomaskirche vorüberzogen, verstummte das Geschrei nicht.

Unser Klassenerster war mit seiner Begeisterung eine Ausnahme unter uns Primanern. Er stammte aus einer sehr national eingestellten Volksschullehrerfamilie. An unserer Schule hingegen gab es keinen Lehrer mit nationalistischem Überschwang, und einen Nazi-Lehrer schon gar nicht. Auch war noch nirgendwo ein Schüler hervorgetreten, der sich als Mitglied des NS-Schülerbundes zu erkennen gegeben und für diesen Bund geworben hätte. Von unserem Rektor Hohmann, diesem grimmig dreinschauenden, aber grundgütigen Mann, wußten wir, daß er Freimaurer war und als solcher kein Nazi. Er trat zwar bald dem Ring der Förderer der NS-Partei bei, um zu verhindern, daß an die Spitze der ORSO irgendein NS-Lehrer als Kommissar gesetzt würde. Wie er selber wirklich stand und dachte, das spürten Uli und ich bald am Ende einer politischen Feier in der Aula unserer Schule. Da standen alle auf, erhoben die Rechte zum Hitlergruß, dem sog. »deutschen Gruß«, während das Deutschland- und das Horst-Wessel-Lied gesungen wurde. Nur Uli Franck und Siegfried Schmutzler standen nicht auf und entboten nicht den Hitlergruß und sangen nicht mit. Da hinkte unser schwer kriegsversehrter Rektor leise zu uns beiden von hinten heran und flüsterte uns zu: »Bitte, meine Herren, stehen sie wenigstens auf, unsere Schule könnte sonst Schwierigkeiten bekommen.« Dabei ließ er es bewenden. Das sprach Bände.

Mein Freund Uli war der Sohn eines Volksschullehrers, der dem pädagogisch und politisch fortschrittlichen Leipziger Lehrerverein angehörte. Bei Francks herrschte ein ganz anderer Geist als etwa im Elternhaus unseres Primus: ein liberaler, offener, der Aufklärung verpflichteter, besonders den Naturwissenschaften zugetaner, der Völkerfreundschaft und -versöhnung verbundener Geist.

Uli und ich wußten natürlich, welche Hoffnungen sich für viele mit dem Umschwung in unserem Vaterland verbanden. Das damalige Deutsche Reich hatte über sechs Millionen Arbeitslose, und jeden Sonnabend/Sonntag kam es seit langem zu bürgerkriegsähnlichen blutigen Auseinandersetzungen zwischen Kommunisten und Nazis oder Deutschnationalen. Meine Mutter war seit 1929 mit nur kurzen Unterbrechungen erwerbslos. Ein Elend war das. Würde Hitler sein Versprechen halten: »Gebt mit vier Jahre Zeit, und die Arbeitslosen sind alle von der Straße«? Man hoffte und bezweifelte es zu gleicher Zeit. Meine Mutter traute den militaristisch auftrumpfenden Nazis nicht. Der Krieg hatte ihre Ehe kaputt gemacht. Durch ihn hatte sie ihren nach

Amerika emigrierten Mann und ich damit meinen Vater verloren. Seit meiner Geburt 1915 in Leipzig mußte sie sich allein mit mir durchs Leben schlagen. Infolge ihrer Berufstätigkeit, die weithin mit Reisen verbunden war, sah sie sich gezwungen, ihren Jungen jahrelang bei fremden Leuten in Pflege zu geben. Das hörte erst auf, als es ihr gelang, eine kleine eigene Wohnung in Leipzig-Marienbrunn zu bekommen, wo ich dann während ihrer auswärtigen Berufstätigkeit allein hauste. Meine Mutter war überzeugte Pazifistin geworden. Sie agitierte für die Liga der Menschenrechte. Als Erwerbslose noch ging sie von Tür zu Tür und warb für den Frieden. Ihre Friedensbibel war Berta von Suttners Buch »Die Waffen nieder!«. Ich vergesse nie, wie sehr es sie beeindruckte, daß sie eines Tages mit der Unterschrift eines Leipziger Professors auf ihrer Anti-Kriegs-Liste heimkam: der des Philosophieprofessors Hans Driesch, dessen »Philosophie des Organischen« weltweit bekannt war. Die Nazis enthoben ihn freilich sehr bald seines Amtes.

Während ich im Blick auf die grausamen geschichtlichen Realitäten den prinzipiellen Pazifismus meiner Mutter zu ihrem Schmerze damals nicht zu teilen vermochte, bewegten mich sehr ihre Erfahrungen, die sie als Handelsvertreterin für bestimmte Markenartikel mit jüdischen Geschäftsinhabern machte: Sie erwiesen sich ihr und anderen Arbeitnehmern gegenüber als durchweg menschlicher, kulanter, großzügiger und entgegenkommender als weithin sog. »arische« Chefs. Das immunisierte mich gegen die nazistische Rassen- und Boykotthetze gegenüber den Juden und ihren Geschäften.

Außer dem Einfluß meiner Mutter gab es zu jener Zeit noch den meines älteren Freundes Helmut Richter, Sohn eines Leipziger Drukkers und Sozialdemokraten, der den Nazis sehr skeptisch gegenüberstand. Er nannte sie, zumal die beständig in Stiefeln und halbmilitärischer Uniform auftretenden Leute der SA und SS nur immer »Schläger«. Leider hatte er damit recht. Nicht vergessen sei auch mein Geigenlehrer, Mitglied des Leipziger Arbeiter-Symphonie-Orchesters. Da ich ernsthaft vorhatte, das Studium der Pädagogik und Philosophie an der Leipziger Universität und ihrem Pädagogischen Institut zu beginnen mit dem Ziel des Lehramtes an Volksschulen, erbot sich dieser Mann, ein Sozialdemokrat und aktives Mitglied des antifaschistischen »Reichsbanners«, mich ohne Honorar die ersten Schritte im Geigenspiel zu lehren, damit ich bei der Bewerbung um das Studium als Pflichtinstrument die Geige angeben konnte. Ein Jahr lang unterrichtete er mich.

Die Nazis waren zu Beginn meines 13. Schuljahres 1933/34 an die Macht gekommen. Dieses Jahr stand bei mir ganz im Zeichen der

Vorbereitung auf das Abitur. Gravierende Einbrüche in das tägliche Schulleben gab es seitens der neuen Regierung in diesem Jahr noch nicht. Bemerkenswert immerhin: sehr bald wurde jede Woche begonnen mit einer christlichen Andacht der in der Aula versammelten gesamten Schülerschaft. Uns Primaner berührte das nicht. Wir absolvierten die Andachten als ein leider unumgängliches Pflichtpensum. Später wurden diese christlichen Andachten durch rein säkulare Fahnenappelle ersetzt. Wir erlebten das nicht mehr.

Aufregend war für mich indes, daß mich der Rektor im Laufe des Frühjahres 1933 zu sich bestellte. Ich hatte nie bei ihm Unterricht gehabt. Doch kannte er mich und meine Mutter und die schwierige soziale Situation, in der wir uns befanden, zumal seit meine Mutter erwerbslos wurde. Er war uns wohlwollend gesonnen. Das hing sicher auch damit zusammen, daß er wußte: mein 1907 nach Amerika emigrierter Vater war Glied einer Leipziger Loge gewesen. Er hatte uns schon mehrfach in Notsituationen geholfen. Ich war gespannt zu erfahren, was ihn bewog, mich plötzlich zu sich zu bestellen. Er eröffnete mir bemerkenswert freimütig: er wisse, daß ich die Absicht hätte zu studieren. Als Rektor sei ihm Genaueres über die seitens der jetzigen Regierung in Aussicht genommenen Bedingungen für die Immatrikulation an der Universität bekannt, zumal wenn es sich um ein Studium handelte, das zur Lehrbefähigung an Schulen qualifiziere. Für das Lehramt an höheren Schulen, das streng kontingentiert sein würde, kämen nur solche Bewerber in Betracht, die sich als Führer in der Hitlerjugend oder in der SA bewährt hätten. Auch für ein Studium für das Lehramt an Volksschulen würden – unabhängig von den schulischen Leistungen und Zeugnissen – nur Bewerber genommen, die Mitglied einer NS-Organisation seien und damit ihre Einstellung zur politischen Erneuerung zu erkennen gäben. Er habe keinen Auftrag, uns davon Mitteilung zu machen. Er spüre auch, daß meine Einstellung dem Neuen gegenüber eher kritisch sei. Er respektiere das. Doch gab er mir den väterlichen Rat zu überlegen, ob es nicht angezeigt sei, so bald wie möglich einer NS-Organisation beizutreten. Andernfalls müsse ich damit rechnen, nicht immatrikuliert zu werden. Ich nahm das Wohlwollen des Rektors wahr. Doch was für ein Ansinnen war das! Zum ersten Mal sah ich mich mit der ganzen Härte der NS-Diktatur konfrontiert. Sollte, konnte, durfte ich diese Kröte wirklich schlucken? Nach langem Überlegen, zusammen mit meiner Mutter, entschloß ich mich, dem Rate des Rektors zu folgen. Ich wurde Kandidat der HJ, der Hitlerjugend, mußte eine halbjährige Probezeit mit zahlreichen Sonnabend/Sonntag-Unternehmungen, Übungsmärschen usw. überstehen und wurde in die HJ aufgenommen. Dieser Weg der Anpassung fiel mir schwer genug. Doch hoffte ich auf Mittel und Wege, dem Nationalsozialismus widerstehen zu können.

Später habe ich viel darüber nachgedacht, warum unser Volk, unsere Schule, soviele Menschen dem Phänomen des Nationalsozialismus gegenüber so ohnmächtig waren. Immer wieder wurde mir klar: Die Schule, deren Bänke und Stühle ich dreizehn Jahre lang gedrückt hatte, war daran nicht unschuldig. Meine Oberrealschule war eine regelrechte Lernschule. Stoffbewältigung schien ihr oberstes Ziel zu sein. Ich verdanke ihr viel an Wissen und Kategorien des Verstehens. Doch zu kritischem Denken hat sie uns nicht erzogen, im mathematisch-naturwissenschaftlichen Bereich schon, aber kaum hinsichtlich der geschichtlich-gesellschaftlich-politischen Wirklichkeit. Wir Ober*real*schüler – doch den Gymnasiasten und allen anderen Schülern im damaligen Deutschland ging es wohl nicht viel anders – standen diesen Realitäten mehr oder weniger als Analphabeten gegenüber. Unsere Schule war zwar eine Schule in der jungen Weimarer Demokratie, der ersten Demokratie auf deutschem Boden, aber es war keine demokratische Schule. Weder gab es in ihr Informationen über das Wesen und das konkrete Funktionieren von Demokratie noch ein kritisches Wahrnehmen der Parteienlandschaft und der anderen politischen Kräfte im Lande. Vor allem: es gab keinerlei Einübung in Demokratie durch eine entsprechende Organisation des Schullebens. Dieses Defizit an politischer Bildung machte uns weithin unfähig zu einer entschlossenen argumentativen kritischen Auseinandersetzung mit dem Nationalsozialismus und unfähig zu wirksamem demokratischen Widerstand.

Viele meinten, Hitler werde in der Regierungsverantwortung bald mit seinem lautstarken rassistischen Latein am Ende sein. Doch machte ich auch andere Beobachtungen. Während des Krieges 1915-1918 und danach bis 1921 in dem Dorfe Kossa in der Dübener Heide aufgewachsen, kehrten wir, meine Mutter mit mir, auch nach der Übersiedlung in die Stadt, von Leipzig aus während der Ferien Jahr um Jahr dort ein, wo uns entfernte Verwandte meiner Mutter freundlich aufnahmen. Auch 1933 verbrachten wir dort mehrere Wochen in frischer Land- und Waldluft. Dabei kam ich beim Baden im Dorfteich in ein intensives Gespräch mit einem jungen Kommunisten aus Kossa. Ich hatte von ihm, dessen Einstellung ortsbekannt war, eine entschiedene Frontstellung zum Nationalsozialismus erwartet, zumal nach dem Verbot der KPD und der Verschleppung ihrer Führer ins Konzentrationslager.

Stattdessen erlebte ich: Der junge Mann hatte sich völlig von der antiwestlichen, antisemitischen, nationalistischen und militaristischen NS-Ideologie einfangen lassen und behauptete: »Wenn Hitler das durchführt, was er in seinen Reden verspricht« – z. B. Beseitigung der Arbeitslosigkeit, Herstellung der vollen deutschen Souveränität –, »dann ist er unser Mann«, also der Mann der bisherigen Kommunisten!

Ein Einzelfall? Wohl doch nicht. In dem Hause der Gartenvorstadt Leipzig-Marienbrunn, wo wir seit 1925 eine kleine Mansardenwohnung bewohnten, lebte auch ein Facharbeiter aus dem Leipziger graphischen Gewerbe, ein sehr selbstbewußter Sozialdemokrat. Als sein Sohn Fritz sich einmal zu der Jugendclique in Marienbrunn gesellte, zu der auch ich gehörte, und er mit uns, die wir gerade »Exerzieren« spielten, von seinem Vater dabei angetroffen wurde, verfluchte der ihn als einen »gottverdammten Hund«, den er totschlagen würde, wenn er ihn nochmals bei uns »bürgerlichen Jungen« anträfe. Derselbe Mann aber, der nur die Flagge Schwarz-Rot-Gold an seinem Fenster sehen ließ, dachte nach den ersten außen- und innenpolitischen Erfolgen des NS-Regimes ganz anders: er hißte die rote Fahne mit dem Hakenkreuz und verfaßte am 1. Mai Kampfgedichte auf Adolf Hitler.

Angesichts solcher Wandlungen würde Hitler kaum seine Zuflucht zu Wahlfälschungen zu nehmen brauchen, um 99% der Wählerstimmen auf sich und seine Partei zu vereinen.

Vor und nach dem Abitur

Daß ich ein Studium an der Universität Leipzig und ihrem Pädagogischen Institut anstrebte, war nicht selbstverständlich. Auf Grund der inzwischen erworbenen Mitgliedschaft in der HJ durfte ich immerhin auf einen Studienplatz hoffen, der zum Lehramt an Volksschulen führte, was in Leipzig nach dem Ersten Weltkrieg als ein universitäres Studium, nicht als ein schmalspuriges Schulstudium praktiziert wurde. Mein Freund Helmut Richter, einige Jahre älter als ich, stand bereits in diesem Studium, als ich die Frage der Berufs- und Studienwahl noch vor mir hatte. Ich ging bei und mit ihm am Pädagogischen Institut aus und ein, bisweilen nahm er mich auch zu einzelnen Kollegs an der Universität mit. Das gefiel mir alles sehr. Doch mein Freund schlug mir etwas ganz anderes vor, was ich von ihm ganz und gar nicht erwartet hätte: »Du bist wie ich ein armer Hund. Zum Studium braucht man Geld. Ich rate dir: Studiere Theologie. Ich sehe es täglich an den Aushängen am Schwarzen Brett: bei den Theologen gibt es Stiftungen und von daher Stipendien. Das ist das eine. Das andere aber ist: wenn man studiert, muß man auch den Studienanforderungen gewachsen sein. Doch ich sage dir: Was in der Theologie auf dich zukommt, das schaffst du, darauf kannst du dich verlassen.« Sprach's und meinte, mir damit einen sehr klugen Rat gegeben zu haben. Darauf, daß ich wie er das Studium der Pädagogik und Philosophie mit dem Ziel des Lehramtes an Volksschulen anstreben könnte, kam er gar nicht, jedenfalls sah er mich da ohne Chance. Ich aber antwortete ihm spontan: »Dein Vorschlag erstaunt mich. Du meinst, ich solle mir ein finanziell gesichertes Studium verschaffen, indem ich alles verleugne, was ich bisher gelernt habe. Du vergißt, daß ich nun schon acht Jahre eine Oberrealschule besucht habe, eine Schule, in der die Mathematik und die naturwissenschaftlichen Fächer Physik, Chemie, Biologie dominieren. Theologie studieren aber heißt doch mit Sicherheit auch Einstehen für alle möglichen Wunderdinge, von denen in der Bibel erzählt wird, z. B. die Verwandlung von Wasser in Wein durch Jesus, die wunderbare Speisung der Fünftausend mit einigen Broten und Fischen, Jesu Wandeln auf dem See, sein Entschweben zum Himmel, ganz zu schweigen von seiner jungfräulichen Geburt. Das alles aber bedeutet Verleugnung der Naturgesetze. Und eine solche geistige Verrenkung willst du mir zumuten? Wenn etwas auf gar keinen Fall in Frage kommt, dann das!« Schließlich hatte ich Wilhelm Bölsche gelesen, und R. M. Rilke stand mir mit seinem Stundengebet nahe: Gott, »tu mir kein Wunder zulieb, gib deinen Gesetzen recht, die von Geschlecht zu Geschlecht sichtbarer sind.« Ich kannte den Fall Galilei, und vom Geschichtsunterricht her wußte ich vom Kampf der Kirche gegen die Evolutionseinsichten eines Charles Darwin. Mir war bewußt, daß die ontogenetische Entwicklung des Menschen eine Rekapitulation seiner phylogenetischen Entwicklung darstellt. Dies alles und noch mehr sollte ich nach der Meinung des Freundes in den Wind schlagen, um mir ein bequemes Studium zu sichern? Lieber wollte ich wie bisher durch Privatunterricht für jüngere Schüler mir weiter das Nötigste zum Leben selber verdienen. Ich sagte dem Freund: »Wenn ich deinem Rat folgte, würde ich ja mein Studium mit einer Lüge beginnen und auf eine Lüge aufbauen.«

Damit war eine erste Hürde auf dem Wege zum angestrebten Pädagogikstudium genommen. Eine zweite habe ich schon erwähnt; sie baute sich vor mir auf, als mir der »Rex« erklärte: für Abiturienten ohne jede NS-Mitgliedschaft bestünde keine Chance für ein solches Studium. Ich ahnte nicht, daß noch eine weitere Hürde auf mich wartete. Und wieder war es der Rektor, der sie in bester Absicht vor mich hinstellte. In einem Gespräch ganz kurz vor dem Abitur erzählte er mir von einem ihm befreundeten Leipziger Industriellen, Besitzer eines angesehenen Chemiebetriebes mit Export ins Ausland. Wohlhabend zwar, litten er und seine Frau darunter, daß sie keine Kinder hatten und also auch keinen Erben für die Firma. Nun waren sie auf der Suche nach einem tüchtigen jungen Mann, den sie zum Erben einsetzen wollten. Und der Rektor eröffnete mir: ich solle und könne dieser Erbe sein. Nur eine Bedingung sei dabei: ich müsse bereit sein, mich von dem Ehepaar adoptieren zu lassen. Was für eine Versuchung! Die ganze soziale Misere, in der ich mich mit meiner Mutter befand, wäre mit einem Schlage zu Ende gewesen, wenn ich Ja sagte. Durfte ich das traumhaftgroßzügige Angebot ausschlagen? Konnte ich das meiner Mutter antun? Doch sie beschwor mich, bei meiner Entscheidung mich ja nicht von unserer jetzigen Notlage bestimmen zu lassen. Sie zeigte großes Verständnis für meinen Wunsch, studieren zu dürfen. Das gab den Ausschlag. Nach dreiwöchiger gründlicher Abwägung lehnte ich das großartige Angebot ab.

Die Abiturprüfung selbst verlief im Frühjahr 1934 ohne irgendwelche Schwierigkeiten. Wir bestanden sie alle, drei Schüler – einer davon war ich – mit »sehr gut«. Doch hatten wir denn eine wirkliche Lebensperspektive? Um Ostern wurde uns eine aufgezeigt. Beim sog. »Mulusball« ließ der Rektor in einer Tanzpause uns Abiturienten hinter den Vorhang rufen, um uns, wie es hieß, eine »wichtige Mitteilung« zu machen. Ihr Kern bestand darin: die Abiturienten dieses Jahrgangs hätten, wenn sie sich verpflichteten, Berufssoldaten zu werden, die einmalige Chance, in Kürze das Offizierspatent zu erwerben, und ihre beruflichen Aufstiegschancen wären unbegrenzt. »Überlegen Sie sichs, und wenn Sie das Angebot annehmen, melden Sie sich bald.« So also sah die Lebens- und Berufsperspektive aus, die man uns 1934 eröffnete! Das deutete auf Militarisierung und jedenfalls Kriegsvorbereitung. Doch in unserer Klasse war Begeisterung für Militär- und Waffendienst so gut wie nicht vorhanden. Nur einer meldete sich: unser Primus. Aber fünf Jahre später holte der Krieg uns alle ein.

Die Abiturienten, die studieren wollten, freilich mußten sich noch vor dem Studium einer vormilitärischen Ausbildung beim Arbeitsdienst unterziehen. Es war der gleiche Mechanismus, wie ich ihn schon bei meiner HJ-Mitgliedschaft hinter mich gebracht hatte: Man mußte freiwillig etwas absolvieren, was zur Bedingung für das Studium gemacht wurde. So wollte es der NS-Studentenbund, der in den Hochschulen den Ton angab. Ich meldete mich also nach dem Abitur beim FAD (Freiwilligen Arbeitsdienst). In Groitzsch bei Pegau, südlich von Leipzig genügte ich im Sommer 1934 meiner »freiwilligen« Arbeitsdienstverpflichtung. Über diese Zeit gäbe es viel zu berichten. Doch zwei Erfahrungen ragen heraus. Es klingt fast unglaublich, aber es war so: Zur Zeit der NS-Herrschaft 1934 erlebte ich konkret und praktisch, was ein Streik ist und bewirken kann. Eines Tages fanden wir auf unserer Baustelle in der Elsteraue unerträgliche Arbeitsbedingungen vor. Die »alten Hasen« unter den Arbeitsdienstlern organisierten sofort den Widerstand. Zur fixierten Stunde stand der Bau still. Alle Einrede der Unterführer und Führer nützte nichts. Wir rückten zum Arbeitslager ein, ohne eine Spitzhacke wieder angerührt zu haben. Am nächsten Morgen aber fanden wir die alten, besseren Arbeitsbedingungen wieder vor! Der Streik hatte erwirkt, was er sollte. Das war für uns Abiturienten im Arbeitsdienst ein Schlüsselerlebnis. Eine eindrückliche Erfahrung ganz anderer Art wurde mir durch die Teilnahme am »Reichsparteitag« zu Nürnberg im Sommer 1934 zuteil. Hier nahm ich wahr, wie geschickt die NSDAP mit den dahin aufgebotenen Massen aus Partei, Militär und Arbeitsdienst umzugehen verstand. Dem Spektakel ging eine intensive Vorbereitung voraus. In Sachsen z. B. wurden mehrere FAD-Abteilungen in den Militärkasernen zu Grimma zusammengezogen. Tagelang trainierten wir dort in unseren neuen Uniformen das Exerzieren in großen Abteilungen, das »Klopfen« von Spatengriffen, den »Vorbeimarsch« am Führer. Auf diesen Moment spitzte sich alles zu. Er sollte sich jedem nicht nur ins Gehirn, sondern ins Herz prägen. Die Vorbeimarschierenden sollten ihre NS-Identität gewinnen, indem sie – beim Vorbeimarsch Auge in Auge mit dem Führer – sich als Gefolgsleute Adolf Hitlers erfuhren. Der Stolz, das sein zu dürfen, sollte geweckt, die Treuebindung an den Mann mit der Stirnmähne gefestigt werden. Wer nicht dem ganzen Unternehmen kritisch gegenüberstand, wurde spielend dahin gebracht, in dieser Zeremonie den Gipfel des Reichsparteitages zu erleben. Die Nazis verstanden es hervorragend, auf dem Gefühlsklavier der Massen zu spielen. Der Name des Parteitages war »Triumph des Willens«. Er stimmte, dieser Name. Erwies sich doch, wie sehr es der NSDAP gelungen war, dem deutschen Volke ihren Willen aufzuoktroyieren.

In die Arbeitsdienstzeit fiel noch ein anderes Ereignis, das, zumal für mich, zukunftsbedeutsam wurde. Alle sächsischen Abiturienten, die sich in Leipzig um ein Studium mit dem Ziel des Lehramtes an Volksschulen beworben hatten, wurden auf drei Tage an das Pädagogische Institut der Leipziger Uni beordert, um sich dort einer Eignungsprüfung zu unterziehen. Von zweihundert Bewerbern durften nur sechzig immatrikuliert werden! Mir imponierte es, daß man sich nicht einfach nach dem Abiturzeugnis richtete, sondern sich ernsthaft bemühte, die für die Beurteilung der Eignung entscheidende Persönlichkeitsstruktur des Bewerbers zu ermitteln. Das geschah, wie ich mich deutlich erinnere, in vier Schritten. Erster Schritt: Wir hospitierten in einer Klasse der dem PI angegliederten Versuchsschule und hatten anschließend einen Bericht über das dabei Wahrgenommene anzufertigen. Kriterien für Hospitation und Bericht wurden nicht gegeben. Zweiter Schritt: Jeder Bewerber erhielt eine Kunstpostkarte mit der Auflage, sich in einer Klausur schriftlich über das Bild zu äußern. Dritter Schritt: Man mußte sich in ein etwa halbstündiges Gespräch mit einem Psychologen (Charakterologen) und seinem Assistenten einlassen. Vierter Schritt: Dem Bewerber wurde das Stichwort für einen eigenen Unterrichtsversuch gegeben, er erhielt eine Viertelstunde Zeit, sich Gedanken zu machen über die konkrete Behandlung eines dem Stichwort gemäßen Themas mit Kindern eines dritten Unterrichtsjahres; schließlich wurde ihm eine kleine Gruppe dieses Alters zur praktischen Erprobung anvertraut. Der Versuch fand in Gegenwart mehrerer pädagogischer und didaktischer Experten des Institutes statt. Mein Stichwort hieß: »Wasserleitung«. Mein Versuch geriet zu einer Turnstunde, der die Bewegungen des Wassers von der Quelle bis zur Wasserentnahme in der Küche zugrundelagen. Mit Hilfe der Ergebnisse dieser sehr unterschiedlichen Wege der Persönlichkeitserkundung entschied die Prüfungskommission dann mehrheitlich über die Eignung. Der Bescheid darüber erfolgte erst später. Ich wurde als geeignet beurteilt und war glücklich darüber. Doch nicht deshalb berichte ich das, sondern weil mich die hier praktizierte pädagogisch-psychologische Bemühung, der Eignung eines Bewerbers auf die Spur zu kommen, sehr beeindruckt hat, zumal sie in einer sehr freundlichen, offenen Atmosphäre geschah, die Prüfungsangst nicht aufkommen ließ.

Vom Studium der Pädagogik in der Hitlerzeit

Als der Berater meiner Mutter, ein väterlicher Beamter beim Rat der Stadt Leipzig, von meinem sehr guten Abschneiden im Abitur erfuhr, gab es für ihn nur einen Tip: der junge Mann sollte nach Berlin auf die Hochschule für Politik. Ich bin heute zwar ziemlich sicher, daß man mich dort mit meiner nur sehr spät und sehr oberflächlich angetönten braunen Vergangenheit nicht akzeptiert hätte. Doch ließ ich es gar nicht auf einen Versuch ankommen. Ein lebenslanges Dasein als Berufspolitiker konnte ich mir ebensowenig vorstellen wie die ein Jahr zuvor abgelehnte Zukunft als Geschäftsmann. Der Ratgeber sorgte gleichwohl dafür, daß ich vom Stiftungsamt des Rates der Stadt Leipzig auf Grund meines Abiturs und meiner sozialen Lage für die Dauer meines Studiums ein monatliches Stipendium von 60 Reichsmark erhielt. Davon konnte ich zwar nicht leben, geschweige denn meine Mutter ausreichend unterstützen, doch blieb es ein willkommenes Fixum. Auf Grund sog. Fleißprüfungen am Ende jedes Semesters wurden mir die Studiengebühren erlassen und eine weitere kleine finanzielle Unterstützung bewilligt. Im übrigen hieß es wie schon als Schüler: mit der Mutter über die Runden kommen durch die Erteilung von Privatunterricht.

Mir war feierlich zumute, als ich nach Ableistung des Arbeitsdienstes im Herbst 1934 an der Leipziger Universität oder, wie in goldenen Lettern über dem Hauptgebäude, dem Augusteum, stand, der UNIVERSITAS LITTERARUM LIPSIENSIS als »stud. philos.« immatrikuliert wurde. Die erste Sorge des Neuimmatrikulierten war jedoch die Frage: Wie kommst du beim Studium politisch über die Runden? Keinesfalls gedachte ich, die Mitgliedschaft in der HJ fortzusetzen. Schon der Name dieser Organisation war mir zuwider. Durch die Rede eines Studentenführers an uns Neuimmatrikulierte erhielt ich einen unerwarteten Tip: Er brachte zum Ausdruck, daß man von uns ein volles politisches Engagement erwarte, und zwar keineswegs etwa, wie manche tun, in den Reihen des Jungvolks, der NS-Kinderorganisation, Vorstufe der HJ, sondern vor allem in der SA, der braunen »Sturmabteilung«. Nun, eine Mitarbeit in dieser »Schläger«-Truppe kam für mich erst recht nicht in

Betracht. Dafür aber gerade eine Mitgliedschaft in dem uns in jener Rede vermiesten »Deutschen Jungvolk« (DJ), zumal ich es doch da mit Jungen von sechs bis vierzehn zu tun haben würde, also mit Heranwachsenden, die auch für den künftigen Volksschullehrer das tägliche Brot sein würden. Mit dem Wechsel zum DJ gab es keine Schwierigkeit. Man war dort froh, in einem »Jungstamm« des Leipziger Südens nun einen Kulturreferenten im Stabe zu haben. Obwohl Jahrgang 1915, tat ich dort als schlichter »Pimpf« meinen Dienst. Dieser bestand im wesentlichen aus der Leitung des Singens in DJ-Einheiten. Wir sangen vorwiegend Volkslieder und Kanons. Beliebt waren natürlich die alten und neuen Landsknechtslieder, die zur großen Landsknechtstrommel gesungen wurden. Außerdem oblag mir die Durchführung von Heimabenden mit geschichtlichen Themen wie »Der Bauernkrieg« oder »Der Befreiungskrieg gegen Napoleon«. Auch hatte ich jedes Jahr das große Sommerlager vorzubereiten: landeskundlich, literarisch, musikalisch. Teilgenommen habe ich an keinem dieser Lager. Meine Situation als Student erlaubte mir, mich beim DJ des öfteren mit studentischen Verpflichtungen zu entschuldigen wie auch umgekehrt. Nicht herum kam ich aber 1935 um die Teilnahme an einer großen Tagung sämtlicher HJ- und DJ-Führer Sachsens auf der Burg Hohnstein bei Dresden, die gerade wieder ihrer früheren Bestimmung als Jugendherberge zurückgegeben war, nachdem sie seit 1933 den Nazis zunächst als Konzentrationslager gedient hatte.

Den Höhepunkt des Treffens bildete die Ansprache des Landesbauernführers Körner, eines Mitarbeiters von »King Mu«, dem sächsischen Gauleiter Mutschmann, der in Dresden residierte. Ich spitzte die Ohren, als ich vernahm: »Jungens, das müßt ihr wissen, wenn ihr Gepäckmärsche durchführt, das Durchhalten von Strapazen trainiert und auf Fahrt geht: das geschieht nicht zum Vergnügen, auch nicht aus sportlichem Ehrgeiz, ihr müßt vielmehr immer an das Ziel denken, auf das wir uns zubewegen, dieses Ziel heißt: Ukraine usw. usw.« So nackt und direkt war dergleichen bisher noch nie an mein Ohr gedrungen: also Eroberungskrieg!

Durch die Mitgliedschaft im DJ gelang es mir, während des Studiums einigermaßen erträglich zu »überwintern«. Doch war mir klar: bei den Vertretern der NS-Studentenschaft würde diese politische Schmalspurtätigkeit keine Anerkennung finden. Da ich aber von den studentischen NS-Einrichtungen finanziell abhängig war, ging ich eine Art Rückversicherung ein, indem ich mich für ein Semester in das sog. Kameradschaftshaus der NS-Studentenschaft meldete. Ich hörte, es ginge dort ziemlich liberal her. Man wohnte mit Studenten aus verschiedenen Fakultäten zusammen, wurde verpflegt und ging im übrigen seinem Studium nach. Ich wurde angenommen und dem Zimmer 8 zugeteilt mit dem Namen »bunker 8«. Dieser Name und die Tatsache, daß der Leiter ein Mann der »Brigade Ehrhardt« war, ließen zunächst nichts Gutes vermuten. Doch es kam anders. Wir waren ein »Haufen« von neun Studenten: drei Mediziner, zwei Pädagogen, ein Volkswirt, ein Anglist, ein Journalist, ein Theologe. Als »Stubenältester« fungierte zwar ein stud. med., der der SS angehörte, doch stellte sich bald heraus: unter uns war kein einziger linientreuer Nationalsozialist. Auch in der Brust des SS-Mannes steckten zwei Seelen: eine dem Nationalsozialismus zugeneigte und zugleich eine ihn skeptisch beurteilende. Wir machten zusammen Urlaub in den Weihnachts- und Neujahrsferien, liefen auf dem Kamm des Erzgebirges Ski und hielten im übrigen engen Kontakt mit dem evangelischen Pfarrhaus zu Satzung. In ihm herrschte ein geradezu hitlerfeindlicher Geist. Er kulminierte in dem Spruch des Pfarrers: »Wenn Hitler der Antichrist ist, dann wird ihm alles gelingen – zunächst.« Einig waren wir uns im »bunker 8« in zwei Punkten: Den Vertrag von Versailles hielten wir für miserabel, weil er künftige Konflikte schon programmierte. Im übrigen mochten wir nicht einsehen, weshalb wir Deutschen nicht ebenso wie Briten und Franzosen einen Nationalstaat haben dürfen, zu dem auch alle Deutschen unmittelbar jenseits der bestehenden Grenzen, abgesehen von den Grenzen zu Österreich und der Schweiz, gehören sollten. Alles, was darüber hinausging, alle rassistischen und imperialistischen Elemente zumal, waren für uns indiskutabel.

Davon, daß »bunker 8« von einem SS-Mann angeführt wurde, hatten wir übrigens manchen Vorteil. Der bedeutendste war die zweimalige Ermöglichung einer Reise ins Ausland bei sonst für allen privaten Reiseverkehr geschlossenen deutschen Grenzen. Ziel dieser Reisen war das Deutschtum in Jugoslawien, besonders in der Baranya und im Banat. Sie kamen zustande durch die guten Beziehungen unseres SS-Mannes zum Außenamt der Leipziger Studentenschaft. Er genoß dort volles Vertrauen. Wir fanden auf diesen Reisen deutsche Volksgruppen vor, die tatsächlich in ihren Minderheitenrechten eingeschränkt und in ihrer deutschen Identität bedroht waren. Das machte auch die andere Erfahrung verständlich: Die meisten Deutschen dort erwarteten von Hitler, »heim ins Reich« geholt zu werden, so daß wir Mühe hatten, ihnen eine etwas differenziertere Sicht des Nationalsozialismus zu vermitteln, ohne als Sendboten der alten Heimat in Zweifel gezogen zu werden. Andererseits war uns die mißtrauische serbische Polizei beständig auf den Fersen, so daß wir in keiner Gemeinde länger als zwei Tage bleiben konnten. Subjektiv bedeuteten diese Reisen für jeden Teilnehmer einen ungeahnten persönlichen Gewinn und eine nicht nur geographische Horizonterweiterung, von der wir uns nichts hatten träumen lassen.

Der Kern meines Studiums zu der Zeit bestand aus Vorlesungen und Übungen im sog. Wahlfach, dazu in Soziologie und Psychologie sowie den Grundfächern Geschichte und System der Pädagogik und Geschichte und Einzelprobleme der Philosophie. Als Wahlfach hatte ich Biologie vorgesehen. Für Pädagogikstudenten erwies sich das aus technischen Gründen als so schwierig, daß ich sehr bald davon abkam und stattdessen »Volkskunde« wählte, ein der Germanistik zugerechnetes Fach, in dem der aus dem Sudetenland ausgewiesene Prof. Schier unterrichtete. Die Volkskunde hielt freilich nicht, was sie anfangs versprach: sie war keine strenge, eher eine freundliche narrative Wissenschaft, da sie sich in Leipzig nicht mit sozialer und sozialgeschichtlicher Problematik verband.

Viel wichtiger erschien mir, was in den der Pädagogik benachbarten Fächern Soziologie und Psychologie zu lernen war. Als sehr aufschlußreich für die Kenntnis des Volkes in seinen Schichten und Gliederungen erwies sich die mehrstündige Vorlesung des Soziologen und Historikers *Hans Freyer* über »Die Sozialgeschichte des deutschen Volkes im 19. und 20. Jh.«. Freyer wagte auch eine Darstellung der Grundzüge der Lehre von Karl Marx, kritisch zwar, doch so, daß ihre Verdienste um das Selbstbewußtsein der Arbeiterschaft deutlich hervortraten. Mir prägte sich Hans Freyer noch aus einem anderen Grunde ein. 1939 im Sommer veranstaltete er als Direktor des Instituts für Weltgeschichte ein Symposion über die Zukunft der Völker Europas. Es war eine interne Veranstaltung, an der nur geladene Gäste teilnahmen, Wissenschaftler und Diplomaten, außer einem uns vertrauten kritischen Studenten der Geschichtswissenschaft. Dieser berichtete uns, daß der ebenfalls anwesende US-Botschafter, als er gefragt wurde, wie er sich die Rolle der Vereinigten Staaten von Amerika bei einem eventuell kommenden Krieg vorstelle, sinngemäß antwortete: »Well, wenn die Europäer es allein schaffen (den nationalsozialistischen Widersacher niederzuringen), dann sei alles gut. Gelinge das aber nicht, dann werden auf alle Fälle die USA in den Krieg einsteigen und ihn ein zweites Mal entscheiden.« Wir hörten das mit angehaltenem Atem. Würde Hitler so wahnsinnig sein, einen Krieg vom Zaune zu brechen, in dem mit hoher

Wahrscheinlichkeit das gigantische Material und technische Potential der USA ins Spiel käme? Wir, das heißt meine mir vom »bunker 8« her befreundeten Kommilitonen und ich, konnten daran nur mit Schaudern denken und erhofften politische und diplomatische Präventivmaßnahmen der Westmächte.

Neben der Soziologie stand, weit umfangreicher im Angebot, die Psychologie. Hier dominierte und imponierte vor allem das Haupt der »Leipziger Schule«: der Psychologe und Philosoph *Felix Krueger.* Er war der Begründer und exponierte Vertreter der Ganzheits- und Strukturpsychologie und Direktor des von Wilhelm Wundt gegründeten Leipziger Psychologischen Instituts. Krueger behandelte in seinen Vorlesungen und Schriften u. a. folgende Themen: »Das Wesen der Gefühle«, »Tiefendimension und Gegensätzlichkeit des Gefühlslebens«, »Psychologie der Gemeinschaft«, »Das Problem der Ganzheit«, »Der Strukturbegriff der Psychologie«. Er stand kritisch zu einer die Seele atomar zerstückelnden experimentellen Psychologie, auch zur Freudschen Psychoanalyse und ihrem überzogenen sexualistischen Ansatz. Er fragte nach der Struktur der Seele, einem ganzheitlichen Phänomen, als der Bedingung ihrer Möglichkeit. Stand aber nicht dahinter die These von der Vererbung seelischer Strukturen? Krueger galt als der deutschen Jugendbewegung und ihrem Gemeinschaftsleben mit Fest und Feier und musischer Gestaltung nahestehend. Er unterschied sehr eindrücklich »Gemeinschaft« von »Masse«.

Es erstaunt wohl nicht, daß ein Mann, dessen Bemühung u. a. intensiv einer Psychologie der Gemeinschaft galt, der Aufmerksamkeit der Nazis sicher sein konnte. Sie übersahen dabei wohl zu sehr die kritischen Komponenten seines humanistischen Philosophierens und seiner Psychologie als Erfahrungswissenschaft. Jedenfalls wurde er während meiner Studienzeit zum Rektor der »universitas litterarum Lipsiensis« gewählt. Zu seinem profilierten Charakterkopf mit dem melierten Haar paßte die Amtskette eines Rektors sehr gut. Doch die Nazis fanden sehr bald Haare in der Suppe. Da war zunächst – in der Ära der Massenaufmärsche, der Massen-Sprechchöre und Massen-Demagogie – eine psychologische Demonstration im auditorium maximum des Augusteums: Krueger hatte auf dem Podium ein Grammophon stehen; er legte eine Lachplatte auf, und es dauerte keine zwei Minuten, bis der ganze Hörsaal erfüllt war von Lachsalven, die kein Ende nahmen, weil sich alle ausschüttelten vor Lachen. Krueger beendete das Experiment mit dem lakonischen Satz: »Meine Damen und Herren: was Sie eben erfahren haben, war das Phänomen der

Ansteckung.« Er konnte sich alle weiteren Erläuterungen sparen: zu durchsichtig war das Vorgeführte für das, was sich dazumal gesellschaftspolitisch im deutschen Volke unter der massenpsychologisch-demagogischen Regie der Nazis tagtäglich vollzog. Indessen, dieses psychologische Experiment blieb auch für andere Interpretationen offen. Anders verhielt es sich bei der Kennzeichnung des Juden Heinrich Hertz als eines »edlen Juden«. Das konnten und wollten ihm die Nazis nicht durchgehen lassen. Ein Psychologe und Philosoph in Deutschland, wo Lessing die Vision seines »Nathan« hervorgebracht hatte, das aber jetzt ideologisch und praktisch von der Devise beherrscht war »Die Juden sind unser Unglück«, wo die SA Hitlers den Boykott jüdischer Geschäfte inszenierte und das auf die Schrecken der »Reichskristallnacht« zuging – vom Holocaust in Auschwitz ganz zu schweigen –, in einem solchen Deutschland durfte ein Professor, der allen Ernstes einen Juden als »edel« bezeichnen konnte, nicht länger Lehrer der Jugend sein. Die NS-Studentenschaft erreichte tatsächlich die sofortige Suspendierung Kruegers vom Amt des Rektors. Auch seine Vorlesungen und Übungen fielen aus. Die Gründe wurden auf den Bekanntmachungen nicht angegeben. Doch ging die Rede unter den Studenten: Krueger sei »*Hertz*-krank«. Die Auseinandersetzungen fanden hinter verschlossenen Türen statt. Es gab keine öffentliche Diskussion. Uns Studenten aber war klar, daß wahrscheinlich der Kinderpsychologe Hans Volkelt, ein fanatischer Nazi, Führer der NS-Dozentenschaft an der Uni Leipzig, eine miese Rolle in dem Ränkespiel gegen Krueger gespielt hatte. Eines Tages war Krueger wieder da. Offensichtlich hatte sich im Senat die Mehrheit doch für ihn eingesetzt. Krueger stürmte in den Hörsaal, schritt eiligst zum Podium hinauf und rief uns fröhlich zu: »Hei lewet noch«! Minutenlanger, donnernder Beifall, der Krueger und uns allen wohltat. Empfanden wir doch diesen Beifall als ein klares antifaschistisches Votum.

Der Universitätsprofessor, der mich meiner eigenen Einschätzung nach als Mensch, als Philosoph und als Pädagoge am nachhaltigsten und tiefsten beeinflußte und dessen Einfluß ich mich von Anfang an am weitesten öffnete, war der ordentliche Professor auf dem Lehrstuhl für Philosophie und Pädagogik *Theodor Litt*. Ich lernte den gebürtigen Rheinländer, Nachfolger Eduard Sprangers, nachdem dieser nach Berlin berufen worden war, schon drei Jahre vor Aufnahme des Studiums durch die Berichte meines Freundes Helmut R. kennen. 1931 erzählte er mir von einem dramatischen Konflikt an der Leipziger Uni. Litt war zu diesem Zeitpunkt Rektor. Ein dies academicus war angesetzt mit der

Maßgabe, daß die studentischen Verbindungen sowie alle anderen Formationen um des akademischen Friedens willen auf jegliches Anlegen von »Wichs«, von Uniformen und auch auf die Mitnahme von Fahnen verzichten sollten. Alle hielten sich daran – bis auf die Gruppe des NS-Studentenbundes, die trotz des Verbotes in Uniform mit Stiefeln und Fahnen aufmarschierte. Litt antwortete auf diesen offenkundigen Affront, indem er entschlossen die Pforten der alma mater für mehrere Tage schließen ließ. An der Leipziger Uni erwies sich so Demokratie als selbstbewußt und wehrhaft.

Daß Theodor Litt nicht bereit war, vor dem Nationalsozialismus in die Knie zu gehen, zeigte sich sofort auch nach der »Machtübernahme« 1933. Er war aufgefordert worden, bei einer Tagung in München »Die Erziehung im nationalsozialistischen Staat« über das Thema »Die Stellung der Geisteswissenschaften im nationalsozialistischen Staate« zu sprechen. Die Leitung der Tagung hatte sich dann aber veranlaßt gesehen, den Vortrag vom Programm abzusetzen. Doch war das NS-Regime noch nicht gefestigt genug, um auch die Drucklegung des Vortrags zu verhindern. Litt trat in ihm für die Eigenständigkeit geisteswissenschaftlichen Denkens ein und lehnte es ab, dieses zur Magd der NS-Ideologie und des von ihr bestimmten Staates werden zu lassen. Er berief sich auf die Worte Schillers in seinen »Briefen über die ästhetische Erziehung des Menschengeschlechtes«, die zunächst dem Künstler galten, doch von Schiller zugleich auf den Erforscher der wissenschaftlichen Wahrheit bezogen wurden: »Der Künstler ist zwar der Sohn seiner Zeit, aber schlimm für ihn, wenn er zugleich ihr Zögling, oder gar noch ihr Günstling ist« und »Lebe mit deinem Jahrhundert, aber sei nicht sein Geschöpf; leiste deinen Zeitgenossen, aber, was sie bedürfen, nicht, was sie loben.«

Unerschrocken legte Litt den Finger auf den Konflikt zwischen rassenkundlicher und geschichtlicher Deutung des völkischen Daseins. Ein Konflikt, dem nicht nur theoretische Bedeutung zukommt, sondern der von großer praktischer Bedeutung ist für Politik und Erziehung. Soll die Geschichte bloßes Bilderbuch der Rassenkunde sein, oder ruht sie auf eigenem Grunde? Litt beantwortete die Frage eindeutig: Der Geschichte kommt Eigenständigkeit zu. Litt unterscheidet in der Geschichtsforschung streng zwischen Tendenz und Gesinnung: »Das eben ist der Unterschied zwischen ›Tendenz‹ und ›Gesinnung‹, daß jene nur das findet, was *vor* der Begegnung schon feststand, diese herausgestaltet, was nur in und aus der Begegnung erwachsen konnte. In diesem Sinne lebt echte Historie zugleich in und über ihrer Zeit, ist der wahre Erforscher der Geschichte der »Sohn« seiner Epoche und doch nicht ihr ›Günstling‹«. »Und«, so fragt Litt zum Abschluß dieser prinzipiellen philosophischen Analyse, »sollte der NS-Staat sich einen *anderen* Erforscher der Geschichte wünschen als diesen?«

Nein, er sollte nicht, doch er tat es. Ein Denker, der sich mit der geschliffenen Waffe der Philosophie der totalitären Ideologie des Nationalsozialismus entgegenstellte, war diesem von Anfang an verhaßt. Der »Fall Litt« – so der Titel eines Artikels gegen Litt in einer NS-Studentenzeitung – war vom Beginn der NS-Herrschaft an diktiert von dem Bestreben, den ungeliebten »bürgerlich-liberalen« Professor zu Fall zu bringen. Das war nicht so einfach. Denn seine Vorlesungen und Seminare waren in der Philosophischen Fakultät die besuchtesten und Litt unter den geisteswissenschaftlichen Lehrern einer der beliebtesten. Er dozierte im auditorium maximum, das beständig überfüllt war, so daß öfters die Übertragung in Nebenhörsäle nötig wurde. Er war ein souveräner Redner, der zu Beginn des Kollegs ein Zettelchen von der Größe eines Straßenbahnfahrscheines aus der Westentasche hervorzog, es vor sich hinlegte und dann völlig frei über seine Stichworte philosophierte. Sein Blick galt dabei nur in großen Abständen dem Papierchen vor ihm. Er blickte vielmehr beständig in die Runde, um zu erkunden, ob sich auf den Gesichtern Verständnis, Befremden oder Unverständnis abzeichnete. Sobald er letzteres bemerkte, verstand er es hervorragend, den jeweiligen Sachverhalt nochmals in anderer Ausdrucksweise und wenn nötig nochmals in anderer darzustellen. Er war beständig auf Kommunikation aus. Wir bewunderten seine Fähigkeit, dieser Intention auch voll gerecht zu werden. Mitunter – ziemlich oft – gab es donnernden Applaus mitten im Kolleg. Nämlich immer dann, wenn die historische oder systematische Erörterung von Problemen aus der Geschichte der Philosophie und Pädagogik transparent wurde für die unmittelbare Gegenwartsproblematik, wobei diese indirekt ins Feuer der Kritik geriet. Mitunter fragte er mich, der ich mehrere Semester bei ihm famulierte, was denn dieser oder jener Beifall zu bedeuten hatte. Ich erklärte ihm dann die von ihm selbst unbemerkte Aktualität des Dargestellten, worauf er mit einem homerischen Gelächter antwortete. Er war im übrigen kein Mensch mit einem so »schönen« Gelehrtenkopf wie Felix Krueger. Zwar von stattlicher Figur, glichen seine Gesichtszüge in Ruhe eher denen, die man sich bei Sokrates vorzustellen pflegte, wozu freilich der Klemmer, den er trug, wiederum nicht sehr passen wollte. Sobald er aber den Mund auftat und die freie Rede aus ihm strömte, verwandelte sich sein Antlitz und wurde ganz beherrscht vom Geist des Vorgetragenen. Dabei mußte jedem der Glanz seiner großen Augen auffallen, in denen sich die Bewegung seines Engagements lebhaft spiegelte.

Was es mit der Philosophie des deutschen Idealismus als geistiger Bewegung und mit der Eigenart und Eigenleistung eines jeden ihrer namhaften Vertreter von Kant über Fichte und Schelling zu Hegel auf sich hat, das habe ich bei ihm gelernt. Er verstand, die Problematik in ihrem Wandel an grundlegenden Einzelfragen exemplarisch zu verdeutlichen. Dabei vermied er bloß historisch beschreibende Darstellung, sondern ließ durch immanente Kritik das Bleibende eines Problems und einer Problemlösung vor dem zeitlich oder persönlich Bedingten hervortreten, so daß das Kolleg über die Geschichte des Idealismus zugleich eine systematische »Einleitung in die Philosophie« überhaupt wurde. Wer dieser Vorlesung aufmerksam folgte, dem wurde ein für allemal jede billige Kritik am philosophischen Idealismus verleidet. Die denkerische Energie dieser Philosophen und ihr unerhörtes Problembewußtsein verdienen bis heute Respekt und Bewunderung. Litt war unermüdlich in der Aufdeckung der Wahrheitsmomente ihres Philosophierens.

Geschätzt habe ich an Litt nicht nur seine begeisternde Art, die Wirklichkeit auf den Begriff zu bringen, sondern zugleich die Nüchternheit, mit der er sich über die *Grenzen* sowohl der Philosophie als auch der Pädagogik Rechenschaft gab. Diese Rechenschaftslegung erfolgte weithin im Rahmen seiner Vorlesungen über die Geschichte der Pädagogik vom Griechentum bis zum Nationalsozialismus, über »Staat und Erziehung« und über systematische Pädagogik. Auch seine Bücher »Führen oder Wachsenlassen« und »Möglichkeiten und Grenzen der Pädagogik« sind hierfür bedeutsam und bis heute aktuell. Hierzu gehört auch die grundlegende Abhandlung »Das Wesen des pädagogischen Denkens«. Man kann das Ganze seiner philosophischen Bemühungen als das Ringen um eine philosophische Anthropologie bezeichnen. Solche Anthropologie ist natürlich von großer pädagogischer Relevanz. Litt lieferte mir und meiner Generation das philosophisch-pädagogische Rüstzeug zum geistigen Widerstand gegenüber den Zumutungen der NS-Ideologie und ihres Wahrheitsanspruches wie auch gegenüber der Ideologie, mit der wir es im östlichen Nachkriegsdeutschland zu tun hatten.

Diese geistige Zurüstung erfolgte nicht nur indirekt durch eine aktuell transparente Erörterung von Historischem, sondern erst recht durch Litts Mut, an der NS-Ideologie offen in strenger Begrifflichkeit und Sachlichkeit Kritik zu üben. Sie geschah zumal in drei gediegenen kleineren Schriften, deren Inhalt in Vortragsform – zum Teil in kirchlichen Räumen – zur Sprache kam: »Der deutsche Geist und das Christentum. Vom Wesen geschichtlicher Begegnung«, »Protestantisches Geschichtsbewußtsein. Eine geschichtsphilosophische Besinnung« und »Philosophie und Zeitgeist«. Die schon erwähnte Schrift »Die Stellung der Geisteswissenschaften im nationalsozialistischen Staat«, deren Inhalt ja als Vortrag 1933 vom Nationalsozialismus nicht akzeptiert wurde, war eine Art Präludium dazu gewesen. In »Der deutsche Geist und das Christentum« machte sich Litt überraschend zum Anwalt des Christentums, das gerade von der braunen Philosophie härteste Kritik erfahren hatte. In tiefschürfenden Analysen wies er nach, wie unmöglich die These von der »Überfremdung« bzw. »Überlagerung« der deutschen Seele durch das Christentum ist, eine Überlagerung, die rückgängig zu machen der Nationalsozialismus als seine Aufgabe ansah. Litt meldete sich hier zu Wort, weil er klar erkannte: Hier geht es »um eine Schicksalsfrage des deutschen Volkes«, wo »nichts unterlassen werden darf, was einer Klärung der Lage dienen könnte«. Er bekannte sich damit als ein *forschender* ehrlicher Gegner Alfred Rosenbergs. Die Streitschrift Litts wurde mehrfach aufgelegt (bei L. Klotz in Leipzig) und war im Handumdrehen vergriffen.

Im gleichen Verlag erschien Litts Studie »Protestantisches Geschichtsbewußtsein«. Ich gestehe, daß mich diese Besinnung schon bei ihrem Vortrag in der Reformierten Kirche Leipzigs besonders beeindruckt hat. An Theorie und Praxis von J. H. Pestalozzi zeigt er hier, daß die auf Harmonie und Versöhnung angelegte Anthropologie des Idealismus, etwa Goethes und Hegels, keineswegs die einzige Gestalt idealistischer philosophischer Anthropologie darstellt. Pestalozzis Geschichtsphilosophie steht gegen eine Auffassung, die, wie bei Hegel, in dem Satz gipfelt: »Die Wunden des Geistes heilen, ohne daß Narben bleiben.« Pestalozzi erkennt ebenso klar wie die metaphysischen Konstruktionen des Idealismus das »Negative« im Bau der menschlichen Existenz, doch er »denkt nicht daran, seine Negativität durch eine wie auch immer geartete Deutung und Vermittlung zu mildern oder gar aufzuheben. Das Abwegige, das Böse, das Zerstörerische bleibt in seiner ganzen Dunkelheit und Feindseligkeit stehen. Keine ›Versöhnung‹ läßt es in ein Ganzes ein- und aufgehen, das ihm, wenn auch erst in nachträglicher Umbildung und Einfügung, das Brandmal der Widergöttlichkeit nähme und einen höheren Sinn einhauchte. Nichts hätte z. B. Pestalozzi vermocht, die Gewalttaten des Absolutismus oder die

Greuel der Revolution durch die Fürsprache einer historischen Theodizee in ein weniger erschreckendes Licht zu rücken.« Pestalozzi sah den Leib der Menschheit aus Wunden bluten, »die niemals ausheilen können.« Er wußte um die bleibende »Zweideutigkeit des Menschlichen«. Damit ist Pestalozzis Überzeugung nicht nur allgemein-christlich, sondern »recht eigentlich *protestantisch*.« »Denn für die protestantische Weltdeutung« – Litt steht hier ohne Zweifel unter dem Eindruck der dialektischen Theologie K. Barths und anderer – »gibt es nun einmal keine Provinz irdischer Wirklichkeit, keine Gestalt irdischen Seins, keine Form und Richtung irdischen Tuns, die nicht, in der Sprache des Glaubens zu reden, ›unter dem Gericht‹ stände«. »Es heißt protestantisch denken, wenn man auch im Großen und Hinreißenden den Keim möglichen Verderbens sieht. Es heißt protestantisch denken, wenn man den Menschen auch da und gerade da von Verführung und Selbsttäuschung bedroht weiß, wo er sich dem Göttlichen am nächsten glaubt. Wer das Sein und Tun des Menschen so ohne Einschränkung in Frage stellt, der kann nicht an eine durch denselben Menschen getätigte Geschichte glauben, die doch schließlich durch die ihr immanenten Kräfte sich zur Vollendung durcharbeitete.«

Für den Hörer und Leser in den späten dreißiger Jahren schimmerte durch solche Analysen auch eine vernichtende Kritik am Nationalsozialismus durch. Litt, sich zu den anthropologischen Überzeugungen Pestalozzis bekennend, wurde damit zum säkularen Kampfgefährten der theologischen Anthropologie, die sich ihrerseits im harten Abwehrkampf gegen die NS-Ideologie befand. Er widersprach damit der nationalsozialistischen Sicht des Christentums. Diese behauptete, christlicher Glaube, sich am »Jenseits« orientierend, mache untüchtig für das Hier und Jetzt innerweltlicher Arbeit und Pflichterfüllung. Keine Gestalt der Geistesgeschichte wäre wohl besser geeignet gewesen als Pestalozzi, um zu zeigen wie irrig und falsch diese prinzipielle Meinung ist. Sowohl der Lebensgang als auch die Theorie Pestalozzis bezeugen das genaue Gegenteil. Litt: »Hat er doch mit einer ihresgleichen suchenden Leidenschaft, mit einer durch nichts zu ermattenden Beharrlichkeit darum gekämpft, in dem ihn umgebenden geschichtlichen Raum denjenigen tätige Hilfe zu leisten, die er durch die geltende Ordnung und durch den Lauf der geschichtlichen Ereignisse so schwer benachteiligt sah«: »Wie ein einziges trotziges Dennoch klingt es aus der Lebensmelodie dieses seltsamen Menschen«. Und Pestalozzis Theorie? »Auf die Frage, was auch den wohlmeinenden Menschen abhalten könnte, seiner Pflicht gegen die Mitwelt Genüge zu tun, gibt er sich selbst die Antwort: ›der Traum der Unkunde des Übels‹. Denn dieser Traum würde den Unkundigen verführen, ›auf die Menschennatur zu bauen als auf einen Felsen‹. Er würde sich einer nur zu begründeten ›Sorglosigkeit des Lebens‹ hingeben und unbekümmert den Dingen ihren Lauf lassen. Nicht also die Unter-, sondern die *Über*schätzung des Menschen wäre es, die den sittlichen Willen lahmlegen müßte«! Darin eben erweist sich Pestalozzis Überzeugung als echt protestantisch, daß er scheinbar einander Widerprechendes bis zur Untrennbarkeit vereinigt: »die Einsicht in die Unvollendbarkeit alles im irdischen Raum sich abspielenden Strebens und die Entschlosenheit, in diesem Raume zu bessern, zu leisten, zu schaffen, was die endliche Kraft nur immer hergibt.« Damit entlarvte Litt das beständig von nationalsozialistischen Autoren gemalte Zerrbild vom Protestantismus – befreiend für viele, die dem andauernden Trommelfeuer der NS-Propaganda ausgesetzt waren.

Erwähnt werden soll noch eine dritte Streitschrift Litts gegen die NS-Ideologie: »Philosophie und Zeitgeist«, die schon 1935 in 2. Auflage erschien (bei F. Meiner). Sie geht auf einen Vortrag zurück, den Litt im November 1934 in der Berliner Kantgesellschaft gehalten hat. An ihr kann man die strenge Art seines Philosophierens studieren. Sie erhellt auch die Eigenständigkeit des Littschen Philosophierens, das keineswegs epigonenhaft idealistisch ist, sondern die Wahrheitsmomente der Denker jener deutschen Geistesbewegung aufzuspüren und kritisch weiterzuführen weiß: also mit Kant über Kant hinaus, mit Fichte über Fichte hinaus, vor allen Dingen aber mit Hegel über Hegel hinaus zu denken sich bemüht. Die ganze Schrift ist eine exemplarische systematisch-philosophische Studie über den berühmten Satz Hegels in seiner Vorrede Zur Rechtsphilosophie, wonach die Philosophie *»ihre Zeit in Gedanken erfaßt«* sei. U. a. wird in ihr die vom Nationalsozialismus beständig behauptete Weltflüchtigkeit und Realitätsferne des Idealismus überzeugend widerlegt, der Begriff der Weltanschauung seiner Verschwommenheit entnommen und in seinem berechtigten relativen Geltungsanspruch historisch-systematisch herausgearbeitet sowie die realitätsgesättigte Kraft dialektischen Denkens zur Geltung gebracht.

Das NS-Presseecho ließ nicht auf sich warten. Typisch die Rezension im Organ des NS-Studentenbundes »Die Bewegung« mit der Überschrift »Professor Theodor Litt und der Zeitgeist«. In ihr wird Litts Schrift wie folgt abgetan: Der Autor »beschwöre den sog. ›allgemeinen, zeitlosen Geist‹, um den Geist unserer Zeit in seine Schranken zu rufen, weil er sich nach seiner Ansicht erdreistet« habe, »die Philosophie als

›Deuterin und Verkünderin seiner selbst‹ zu mißbrauchen«. Litt ziehe »alle Register der philosophischen Dialektik, um uns weiszumachen, daß dieser Zeitgeist mit Unrecht eine uns allen bekannte Wertschätzung, nämlich den ›deutschen Menschen‹, den ›nordischen Menschen‹ zum ›Kanon‹ erhoben hat, an dem sich die um Geltung werbenden Motive auszuweisen haben. Er sieht in diesem Zeitgeist eine Bevorzugung der ›relativen Wahrheit‹ und damit zugleich eine Absage an die ›absolute Wahrheit‹«. Das seien »ungeheuerliche Behauptungen und Beschuldigungen«, die »keineswegs unbeantwortet bleiben« dürften. »Darum fragen wir zunächst: Um was für eine Geistigkeit handelt es sich eigentlich im Nationalsozialismus? Antwort: Es ist nicht eine x-beliebige Geistigkeit, sondern eine lebens- und volksverbundene Geistigkeit, eine Geistigkeit, die den Werten Blut, Boden, Volkstum, Gemeinschaft, Ehre usw. entspricht«. »Anstelle dieser uns artgemäßen Geistigkeit wagt Prof. Litt dem deutschen Menschen eine uns artfremde aufzureden, und zwar eine solche, die den Charakter des Widerspruchs in sich trägt.«

Dieses Echo auf Litts Streitschrift läßt zweierlei deutlich erkennen: das erschreckend niedrige Niveau der geistigen Auseinandersetzung der Machthaber mit einem philosophischen Kritiker und zugleich den Grad des Hasses und der Ablehnung gegenüber einem Manne, der es ernsthaft wagte, an den geistigen Positionen des Nationalsozialismus zu rütteln. Sowohl der hohe Beliebtheitsgrad Litts bei der beträchtlichen Zahl von Studenten, die sich nicht mit NS-Ideologie identifizieren konnten und wollten, als auch seine bei aller Schärfe der Argumentation geübte strenge Sachlichkeit, die im Sinne Hegels wirklich versuchte, »in die Kraft des Gegners einzugehen«, verhinderten einige Jahre die Absetzung des Leipziger Ordinarius auf dem Lehrstuhl für Philosophie und Pädagogik. Doch wie lange konnte das gutgehen? Schon nach vier Jahren war es soweit.

Litt hatte 1937 Einladungen zu Vorträgen in Wien und in die Hauptstädte des Balkans (Zagreb, Belgrad, Sofia, Athen). Es begann, wie ich mich erinnere, mit der Schikane, daß er jeden der vorgesehenen Vorträge beim Kultusminister Dr. Rust in zehnfacher Ausfertigung vorzulegen hatte. Das geschah, und nach einigem Warten erhielt Litt die Erlaubnis zur Ausreise. Sie platzte aber schon, nachdem Litt 1937 den ersten Vortrag – es war meinem Gedächtnis nach »Philosophie und Zeitgeist« – in Wien gehalten hatte. Ein überwältigend positives Presseecho war die Folge, sehr zum Ärger von Berlin. Rust ordnete daraufhin den sofortigen Abbruch der philosophischen Reise Litts an. Der erhob Einspruch u. a. unter Hinweis auf den außenpolitischen, zumindest den kulturpolitischen Schaden, der bei Aufrechterhaltung der Anordnung entstehen würde. Umsonst. Es blieb bei dem Abbruch. Die Fortsetzung der Reise wäre in der Tat eine Manifestation ideologischer Stärke gewesen. Litt trat voller Empörung und Zorn die Rückreise an. In Leipzig angekommen, nahm er seine Vorlesungen und Seminare nicht wieder auf, trat in den Streik, kam in Berlin um seine sofortige vorzeitige Emeritierung ein mit der Begründung, daß ihm seitens des Kultusministeriums eine Behandlung zuteil geworden sei, die »mit der Ehre eines deutschen Professors schlechterdings nicht vereinbar« sei. Berlin schwieg. Keine Antwort auf Litts Emeritierungsersuchen! Erst nach einem halben Jahr erfolgte sang- und klanglos die Emeritierung. Für uns Studenten ein harter Schlag, so sehr wir die Charakterstärke Litts bewunderten. Ich war froh, wenigstens noch vor dem Ausscheiden Litts meine philosophische Examensarbeit zum Staatsexamen für das Lehramt an Volksschulen mit dem Thema »Der menschheitliche und der nationale Gedanke in Fichtes ›Reden an die deutsche Nation‹« bei ihm unter Dach und Fach zu kriegen. Aus der für mich vorgesehenen Einstellung als Assistent am Institut für Philosophie und Pädagogik konnte nun aber nichts werden.

Die Institutsleitung übernahm kommissarisch der als NS-Parteigänger bekannte Prof. Arnold Gehlen, der seinerseits zuvor den pazifistischen Professor Hans Driesch aus seinem philosophischen Ordinariat verdrängt hatte. Mit dem Assistenten Gehlens, einem »stud. philos.« wie ich, jedoch Parteigenosse, aus dem Erzgebirge stammend, sollte ich bald eine heftige Auseinandersetzung haben. Das ehemals von Litt geleitete Philosophische Institut befand sich in der Grimmaischen Straße genau gegenüber dem großen jüdischen Textilkaufhaus von Bamberger & Hertz und einer Reihe von jüdischen Spezialgeschäften im Erdgeschoß. Als wir am 10. 11. 1938 früh das Institut betraten, stand Bamberger & Hertz in Flammen, und die Schaufenster im Erdgeschoß waren zertrümmert, die Geschäfte offenbar ausgeraubt. Ich stand am Fenster und konnte es nicht fassen. Die Synagoge, etwa fünfhundert Meter entfernt, unweit der Thomaskirche, sollte ebenfalls in Flammen stehen. Eine ohnmächtige Wut stieg in mir auf. Der Antisemitismus der Nazis war bekannt. Auch den Boykott jüdischer Geschäfte durch SA in Uniform hatten wir schon erlebt. Aber dies hier war bisher ohnegleichen. Ich stand am Fenster und sagte zu dem neuen Assistenten: »Das wird sich bitter, bitter rächen.« Doch der Parteimann erwiderte: »Was wollen Sie denn? Die Juden haben nichts anderes verdient. Sie sind unser Unglück. Sie beuten uns aus. Noch ganz anderes müßte geschehen, um diesen Volksschädlingen das Handwerk zu legen.« Zu diesem Zeitpunkt wußten wir noch nichts von den nächtlichen Überfällen in jüdischen Wohnungen durch die SA in Leipzig und vom Zusammentreiben der Überfallenen im ausgemauerten Flußbett des Flüßchens Parthe zwischen Hauptbahnhof und Zoo und von ihrer Verschleppung von da in Konzentrationslager. Ich ahnte noch nicht, wie sehr unser beider entgegengesetzte Zukunftsbilder sich bald realisieren würden.

Die Leipziger, jedenfalls die allermeisten, liefen voll Wut mit geballten Fäusten in den Taschen verstört umher. Doch kein aktiver Widerstand wurde sichtbar. Kein öffentlicher Protest wurde laut. Dergleichen kam nicht einmal als Gedanke auf. Wir waren mehr oder weniger verängstigte politische Analphabeten. Wir wußten nicht, wie man einen Widerstand angesichts politischen Terrors und einer Gestapo organisiert. So blieb es beim inneren Widerstand.

1938 war eine Wahl gewesen. Zwei Fragen standen in allgemeiner, geheimer Wahl zur Abstimmung bzw. Beantwortung. Die erste lautete: Sind Sie mit der Angliederung Österreichs an das Reich einverstanden? Ja/Nein. Die zweite: Sind sie mit der nationalsozialistischen Politik einverstanden? Ja/Nein. Die Antwort auf die erste Frage war bei fast niemand strittig. Warum sollten wir nicht mit den Deutschen in Österreich in ein und demselben Staatsverband leben? Hatten die Österreicher das nicht schon 1918/19 durch eine Volksabstimmung gewünscht, die Siegermächte aber hatten es damals nicht genehmigt? Die zweite Frage aber wurde von mir und meiner Freundin klar mit Nein entschieden. Das öffentliche Wahlergebnis lautete: 99% für die NS-Politik, nur 1% dagegen. Freilich, wohin wir auch kamen, und wo immer die Atmosphäre ein offenes Gespräch erlaubte, überall trafen wir auf das eine Prozent! Lag Wahlbetrug vor? Das ist im einzelnen sicher nicht auszuschließen. Doch bin ich sicher, daß die Nazis zum damaligen Zeitpunkt schon einen so hohen Grad von Akzeptanz im Volke erreicht hatten, daß Wahlbetrug gar nicht nötig war. Die meisten Menschen in Deutschland waren so überwältigt, durch die Beseitigung der Arbeitslosigkeit – wenn auch durch eine unerhörte Militarisierung – und durch die bekannten außenpolitischen Erfolge der Nazis, daß sie das Ja zur zweiten Frage mit fast derselben Leichtigkeit abgaben wie zur ersten.

Vom didaktisch-methodischen Studium am Pädagogischen Institut

Die Studenten mit dem Studienziel des Lehramtes an Volksschulen pendelten per Fahrrad täglich zwischen der Philosophischen Fakultät im Zentrum von Leipzig und dem Pädagogischen Institut (PI) im Leipziger Süden. In diesem Institut wurden wir didaktisch-methodisch von ausgezeichneten Dozenten auf die pädagogische Praxis trainiert. Als entscheidend erwies sich jedoch die durchgehende Bemühung um das Miteinander und Ineinander von Theorie und Praxis. Dem dienten die in jedem Semester für jeden Studenten obligatorischen Hospitationen in unterschiedlichen Klassen und Altersstufen unter Anleitung eines Didaktikdozenten mit nachfolgender didaktischer und methodischer Reflexion des im Unterricht Wahrgenommenen und Erlebten im Beisein des Unterrichtenden und mit seiner Beteiligung am Gespräch. Dem dienten eigene Unterrichtsversuche ohne Zensierung und Leistungsdruck nach vorangegangener gemeinsamer didaktischer und methodischer Vorbereitung mit den Dozenten. Dem dienten Bemühungen um die Arbeit im Schulgarten, im Werkunterricht, im Handpuppenspiel. Auf dem Gebiet der Kunsterziehung allsonnabendliche Besuche des Leipziger Museums der Bildenden Künste, wo wir jeweils zwei bis drei Stunden mit einem der beiden Kunsterziehungsdozenten vor höchstens zwei bis drei Bildern, Grafiken oder Plastiken meditierend verbrachten bis zum didaktisch-methodischen Ansatz im Kunstunterricht hin. Dem dienten jeweils mehrwöchige Praktika im Dorf und in der Stadt.

Ich absolvierte mein Dorfschulpraktikum in einer zweistufigen Dorfschule in Beucha bei Leipzig, mein Stadtschulpraktikum und Prüfungspraktikum in einer vorwiegend von Kindern aus z. T. sozial gefährdeten Familien der Unterschicht besuchten Volksschule des Stadtbezirks Leipzig-Volkmarsdorf. Das geistige und praktische Instrumentarium zur Vorbereitung, Durchführung und Nachbereitung von Unterricht ging uns in Fleisch und Blut über. Natürlich blieben

Krisen nicht aus, doch keine bzw. keiner meiner Kommilitoninnen und Kommilitonen blieb auf der Strecke.

Als hilfreich für die Praxis erwiesen sich die sie begleitenden Vorlesungen und Seminare über die verschiedenen Unterrichtsfächer, über Didaktik und Methodik des Deutsch-, des Geschichtsunterrichts, der Heimatkunde, der Naturkunde, des Kunstunterrichts, der Leibesübungen. Besonders dankbar waren wir für das Gewicht, das dem Problem der Impulse und Fragen zugemessen wurde. Für das Zustandekommen eines fruchtbaren Gesprächs mit Heranwachsenden und Erwachsenen sind ja gute Gesprächsanstöße unentbehrlich. Sie können auch durchaus nonverbal sein. Auch der Bedeutung der Medien zur unterrichtlichen Bearbeitung einer Sache wurde uns nahegebracht. Eine Dorfwoche, »Dorfdienst« genannt, von etwa zehn Tagen, bei dem wir privat untergebracht wurden, brachte uns in engen Kontakt mit den Dorfbewohnern und ihren Kindern. Bei dieser Gelegenheit hospitierten wir zwar punktuell in der Schule, hielten selbst aber keinen Unterricht. Unsere Aufmerksamkeit galt der Vorbereitung und Durchführung von Dorfabenden mit Informationen, Singen und Spielen, einem Kinderfest mit Handpuppenspiel, der Beschäftigung mit heimatlichen Traditionen, auch der bescheidenen Mitarbeit in den bäuerlichen Betrieben. Die Dorfwoche fand im Erzgebirge statt. Wie sehr gemeinsames Tun – auch und gerade nichtpolitisches – Gemeinschaft stiftete zwischen uns Studenten, den Dorfbewohnern und ihren Kindern, wurde uns hier zum Erlebnis. Was für eine große kulturelle Rolle (damals noch) dem Volksschullehrer auf dem Dorfe zufiel, ging uns hier auf.

Meine erste Staatsexamensarbeit hatte einem philosophisch-politisch-pädagogischen Problem gegolten: an Fichtes »Reden an die deutsche Nation« zu zeigen, zu welchen überspitzten Positionen eine nationalistische Übertreibung des nationalen Gedankens führen konnte. In Fichtes widersprüchlichen Aussagen hierzu leuchtete aber immer wieder das Bild von den Völkern auf, deren jedes eine unverwechselbare Idee Gottes darstellt, die im toleranten Zusammenspiel und Austausch mit anderen Völkern zum Vorschein kommt und kommen soll. – Die zweite Examensarbeit sollte im Zusammenhang mit meinem Wahlfach stehen. Meine selbstgewählte Aufgabe bestand darin zu bedenken, wie der volkskundliche Aspekt des Lebens im Unterricht zur Geltung gebracht werden kann, zumal in der geisteswissenschaftlichen Fächergruppe, in der der Deutschunterricht die Szene beherrschte. Es wurde eine Studie, die sich sehr kritisch mit einigen extremen Thesen auseinandersetzt, die damals seitens einiger Volkskundler und mancher

Pädagogen über die Rolle der Volkskunde im Rahmen der Wissenschaft und der Schule im Schwange waren.

Die mündliche Prüfung verlief ohne besondere Vorkommnisse. Dramatische Zuspitzungen waren schon deswegen nicht zu erwarten, weil die Dozenten und die Examenskandidaten sich durch sechs Semester gemeinsamer Arbeit gut kannten. Besonders erinnerlich blieb mir nur die Prüfung im Instrumentalunterricht. Angehende Volksschullehrer sollten ein Instrument so beherrschen, daß sie imstande waren, Melodien vorzuspielen und Gesang zu begleiten. Ich hatte als Instrument die Geige angegeben. Im PI erhielt ich dann wöchentlich zehn Minuten Unterricht bei Hans Mlynarczik, dem Geiger eines bekannten Leipziger Quartetts. Mein Geigenspiel war äußerst bescheiden. Mlynarczik stand dem NS-Regime sehr kritisch gegenüber. Seine Unterweisung im Geigenspiel artete deshalb oft in eine Beleuchtung der aktuellen Politik aus. Was aber ließ er mich bei der Prüfung auf meiner Geige spielen? Das Horst-Wessel-Lied. Bis heute weiß ich nicht, ob er damit der Prüfungskommission seine untadelige NS-Gesinnung demonstrieren wollte oder ob er dieses Lied für geeignet hielt, daß sich meine bescheidene Kunstfertigkeit an ihm erproben könne, einem Lied, das verdiente, von einem Schmalspurgeiger wie mir, schlecht und recht heruntergekratzt zu werden. Möglicherweise hatte das Schlitzohr Mlynarczik beides im Blick.

Am damaligen PI der Universität Leipzig herrschte ein politisch durchaus gemäßigtes Klima. Fanatische Schreihälse gab es nicht. Pädagogische Kommilitonen, die »strammen SA-Dienst« machten, gab es meines Wissens überhaupt nicht. Viele hatten sich wie ich eine Nische in den zahlreichen anderen NS-Organisationen ausgesucht. Die Zahl derer, die dem NS-System kritisch gegenüberstanden, war beträchtlich. Sie traten aber nicht hervor, noch waren sie in irgendeiner Weise organisiert. Ähnliches galt für die Dozenten. Mit einer Ausnahme wahrten sie politisch große Zurückhaltung. Die Ausnahme war Hans Volkelt, Prof. der Kinderpsychologie und seit 1933 Direktor des PI. Er hatte den liberalen Prof. Johannes Richter abgelöst. Die meisten Dozenten verfuhren in ihren Vorlesungen so, daß sie einen mehr oder weniger ausführlichen Vorspann machten, der die Verbindung schlagen sollte zwischen ihrem Fachgebiet und der herrschenden Weltanschauung und Politik. Danach fuhren sie in ihrer Vorlesung fort, wie sie es vor 1933 getan hatten. Auf diese Weise paßten sie sich an die neuen Verhältnisse an.

Es war nicht verwunderlich, daß vom Nationalsozialismus besessene Kultur- und Wissenschaftspolitiker mit einer solchen Ausbildung künftiger Volksschullehrer, dazu noch durch Vorlesungen und Seminare bei Professoren wie Litt und Krueger nicht zufrieden sein konnten. Die Ausbildung sollte leidenschaftlich für den Nationalsozialismus engagierte Lehrer hervorbringen, nicht Pädagogen, die von einem »schlappen Liberalismus« und einem »butterweichen Humanismus« angekränkelt waren. Schon nach meinem dritten Semester wurde deshalb das PI aus dem Verbund mit der Universität herausgelöst und zur selbständigen »Hochschule für Lehrerbildung« gemacht. Die Dauer des Studiums sollte anstatt bisher sechs Semester nur noch vier Semester betragen. Das Abitur als Voraussetzung für das Studium an dieser Hochschule war zwar nach wie vor wünschenswert, aber nicht mehr Bedingung. Viel wichtiger erschien die richtige Einstellung und praktische Bewährung in NS-Formationen. Natürlich mußte auch ein neuer Direktor her. Volkelt war es offensichtlich nicht gelungen, das Pädagogische Institut zu einer vom Nationalsozialismus geprägten Ausbildungsstätte zu machen. An seine Stelle trat ein Schulrat Gaumnitz aus dem Schulbezirk Borna bei Leipzig, ein Mann, der keinen akademischen Grad aufzuweisen hatte, der sich aber als nationalsozialistischer Schulrat sehr bewährt hatte und dessen einziges Fachgebiet, mit dem er als Dozent fungieren sollte, die Rassenkunde war! Philosophie, Pädagogik, Psychologie waren damit als Grundwissenschaften aus dem Fächerkanon für das Studium zum Lehramt an Volksschulen praktisch verabschiedet und an ihre Stelle die wissenschaftlich umstrittene und ideologisch überladene Rassenkunde gesetzt! Was uns besonders empörte, war die Unverfrorenheit, mit der der Direktor der neuen Hochschule in seiner Antrittsrede behauptete, auf Grund des neuen Geistes und der Konzentration auf das »Wesentliche und Eigentliche« würde das neue viersemestrige Studium dem bisherigen sechssemestrigen nicht nur ebenbürtig, sondern in seiner Effizienz überlegen sein!

Unser Jahrgang durfte noch wählen, ob er das Studium in der alten sechssemestrigen oder der neuen viersemestrigen Weise absolvieren wollte. Selbstverständlich ergriffen wir die erstgenannte Möglichkeit.

Ich selbst hängte noch zwei weitere Semester an. Mir lag daran, mich an einer selbstgewählten Aufgabe zu erproben, die nicht Teil eines Prüfungspflichtpensums war: einer Dissertation. Finanziell überbrückte ich die Zeit durch die Mitarbeit am Deutschen Volkskundeatlas im Germanistischen Institut. Meine Themenwahl fiel auf Schleiermachers Pädagogik. Hier konnte ich eine aktuelle Frage im Medium historisch-kritischer Würdigung erörtern. Mein heimlicher Doktorvater, Theodor Litt (»heimlich«, weil er, wie berichtet, inzwischen auf eigenen Antrag hin, emeritiert war), war sehr einverstanden mit dem Thema »Die Prinzipien der Unterstützung und der Gegenwirkung in Schleiermachers Erziehungstheorie«. Schon das Dissertationsthema stellte eine immanente Kritik am autoritären Führerprinzip dar. Das pädagogische Prinzip der »Unterstützung« fordert doch gerade die sorgfältige Berücksichtigung dessen, was an Eigenwüchsigem und Eigentümlichem im Heranwachsenden sich zeigt bzw. durch Begegnung mit dem objektiven Leben in Natur und Kultur herauszufordern ist. Das »Prinzip der Gegenwirkung« räumt zwar ein, daß es keine Erziehung ohne Einschränkungen und Sanktionen geben kann, daß aber eine Dominanz des Repressiven, wie sie einem monomanischen Starren auf die der nordischen Rasse zugeordneten Werte und Eigenschaften als Erziehungsziele sich nahelegt, zu einer abzulehnenden rigorosen Erziehung führt.

Begegnung mit dem christlichen Glauben

Während meines Studiums in den Jahren 1934 bis 1939 sind mir viele grundlegende persönliche und geistige Erfahrungen und Einsichten für Leben und Beruf zuteil geworden, die mein ganzes künftiges Dasein maßgebend mitbestimmt haben. Von der entscheidenden Erfahrung dieser Jahre aber war bisher noch nicht die Rede. Sie betrifft mein Verhältnis zum christlichen Glauben. Es war noch in der Zeit meines Abiturs so distanziert-kritisch, daß ich ein Theologiestudium rigoros ablehnte. In den Jahren meines Pädagogikstudiums trat darin ein Wandel ein, den ich nur eine Kehre zum christlichen Glauben nennen kann. Es ist nicht einfach, sie im Zusammenhang darzustellen. Denn es handelt sich dabei nicht um eine punktuell exakt fixierbare Bekehrung, sondern um einen Prozeß, bei dem ein ganzes Ensemble an Faktoren sich miteinander verschränkte. Doch heben sich einige Erfahrungen als richtungweisende Ereignisse besonders heraus: die Begegnung mit der Bekennenden Kirche (BK) und die Begegnung mit einer christlichen Studentengemeinde im Horizont des totalitären Staates.

Als ich im Herbst 1934 mein Studium begann, hatte ich noch keine Ahnung davon, daß sich angesichts des Arierparagraphen und seiner Anwendung auf evangelische Pfarrer jüdischer Abstammung ein Widerstand evangelischer Pfarrer im sog. Pfarrernotbund organisierte, aus dem später unter Einbezug evangelischer Laien die »Bekennende Kirche« wurde. In Barmen-Gemarke hatte sie sich in sechs Erklärungen und Verwerfungen theologisch verbindlich und pointiert geäußert zu dem, was vom Nationalsozialismus infizierte und unterstützte Gruppen der sog. Deutschen Christen (DC) seit der Machtübernahme durch Adolf Hitler im Raume der evangelischen Kirchen in Deutschland vertraten. Ich wollte vom Kampf der BK gegen die innerkirchlich-politische Bewegung der Deutsche Christen Genaueres erfahren und folgte einer Einladung in die Leipziger Nikolaikirche. Der referierende BK-Pfarrer legte u. a. dar, daß die Deutschen Christen hinfort das Sakrament des Abendmahles nicht mehr feiern wollten als das Geheimnis, in dem der lebendige Christus sich seiner Gemeinde unter der Gestalt von Brot und Wein vergegenwärtige und damit gleichnishaft-real erfahrbar mache, sondern als das Mysterium der deutschen Erde (verstanden als das Territorium des Deutschen Reiches) und das Mysterium des nordischen Blutes, das angeblich dominierend in den Adern deutscher Menschen floß. Blitzartig leuchtet mir ein: Hier ging es nicht um Theologengezänk, hier prallten Welten aufeinander. Und obwohl ich hinsichtlich des christlichen Altarsakramentes noch keine theologische Klarheit hatte, war mir sofort deutlich: Die Position der Deutschchristen war eine Blasphemie, sakramentalistisch-nationalistischer Götzendienst. Hier mußte man Partei ergreifen. Das konnte man nicht geruhsam neutral nur zur Kenntnis nehmen. Die Bewegung der Menschen in der Kirche war fast körperlich zu spüren.

Im Anschluß an das Referat wurde gebetet. Zunächst durch den Mann auf der Kanzel. Aber dann – was war das? Es beteten ja jetzt alle. Alle sprachen wie aus einem Munde: Vater unser, der du bist im Himmel, geheiligt werde dein Name, dein Reich komme, dein Wille geschehe, wie im Himmel also auch auf Erden, unser tägliches Brot gib uns heute, und vergib uns unsere Schuld, wie auch wir vergeben unseren Schuldigern, und führe uns nicht in Versuchung, sondern erlöse uns von dem Übel. Denn dein ist das Reich und die Kraft und die Herrlichkeit in Ewigkeit. Amen. Niemand hatte zum gemeinsamen Sprechen des Gebetes aufgefordert. Es geschah spontan. Meine Ergriffenheit stieg von Bitte zu Bitte. Als das Amen gesagt war, hatte ich zum ersten Male in meinem Leben erfahren, was Gebet ist: eine wundervolle Öffnung ins Grenzenlos-Universelle hin zu dem unfaßlichen lichten und konkreten Gegenüber des Christusgottes und zugleich ein wunderbares Einströmen von Kraft und Helligkeit und Zuversicht. Wenn ich daran zurückdenke, fallen mir immer die Männer ein, die, wie ich später erfuhr, vor tausend Jahren, aus Rußland kommend, zum ersten Male in Konstantinopel an der heiligen Liturgie der Ostkirche teilnahmen. Sie bezeugten danach: »Wir wußten nicht, waren wir im Himmel oder auf der Erde; denn auf der Erde gibt es solche Schau und solche Schönheit nicht. Wir sind nicht imstande, davon zu berichten; nur das wissen wir, daß dort Gott mit den Menschen ist ...« So ähnlich erging es mir, nur daß es sich weniger um die Erfahrung von Schönheit handelte, sondern von Gottes Wirklichkeit im Gebet. Psychologen mögen das weginterpretieren als einen Vorgang der Massensuggestion. Ich kann ihnen das nicht abnehmen. Ich bin gewiß, dies war eine Letzterfahrung von unbedingter Qualität. Sie hatte mannigfache Konsequenzen, vor allem zwei.

Die eine: ich ergriff das Gebet als eine Möglichkeit meines persönlichen Lebens. Es war wie eine kopernikanische Wende. Ich empfand:

Beten, das ist nicht eine fromme Übung neben vielen anderen, es ist die Mitte praktizierten Glaubens, Glaube in Aktion. Mir wurde bewußt: Betend komme ich los von dem Umsichselbstkreisen meines »dicken Ich«, dem elenden »cor incurvatum in se ipsum« (Luther), indem ich mich festmache an einem archimedischen »Punkt« jenseits der Mächte und Gewalten, die in mir und um mich herum rumoren und mich beherrschen wollen. Und dieser »Punkt« hat einen Namen. Er heißt Gott, genauer: Gott in Jesus Christus. Ein starkes Freiheitsgefühl durchströmte mich. Zugleich wurde mir klar: Dieses Sichfestmachen kann nicht nur punktuell im persönlichsten Intimraum geschehen, es bedarf der Stetigkeit und auch der nach außen sichtbaren Gebärde sowie der Gemeinsamkeit der Gemeinde. Was meine Mutter in meiner frühen Kindheit nicht geschafft hatte, wurde nun Realität: das tägliche Morgen- und Abendgebet. Zu Hause bat ich meine Mutter zu deren Erstaunen, vor dem Essen ein Tischgebet sprechen zu dürfen.

Eine andere Folge jenes Abends in der Nikolaikirche: Ich machte mich kundig über das, was es mit der Bekennenden Kirche (BK) auf sich hatte, insbesondere mit der in Barmen 1934 beschlossenen »Theologischen Erklärung zur gegenwärtigen Lage der Deutschen Ev. Kirche«. In ihr heißt es:

Wir bekennen uns angesichts der die Kirche verwüstenden und damit auch die Einheit der Deutschen Evangelischen Kirche sprengenden Irrtümer der Deutschen Christen und der gegenwärtigen Reichskirchenregierung zu folgenden evangelischen Wahrheiten: 1. »Ich bin der Weg und die Wahrheit und das Leben, niemand kommt zum Vater denn durch mich« (Joh. 14,6). »Wahrlich, wahrlich, ich sage euch: Wer nicht zur Tür hineingeht in den Schafstall, sondern steigt anderswo hinein, der ist ein Dieb und ein Mörder. Ich bin die Tür; so jemand durch mich eingeht, der wird selig werden« (Joh. 10,1.9). Jesus Christus, wie er uns in der Heiligen Schrift bezeugt wird, ist das eine Wort Gottes, das wir zu hören, dem wir im Leben und im Sterben zu vertrauen und zu gehorchen haben. Wir verwerfen die falsche Lehre, als könne und müsse die Kirche als Quelle ihrer Verkündigung außer und neben diesem einen Worte Gottes auch noch andere Ereignisse und Mächte, Gestalten und Wahrheiten als Gottes Offenbarung anerkennen.

Diesem ersten Satz folgen fünf weitere. Jeder wird eingeleitet durch Worte der Heiligen Schrift, und jedem folgt ein Satz der Verwerfung einer aktuellen Irrlehre. Das war eine klare und entschlossene Sprache. Sie hatte für mich etwas umwerfend Überzeugendes. Hier wurde aus einer Souveränität des Glaubens heraus geredet, an der teilzunehmen mich verlangte und die im Lebensgetriebe eine letzte Gelassenheit zu geben versprach.

Für mich war außerdem deutlich: Die Kritik, die in diesen Bekenntnissätzen als innerkirchliche Kritik zum Ausdruck kam, war indirekt im Medium der Kritik an den Positionen der Deutschen Christen zugleich Kritik am NS-Staat und seinem Anspruch auf Alleingültigkeit seiner rassistischen Ideologie. Und die in Barmen versammelten Männer der Kirche wagten entschlossen und geradlinig, dieser Ideologie zu widerstehen mit keinem anderen Machtmittel in der Hand als einem an sich ohnmächtigen Buch: der Bibel. Dieses Buch erwies sich als eine unvergleichliche Waffe im Geisteskampf um Christus und um Deutschland. Diese Erfahrung sollte hinfort mein Leben bestimmen. Hier war beides mit Händen zu greifen: Biblischer Glaube betrifft die Mitte der menschlichen Existenz, und biblischer Glaube hat ursprunghaft, nicht sekundär abgeleitet, politische Relevanz. Mir wurde klar, daß ich, entgegen meiner bisherigen Auffassung von der Bibel als einem musealen, zeitgeschichtlich bedingten und in sich widerspruchsvollen Dokument, diesem Buch eine ganz andere Aufmerksamkeit, ja ein intensives Studium schuldete.

Eine wesentliche Hilfe dazu wurde die Begegnung mit einer Gruppe von Studenten, die – zunächst in Vorlesungspausen auf dem Universitätsinnenhof – als eine besonders fröhliche Schar in Erscheinung trat: der Gruppe der Theologiestudenten. Hier erlebte ich in kleinen Kreisen, wie junge Menschen meines Alters der Bibel nicht nur wissenschaftlichen Eifer zuwandten, sondern regelrecht tagtäglich mit ihr lebten und sie auf sich persönlich und auf die Situation der Kirche bezogen. Ich machte die Bekanntschaft mit den Leseordnungen, die in der evangelischen Kirche, zumal in der evangelischen Jugend vorhanden waren und lebendig praktiziert wurden. Das Leben mit diesen Ordnungen, der tägliche Versuch, sich dem Anspruch und Zuspruch eines Bibeltextes auszusetzen, gab mir ein ganz neues Lebensgefühl und festen Boden unter die Füße angesichts der turbulenten Zeitereignisse im NS-Staat.

Doch es waren weithin nicht die Bibeltexte als solche, die mich so beeindruckten, sondern ihr und mein Einbezogensein in die Geschwisterschaft einer evangelischen Studentengemeinde, in die tragende Kraft einer solchen Gruppe; umso mehr als diese, damals in der Deutschen Christlichen Studentenvereinigung organisiert, die besondere Aufmerksamkeit der Geheimen Staatspolizei auf sich zog. Das Gemeinschaftshaus in der Roßstraße wurde geschlossen und nach belastendem

Material durchsucht, die Gemeinschaft der Studenten dadurch aber eher gestärkt. Sie bewährte sich auch unter dem Druck der immer neuen Nachrichten über Pfarrer und Vikare der Bekennenden Kirche, die auf Grund ihres unerschrockenen Wahrnehmens staatsbürgerlicher Rechte verhaftet worden waren und in unsere Fürbitten einbezogen wurden. Der Studentengemeinde wurde jede Betätigung untersagt mit Ausnahme der Bibelstunden. Diese ließen sich gut überwachen. Doch gingen natürlich die Zusammenkünfte in Kleinstkreisen weiter, vor allem die Proben der Laienspielschar und die Vorbereitungen für die nächste Spielfahrt zu Gemeinden im Erzgebirge. Das Mittun in dieser fröhlichen Truppe empfand ich als einen weiteren Schritt in meinem christlichen Engagement. Ich lernte vom Evangelium bewegte junge Menschen kennen, die sich darauf vorbereiteten, in einem Lande, dessen Führung, wie von Jahr zu Jahr deutlicher wurde (entgegen dem »Bekenntnis« zu einem »positiven Christentum« im Programm der Nazi-Partei) mit Kirche und Christentum nichts Positives im Sinn hatte, sich lebenslang dem Dienste am Worte Gottes zur Verfügung zu stellen. Das beeindruckte mich tief. Diese Kommilitonen machten sich über das, was an persönlichen, auch an innerkirchlichen und politischen Schwierigkeiten auf sie zukommen könnte, nichts vor. Dennoch dachten sie nicht daran, etwa einen Fakultätswechsel vorzunehmen und das Theologiestudium an den Nagel zu hängen. Auch imponierte mir: Trotz kritischer Einstellung zu den rassistischen und nationalistischen Zügen der NS-Ideologie haßten sie die Nazis nicht und zeigten auch keinerlei Fanatismus ihnen gegenüber. Täglich hatte ich Kontakt mit ihnen. Offen tauschten wir unsere Meinungen und Erfahrungen aus. Wir sangen und spielten miteinander. Vor allem: Wir beteten konkret miteinander, und das nicht in einer liturgisch abgehobenen Sprache, sondern in der Sprache des Alltags. In dem allem erfuhr ich eine Gemeinschaft, wie ich sie noch nie erlebt hatte.

Ein Höhepunkt solcher Erfahrung war dann die Spielfahrt. Wir hatten ein überliefertes Krippenspiel eingeübt. Ich hatte nur einen der Hirten darzustellen. Doch empfand ich diese bescheidene Rolle als eine weitere Herausforderung zur Besinnung auf das Evangelium. Ich spürte: Man kann da eigentlich nur mitspielen, wenn man bereit ist, für das im Spiel Gemeinte persönlich einzustehen. Die Fahrt ins Erzgebirge, das Spiel in überfüllten Dorfkirchen, die Gastfreundschaft bei frommen Erzgebirgsfamilien, gerieten zu einem intensiven und tiefen Erlebnis. Tagsüber zogen wir im verschneiten Gebirge von Dorf zu Dorf. Am Abend war das Spiel. Jede Vorstellung begann in der Sakristei mit

Sammlung und Gebet. Unvergesslich dann die Hör- und Schaubereitschaft der Gemeinde, ihre Ergriffenheit, ihre Freude, der gemeinsame Lobgesang.

Ein zweites Mal nahm ich an einer Spielfahrt Leipziger Theologiestudenten als Nichttheologe am Ende meines philosophisch-pädagogischen Studiums teil. Wir hatten ein Osterspiel einstudiert, mir war die Darstellung Johannes des Täufers zugefallen. Diesmal wurde nicht nur im Erzgebirge gespielt, sondern auch in Mittelsachsen. Noch stärker als beim Weihnachtsspiel spürte ich, wie stark durch leibhaftes Mittun im darstellenden Spiel mir selbst, aber offensichtlich auch der hörenden und schauenden Gemeinde der Bibeltext auf den Leib rückt und so zur engagierten Stellungnahme herausfordert.

Die Gespräche mit unseren Gastgebern erbrachten u. a., wie oft Gemeinden ungenügend mit Pfarrern versorgt waren und wie manche unter der geringen Flexibilität ihres Pfarrers litten. So drängte sich mir, wie übrigens auch meinem Studienfreund Werner E. der Eindruck auf, daß es in unserer Kirche vielfach an für diesen Dienst qualifizierten Geistlichen fehlt. Ich gestehe, daß mir dies naheging. Ich mußte an die entschiedene Absage denken, die ich meinem damaligen Freunde Helmut R. erteilt hatte, als er mir das Theologiestudium empfahl.

Waren die Gründe, die mich seinerzeit zu dem klaren Nein bewogen, inzwischen ausgeräumt? Ja und Nein. Einerseits war mir das Evangelium von Jesus Christus in einer Weise als lebendige Kraft begegnet, die Argumente von damals in den Hintergrund treten ließen. Andererseits hatte ich inzwischen Prediger das Wort Gottes verkünden hören, die mir einen Anfang der befreienden Einsicht vermittelten: Das Wort Gottes ist nicht identisch mit dem Buchstaben der Bibel. Es gibt ein Verstehen der biblischen Aussagen, das den Glaubenden nicht zu einem sacrificium intellectus zwingt, also etwa zur Preisgabe naturwissenschaftlicher Erkenntnisse. Es war vor allem der Professor für praktische Theologie, Martin Doerne, auf der Kanzel der Universitätskirche, der mich in dieser Richtung beeinflußte. Doch solche Einsicht drängte nach tieferer argumentativer Vergewisserung, und insofern waren meine früheren Gründe gegen ein Studium der Theologie noch keineswegs erledigt. Doch hatten sie nicht mehr das Gewicht von damals. Mir war durch die Erfahrung des Kampfes der Bekennenden Kirche, durch die Begegnung mit lebendigen Christen der Studentengemeinde, auch durch das dadurch veranlaßte weitere Eindringen in die Zeugnisse der Bibel und durch persönlichste Selbsterforschung klar geworden: Der eigentliche Widerstand gegen den christlichen Glauben kommt nicht vom Intellekt her, nicht vom Widerstande des Verstandes; er hat seine Wurzel vielmehr in der Tiefe der Existenz des Menschen, der sich hartnäckig dagegen wehrt zuzugeben: Es steht bei mir so, wie die Bibel bezeugt: ich bin ein Sünder, einer, der nicht Gott über alle Dinge fürchtet, liebt und vertraut, sondern immer wieder ganz etwas anderes; ich bin deshalb ganz und gar und täglich auf Vergebung angewiesen, auf Gottes Vergebung in Christus, und darauf, daß ich so von Tag zu Tag ein Stück Erneuerung meines Menschseins erfahre. Gegen solche Demut sträubt sich der alte Mensch in uns. Hier liegt der Klotz, der dem Glauben im Wege liegt. Wer vermag dieses Sträuben zu überwinden, wer den Klotz wegzuräumen? Es ist Gnade, wenn das geschieht. Und mein durch Bibel und Verkündigung wach gewordenes Gewissen sagte mir: Dieser Klotz ist ja nicht ein für allemal beseitigt. Ich habe immer neu mit ihm zu tun. Damals widerfuhr mir die unbequeme Einsicht: Christen sind Menschen, die sich über sich selbst nichts mehr vormachen. Aber ich erfuhr auch: sie sind Menschen, die täglich aus der Gnade leben und Leben wagen dürfen. Solche Erfahrung wuchs mir wesentlich unter der Predigt eines der wenigen Pfarrer der Bekennenden Kirche in Leipzig zu: des Pfarrers Meder von der Thomaskirche, der später mein Mentor wurde.

Bei Singerüsten in der Zeit des Nationalsozialismus mit Kantor Stier sangen wir gern zwei Kanons, den einen mit der wunderbaren Zusage des Auferstandenen: »Siehe, ich bin bei euch alle Tage bis an der Welt Ende«, den anderen, gleichsam als Antwort auf diese Zusage, mit den Worten Martin Luthers: »Wohlan, wir haben's auf den Mann, den Herrn Christus, Gottes Sohn gewagt.« In der entspannten, fröhlichen Atmosphäre einer Singefreizeit singen sich solche Texte leicht und unbeschwert. Ihre Aussage wollte aber auch im grauen Alltag bewährt sein. Dem stand aber oft die Trägheit des Herzens im Wege. Ich sprach mit meiner Freundin Anne D. und meinem Studienfreund Werner E. darüber. Wir meinten, es sei womöglich eine Hilfe zum Festbleiben und Fortschreiten in unserem jungen Christenstand, wenn wir ein Gelöbnis ablegten. Die Evangelische Michaelsbruderschaft bot dafür eine Verpflichtungsform und -feier an. Wir sprachen darüber mit meinem Konfirmator, Pfr. Zeuschner, der ein Glied dieser Bruderschaft war. In einer schlichten Feier nahm er uns drei in die Pflicht. Es waren sechs Punkte, denen wir entsprechen zu wollen gelobten: tägliche Orientierung an der Bibel, regelmäßiges Gebet, Besuch des öffentlichen Gottesdienstes, öftere Teilnahme am Sakrament des Altars, beständige Bereitschaft, jedem Menschen in Not ein Nächster zu sein, und die Bereitschaft, seelsorgerlichen Rat anzunehmen. Weil ich aber meinte, die kirchliche und gesellschaftliche Situation der Zeit des Nationalsozialismus erfordere noch mehr, wurde ich auch Mitglied der Ev.-luth. Bekennenden Kirche Sachsens. Meine Aufnahme in die Bekennende Kirche erfolgte erst im September 1939, nachdem ich ein Jahr zuvor mich schriftlich vom Deutschen Jungvolk abgemeldet und um Überweisung in die NSV, den offiziellen NS-Wohlfahrtsverband, gebeten hatte. Eine Antwort darauf erfolgte nicht.

Es war mir natürlich wichtig, daß mein philosophischer Lehrer Th. Litt meine Hinwendung zum christlichen Glauben unterstützte. Philosophisch gebildet und engagiert sein einerseits und verantwortliches Christsein andererseits erschienen in diesem Lichte nicht als Gegensätze, sondern als eine spannungsvolle Zweieinheit. Litts Philosophie duldete nicht nur die religiöse Existenz, sondern wahrte ihr mit philosophischen Mitteln ihre unableitbare Eigenständigkeit und Eigenwertigkeit, ohne sich zur »Magd« der Theologie zu machen.

Schuldienst und Krieg

Da meine Mutter alleinstehend und unterstützungsbedürftig war, entsprach die Schulbehörde meiner Bitte und setzte mich als Hilfslehrer in dem kleinen bäuerlich-gutbürgerlichen Ort Markkleeberg-Großstädteln vor den Toren der Großstadt Leipzig ein. So radelte ich jeden Morgen von Leipzig-Marienbrunn durch die Elsteraue und nachmittags zurück. Ich wurde Klassenlehrer in einem dritten Schuljahr. Mit meinen etwa zwanzig neunjährigen Jungen kam ich gut zurecht. Mir fiel der gesamte Unterricht dieser Klasse zu. Besonders erfreulich lief die Schulgartenarbeit. Die Klasse hatte ein großes Beet im Schulgarten am Waldrand unweit der Schule zu bestellen. Wir zogen Stangenbohnen, Kürbisse und Blumen, insbesondere Sonnenblumen. Ein Höhepunkt dieser Bemühung war ein fröhlicher Ernteumzug im Herbst mit Sonnenblumen als Fahnen vom Schulgarten zur Schule.

Mein Schulleiter schien Christ zu sein. Er amtierte neben seinem Dienst als Lehrer zugleich als Organist und Kantor. Es stellte sich aber bald heraus, daß ich es mit einem Deutschen Christen zu tun hatte. Eines Tages bestellte er mich zu sich und eröffnete mir, er habe festgestellt, daß ich im Religionsunterricht auch ausführlich Stoffe aus dem Alten Testament unterrichtete. Große Gruppen der Deutschen Christen forderten damals die Reduktion der Bibel auf das als »arisch« eingeschätzte Neue Testament unter Preisgabe des »jüdischen« Alten Testaments, das angeblich nur Viehzüchter- und Zuhältergeschichten enthalte, die man »nordischen« Kindern nicht zumuten könne. Ich machte ihm klar, daß für mich als Glied der Ev.-luth. Kirche das Alte Testament ebenso unentbehrliches biblisches Zeugnis von Gott sei wie das Neue, daß Jesus von Nazareth eindeutig ein Jude war und man konsequenterweise auch auf die neutestamentlichen Zeugnisse von ihm verzichten müsse, doch sei das Alte Testament ja die Bibel Jesu Christi gewesen, auch gebe es m. W. keine dienstliche Vorschrift, die den Unterricht im Alten Testament verbiete. Letzteres bestätigte er mit dem Hinweis, man dürfe hier nicht erst auf Anordnungen warten, sondern müsse spontan handeln. Ich erklärte, daß ich mich dazu nicht imstande sähe und fortfahren würde, auch Altes Testament zu unterrichten. Er entließ mich mit der ernsten Warnung, mir das erneut zu überlegen, und ließ durchblicken, daß es für mich einmal Konsequenzen haben würde, wenn ich bei meinem Standpunkt bliebe.

Mich hatte dieser Überfall natürlich sehr erregt. Er traf mich freilich nicht ganz unvorbereitet, weil mir ja das Treiben der Deutschen Christen bekannt war. Der Schulleiter befand sich freilich in einer Klemme. Mir den Unterricht im Alten Testament zu verbieten, dazu hatte er keine juristische Grundlage. Wagte er es trotzdem, so hätte das zunächst zur Folge gehabt, daß ich den gesamten Religionsunterricht an der Schule aufgeben würde. Denn es hatte sich sehr bald nach meinem Dienstantritt herausgestellt, daß von den zwölf Lehrern der Volksschule – außer dem Schulleiter – keiner mehr bereit war, Religionsunterricht zu erteilen, obwohl sie es vor der Machtergreifung der Nazis getan hatten! So kam es, daß mir fast der gesamte Religionsunterricht der Schule übertragen wurde. Außer dem gesamten Unterricht in meinem dritten Schuljahr hatte ich also noch in fast allen Klassen den Religionsunterricht zu geben! Würde es der Schulleiter, zumal in seiner Position als Kantor und Organist der Kirchengemeinde wagen, mir diesen Unterricht zu nehmen? Er wagte es nicht.

Ich meinerseits nahm die Verbindung mit dem ev.-luth. Ortspfarrer auf, der dem Vernehmen nach ein Mitglied der Bekennenden Kirche war. Das Pfarrhaus stand unmittelbar neben der Schule. Meinen Gang dorthin richtete ich so ein, daß er von möglichst vielen Menschen, Kollegen, Schülern gesehen und beobachtet werden konnte. Der Ortspfarrer erwies sich tatsächlich als ein Mann der BK. Er war froh, in mir einen Verbündeten in der Schule zu haben. Ich war meinerseits dankbar für das Bündnis mit ihm. Es gab hinfort keinerlei Schwierigkeiten mit dem Schulleiter wegen des Religionsunterrichtes. Bemerkenswert: Er sprach mich auch nicht an wegen der auffälligen Tatsache, daß das Klassenzimmer meines dritten Schuljahres in der ganzen Schule das einzige ohne Hitlerbild war. Zu den Schulandachten am Montagmorgen vor Beginn des Unterrichts wurde ich weiterhin zugezogen. Wenn ich dort sprach, verließen einige Kollegen fluchtartig den Raum.

Schon bald nach Eintritt in den Schuldienst wurde ich von einem älteren Kollegen bedrängt, ich möchte doch in den NS-Lehrerbund eintreten. Ich fragte ihn, ob denn dieser Bund auch die Interessen der Junglehrer vertrete. Er bejahte. Dann, sagte ich, warte ich mit meinem Beitritt, bis er dafür gesorgt hat, daß ein Junglehrer wie ich, im ersten Dienstjahr, dazu promoviert, nicht mehr mit einem Monatsgehalt von 105 Reichsmark abgefunden würde. Das sei nach meinem Verständnis ein sozialer Skandal. Eine Mitgliedschaft im NSLB schloß ich bis auf weiteres aus. Desgleichen die Mitgliedschaft in der Partei, um die derselbe Kollege mich einige Wochen später ansprach. Er versuchte, mir die Sache zu versüßen, indem er mir nahelegte, ein Gesuch um Erlaß der Mitgliedsbeiträge einzureichen, er würde es befürworten. Ich lehnte dankend ab, natürlich im Tone sehr höflich und kollegial. Er kam nicht wieder.

Mit der Fülle von Religionsunterricht an meiner Schule war ich im Grunde theologisch und noch mehr didaktisch-methodisch überfordert. Die Ausbildung am PI hatte diesen Zweig kaum gepflegt. Um so dankbarer war ich für Einfälle. Zwei davon sollen hier skizziert werden. Nietzsche spricht einmal von dem Respekt, der der Kirche dafür gebühre, daß sie es fertiggebracht hatte, den europäischen Massen den Respekt vor einem Buche beizubringen. Wie war dies Neunjährigen gegenüber zu realisieren? Ich suchte unter meinen Bibeln die größtformatige heraus und machte sie zu meiner Schulbibel. Sie lag im Religionsunterricht auf dem Katheder – weithin sichtbar. War eine neue biblische Geschichte an der Reihe, so erzählte ich diese zunächst den Kindern frei in ihrer Sprache, Auge in Auge. Erst darauf folgte der Höhepunkt der Unterrichtsstunde: die Bibel wurde feierlich aufgeschlagen, und ich las die Geschichte im kraftvollen Deutsch Martin Luthers vor. Die Jungen hörten gespannt zu. An besonderen Punkten ließ ich sie ganze Sätze im Chor wiederholen, z. B.: »Da sagte Gott zu Kain: ›Wo ist dein Bruder Abel?‹« (Wiederholung im Chor: »Wo ist dein Bruder Abel?«) Ich schloß die Geschichte jeweils ab mit einem kurzen Gebet, in dem ihr Inhalt auf uns selber bezogen vor Gott gebracht wurde. Diese Dramaturgie des Unterrichts, bei der die große Bibel im Mittelpunkt stand, bewährte sich zu meinem Erstaunen auf allen Unterrichtsstufen.

Mein drittes Schuljahr besaß kein Religionsbuch. Es gab auch im Lande Sachsen keins zu kaufen. Da hörte ich vom Erscheinen des »Gottesbüchleins« in Bayern. Ich ließ mir Exemplare schicken und verwendete sie im Unterricht. Gleich auf den ersten Seiten war in diesem ansonsten sehr brauchbaren Buch ein ganzseitiges Bild von einem uralten Opa mit wallendem Bart und gewaltigem Haupthaar zu sehen, auf einem Throne sitzend, umgeben von Engeln sowie Sonne, Mond und Sternen. Ich ließ das Buch an dieser Stelle aufschlagen. Es folgte der Impuls: »Beschreibt die Gestalt, die ihr seht!« Die Kinder benannten sorgfältig die Einzelheiten des Bildes. Auf die Frage: »Wer soll das wohl sein?« antworteten sie ohne Zögern: »Gott«. Darauf der Lehrer: »Paßt auf, jetzt kommt etwas ganz Wichtiges. Legt alle den Zeigefinger eurer rechten Hand auf das Bild! Und nun seht auf das Bild und sprecht alle zusammen: ›So sieht Gott nicht aus‹«. Die Klasse sprach's. Ich ließ es wiederholen. Mein neuer Impuls: »Gott kann man überhaupt nicht sehen. Das wußte der Maler natürlich auch. Trotzdem hat er so ein Bild gemalt. Bestimmt hat er sich dabei etwas gedacht!« Die Kinder bringen ihre Vermutungen. Wir arbeiten heraus, daß und inwiefern das Bild versucht, uns etwas von Gott zu sagen, ohne daß er uns auf dieses Bild als eine Art Foto Gottes fixieren will.

Der Religionsunterricht in der Schule war nicht mein einziges religiöses Engagement. Ich wurde in meiner Wohngemeinde zu Leipzig-Marienbrunn Helfer im Kindergottesdienst. Jeder Helfer hatte am Sonntag in seiner Gruppe die Bibelgeschichte des jeweiligen Sonntags in einer den Kindern verständlichen Sprache zu erzählen. Daran knüpfte dann der Pfarrer eine Kinderpredigt an. Auf diese Aufgabe bereiteten wir uns an einem Abend zuvor im Arbeitszimmer des Pfarrers vor, der uns bei der Exegese des Textes behilflich war. Ebenso wichtig wie die Erzählung der biblischen Geschichte war aber die intensive Zuwendung zu den Kindern. Diese wurden lebhaft begrüßt, beim Vornamen genannt, auf Besonderheiten angesprochen (Gesundheit von Eltern und Geschwistern, Schule, Freizeit, Ferien) und nach dem Kindergottesdienst persönlich verabschiedet mit Grüßen und guten Wünschen.

Es war den Pfarrern seitens der von den Deutschen Christen beherrschten Kirchenleitungen untersagt, Kinder und Jugendliche außerhalb von Gottesdienst, Religions- und Konfirmandenunterricht zu sammeln und mit ihnen altersspezifisch zu arbeiten. Als Pfr. Zeuschner erfuhr, daß ich gleichwohl Kinder im Vorkonfirmandenalter zu einer Jungschargruppe sammelte, in der wir nicht nur beteten und die Bibel lasen, sondern auch Themen besprachen, die die Jungen gerade interessierten, ja auch gemeinsame Fahrten mit dem Fahrrad unternahmen, z. B. in die Dübener Heide, äußerte er sein Mißfallen. Ich mochte mich aber seinem ängstlichen Verhalten nicht anschließen, und niemand stellte mich zur Rede!

Am 1. 9. 1939 überfiel Hitler Polen. Mein Studienfreund Werner Eifert wurde eingezogen. Ich selbst folgte ihm bald. Kurz vorher trafen wir uns noch. England und Frankreich nahmen diesmal die Aggression nicht hin, sondern erklärten Hitler den Krieg. Was das für die Intensität und Länge des Krieges bedeutete, war uns illusionslos klar: ein zweiter Weltkrieg hatte begonnen. Würden wir ihn überstehen? Die NS-Zeit hatte uns beide auf verschiedenen Wegen zum christlichen Glauben geführt. In diesem Augenblick legten wir beide voreinander und vor Gott ein Gelübde ab: Sollte Gott uns den begonnenen Krieg überleben lassen, so würden wir beide es nach dem Kriege wagen, noch einmal zu studieren, diesmal evangelische Theologie, und unser Leben der Verkündigung des Evangeliums von Jesus Christus in seiner Kirche widmen.

Ich wurde zunächst zur Grundausbildung nach Döbeln in Sachsen einberufen. Obwohl Jahrgang 1915 und als solcher längst fällig zur Ableistung der zweijährigen Wehrpflicht, war ich als einziges Kind meiner unterstützungsbedürftigen alleinstehenden kranken Mutter für die Dauer meiner Ausbildung zum Lehramt immer wieder vom Wehrdienst zurückgestellt worden. Damit war es jetzt vorbei. Nun marschierte ich »frühmorgens, wenn die Hähne krähn«, singend mit den Schicksalsgenossen durch Döbeln zum »Zschackwitzer«, dem militärischen Übungsgelände vor den Toren Döbelns. Acht Wochen sollte die Grundausbildung zum Infanteristen währen. Bereits nach vierzehn Tagen wurde ich jedoch als Hilfsschreiber zum Bataillonsstab »abkommandiert«; als Doktor der Philosophie schien ich dazu geeignet. Ich, dem Waffendienst überhaupt und noch dazu in der Armee Hitlers abhold, hatte keine Veranlassung, mich diesem Kommando zu widersetzen. Einen Tag nach der Rekrutenausbildung fand ich mich mit Fieber, an Masern erkrankt, im Krankenrevier des Bataillons wieder. Zuvor war noch einer der schwärzesten Tage meines Lebens zu absolvieren gewesen: die Vereidigung auf den obersten Führer und Feldherrn Adolf Hitler zu unbedingtem Gehorsam. Doch die Kraft meines Glaubens reichte zu diesem Zeitpunkt nicht aus, den Eid zu verweigern. Überleben schien mir wichtiger. Verweigerung des Eides hatte, wie wir alle wußten, unabsehbare Folgen.

Am Reformationsfest waren wir Rekruten zum Revierreinigen verpflichtet. Da meldete ich mich beim »Spieß«, dem Hauptfeldwebel der Kompanie und beim Kompaniechef und bat um die Möglichkeit, an diesem protestantischen Feiertag zum Gottesdienst gehen zu dürfen. Ich brachte diese Bitte zugleich im Namen einiger Kameraden vor, mit denen ich mich abgesprochen hatte. Die Verantwortlichen waren verblüfft; sie wagten nicht zu entscheiden. Der Chef des Bataillons wurde angerufen. Er entschied: Jawohl, der Gottesdienstbesuch ist zu gewähren. Als noch nicht fertig ausgebildete Rekruten, noch ungeübt, auf der Straße Vorgesetzten gegenüber den fälligen militärischen Gruß vorschriftsmäßig zu erweisen, wurde uns ein Gefreiter zugeteilt, der uns in Marschformation zum Gottesdienst in die Döbelner Stadtkirche brachte. Während des Gottesdienstes waren wir ohne Dienstaufsicht, denn unser Gefreiter verabschiedete sich für die Dauer des Gottesdienstes dorthin, »wo die Gesangbücher Henkel haben«, wie es im sächsischen Volksmund heißt.

Damit hatten wir ein Stück Zivilcourage im Uniformrock gezeigt, nicht ohne Erfolg. Wäre aber nicht erst recht in puncto Vereidigung entsprechend meiner tatsächlichen Überzeugung Courage angezeigt gewesen? Natürlich überredete ich mich, dieses Verhalten sei ich doch meiner Mutter und dem Mädchen, das ich später zu heiraten gedachte, schuldig. Erleichtert wurde mir dieses Verhalten, dieses Sich-nicht-entscheiden-können durch etliche evangelische und katholische Kameraden, die ich in Döbeln kennenlernte und um deren Eid es genauso stand wie um meinen. Doch eine wirkliche Entschuldigung konnte das nicht sein; das Gewissen war damit auf die Dauer nicht zu beschwichtigen.

Infolge einer Erkrankung kam ich nicht mit meinen Kameraden an den »Westwall«, sondern wurde nach der Genesung in der Kaserne als »Funktioner« in der Waffenkammer verwendet. Erst im Frühjahr 1941 war es mit der »ruhigen Kugel« in Döbeln vorbei. Ich kam mit meiner Kompanie nach Jugoslawien. Wir hatten vor allen Dingen die strategisch wichtige Eisenbahnstrecke Belgrad – Saloniki vor Partisanen zu schützen. Im Herbst 1941 holte mich »Heldenklau« ein, ein Hauptmann der Division, der die Kompanien nach potentiellen Offiziersanwärtern durchkämmte. Ich wurde zur Offiziersausbildung in die Heimat beordert. Aus dieser Ausbildung wurde aber nichts, weil ich erneut erkrankte und eine Kur machen mußte. Nach der Kur kam ich nach Komotau im Sudetengau und wurde dort in der Schreibstube verwendet. Nach einigen Monaten wurde ich zur Ausbildung als Zahlmeister abgeordnet und tat Dienst in einer Leipziger Zahlmeisterei – bis mich erneut »Heldenklau« erwischte und zur Offiziersausbildung in Zeithain bei Riesa bestimmte. Doch wurde ich im Spätsommer 1944 als offiziersuntauglich nach Leipzig zurückversetzt. Im Leipzig brauchte man mich als Verpflegungsunteroffizier. Im Dezember 1944 wurde ich dann selbst an der Front eingesetzt: an der Westfront in der tief verschneiten Eifel. Auch hier kam mir die Zahlmeisterausbildung zustatten. Ich hatte also wieder mit der Verwaltung von Verpflegung zu tun. Nicht lange. Im März 1945 rückten die Amerikaner gegen den Rhein vor, und unser Divisionsstab geriet in Gefangenschaft.

Nach einigen Wochen amerikanischer Kriegsgefangenschaft wurden wir den Franzosen übergeben, bei denen ich die längste Zeit in Rennes im zentralen Gefangenenlager der Bretagne verbrachte. Anfang 1946 wurden die besonders Unterernährten auf Veranlassung der Amerikaner durch das Rote Kreuz ausgesucht und in die Heimat entlassen. Ich gab als Entlassungsort Bethel bei Bielefeld an, wo ich mehrere Wochen blieb bis zur Rückkehr nach Leipzig in die sowjetische Besatzungszone, wo meine Angehörigen mich sehnlichst erwarteten.

Hier kann ich nur einige Erfahrungen andeuten, die im Krieg für mich persönlich besondere Bedeutung gewannen. Martin Luther meint, ein wirklicher Christ sei ein sehr seltener Vogel in dieser Welt. Das spürt man beim Militär besonders. Ich aber hatte damit schon in der heimatlichen Kaserne Glück. Doch sollte ich im Laufe des Krieges noch zwei Menschen kennenlernen, mit denen ich in besonders intensiven Kontakt kam: Max Scholze, mit dem ich in Jugoslawien zusammen war, bei der Kur in Baden bei Wien, bei der Ausbildung zum Zahlmeister und beim Dienst als Zahlmeister, ein sehr engagierter Katholik, der wegen des Zölibatsgebotes vom Theologiestudium zur Jurisprudenz gewechselt hatte, ein weltoffener und kirchenkritischer Mann, trotz eines schweren Leidens (Gelenkrheuma) immer aufgeräumt und freundlich, immer kommunikativ und gesprächsbereit. Die Freundschaft mit ihm ließ mich das harte militärische Leben im Kriege leichter ertragen. Als sich unsere Wege trennten, fand ich in Zeithain einen neuen Freund: Wernerfritz Schade, Organist und Kirchenmusiker von Kopf bis Fuß, zuletzt tätig gewesen in der katholischen Liebfrauengemeinde zu Leipzig-Plagwitz. Was für ein warmherziger und zugleich kritischer Mensch! Auch er schätzte die Aussichten auf einen für NS-Deutschland positiven Ausgang des Krieges sehr skeptisch ein. Und doch, was mich mit Max und Wernerfritz zuinnerst verband, war nicht die gesellschaftlich-politische Kritik, es war der gemeinsame Glaube an Jesus Christus, der auch im Kriege unserem Leben ein festes Fundament und eine letzte Gelassenheit gab. Beide Freunde haben mich damals auch in der Zuversicht bestärkt, daß der größte Skandal in der Christenheit, die Zerspaltung der Kirche in Konfessionen, einmal zu überwinden möglich sein wird.

Im Einsatz gegen die Partisanen in Jugoslawien machte ich eine Erfahrung, die mich in meiner pazifistischen Überzeugung bestärkte: Ich kam zum ersten Male in meinem Leben in die Lage, nicht auf »Pappkameraden« wie auf dem Schießplatz, sondern auf lebendige Menschen schießen zu müssen. Ich spürte die besinnungslose Wut, die einen überkommt, wenn man selber beschossen wird, wie man dabei einem unmenschlichen Vernichtungsrausch verfällt, und wie ungeheuerlich das ist, wenn Menschen einander umbringen zu müssen meinen, wie sinnlos und unverantwortlich.

Als am 22. 6. 1941 Hitler seinen wahnwitzigen Eroberungs- und Vernichtungskrieg mit der Sowjetunion begann und wir in der jugoslawischen Etappe sehr bald mit einem Einsatz an der Ostfront rechnen mußten, entschloß ich mich, den zu diesem Zeitpunkt noch einzigen möglichen Urlaub zu beantragen, um die Frau zu heiraten, von der ich damals ehrlichen Herzens meinte: diese und keine andere. Entgegen dem (wie mir heute scheint, weitblickenden) Rat meiner Mutter blieb ich bei dem Entschluß. Die standesamtliche und die kirchliche Trauung fanden im Oktober 1941 statt. Meine Frau wurde die Volksschullehrerin Marianne Dachsel, die mir seit dem gemeinsamen Studium am PI in Leipzig nahestand.

Erstaunlich fand ich, wie sehr mir durch die wechselnden Situationen meines Soldatendaseins doch zugleich der Weg bereitet wurde zu dem Ziel des Theologiestudiums im Falle eines Überlebens. In Komotau gelang es mir durch die freundliche Hilfe eines pensionierten Studienrates, das für ein Theologiestudium benötigte sog. »Große Latinum« vorzubereiten, und in der Kriegsgefangenschaft in Frankreich wurde ich gar Student des »Ev.-theologischen Seminars zu Rennes«, erlernte die Anfangsgründe des Griechischen und Hebräischen und hörte Kollegs über biblische und theologische Themen von mitgefangenen kompetenten Theologen.

Daheim fand ich weniger Verständnis für mein Vorhaben, noch Theologie zu studieren. Man sagte mir, ich könne doch auf Grund meiner pädagogischen Ausbildung sofort in der Kirche arbeiten. Dort gäbe es vollauf zu tun. Auch sei ja das immense Feld des Religionsunterrichtes in der Schule zu bestellen. Ich wunderte mich über diese Ratschläge. Sollte das ohne gründliche theologische Ausbildung gelingen können? Das leuchtete mir nicht ein. Hing vielleicht die von mir erfahrene Unfruchtbarkeit des schulischen Religionsunterrichtes mit solcher Einstellung zusammen? Zum ersten Mal gewahrte ich bei kirchlich Verantwortlichen ein drastisches Defizit an theologisch-pädagogischem Denken. Doch mich verlangte, unabhängig von meinen allgemeinen pädagogisch-didaktischen Einsichten, danach, mich des christlichen Glaubens durch ein intensives theologisches Studium zu vergewissern und Wege zu entdecken, die ich, ausgerüstet mit gründlichem Wissen, auch geistig und geistlich guten Gewissens würde gehen können. Ich blieb demnach bei meinem Entschluß. Das gemeinsam mit meinem gefallenen Freund Werner Eifert vor Gott gegebene Versprechen bestärkte mich darin.

So konnte ich im Februar 1946 meine Angehörigen in Leipzig endlich wiedersehen und wieder mit ihnen leben – allerdings in dem düsteren Horizont dürftigen Vegetierens nach einem total verlorenen Kriege, den wir Deutschen unter NS-Führung den anderen Völkern aufgezwungen und an denen wir furchtbare Greuel verübt hatten.

Vom Theologiestudium in Leipzig 1946–1951

Meine Schwiegereltern wohnten in Markranstädt bei Leipzig. Bei ihnen mußten meine Frau und ich infolge der großen Wohnungsnot wohnen. Also pendelte ich täglich mit dem immer überfüllten Bus zwischen Markranstädt und Leipzig – für einen ziemlich entkräfteten Menschen wie mich eine besondere Strapaze. Doch die Freude am Studium ließ mich seine schwierigen Begleitumstände unverzagt ertragen, auch die Erschwernis, daß meine Frau erwerbslos blieb. Man hatte sie, die lediglich zahlendes Alibi-Mitglied der einstigen NS-Frauenschaft gewesen war und nicht einmal an den Mitgliederversammlungen teilgenommen hatte, gleichwohl vom Dienst als Volksschullehrerin ausgeschlossen, und zwar für immer – ohne Pension, versteht sich. Man wollte die neue »antifaschistisch-demokratische« Schule nur mit Lehrern ganz reiner »antifaschistischer« und »demokratischer« Gesinnung, was immer darunter zu verstehen war. Lieber bildete man in Schnellkursen massenhaft Neulehrer aus in der illusorischen Hoffnung, Gesinnung und Engagement sei schon ausreichend für verantwortliche Lehrer- und Erziehertätigkeit. Jedenfalls hatte ich nun für drei zu sorgen: für meine Frau, für mich, aber auch für meine leidende, auf Fürsorge angewiesene, inzwischen 65jährige Mutter.

Ich bot mich meiner Kirche als Hilfskatechet der Oberstufe einer Oberschule an und wurde akzeptiert. Dann tat sich noch eine andere Tür auf: Das unter der Leitung von Prof. D. Sommerlath stehende Seminar für Systematische Theologie an der Theologischen Fakultät brauchte einen Assistenten und Bibliothekar. Die Stelle wurde mir angeboten, und ich entschied mich für sie. Ein Stipendium der Ev.-luth. Landeskirche Sachsens von monatlich 200 Mark ermöglichte schließlich das Studium. Denn die Finanzierung eines Zweitstudiums durch ein staatliches Stipendium kam in der sowjetischen Besatzungszone von vornherein nicht in Betracht. Was die Leipziger Universitätsbürokratie von meinem Vorhaben hielt, das machte man mir schon bei der ersten Fühlungnahme klar: »Wie, Theologie wollen Sie studieren? Das ist doch ein Studium ohne jede Zukunft.« Ich sah das anders.

Mit der finanziellen Sicherung allein in diesen ersten Nachkriegsjahren war das Studium freilich noch nicht gewährleistet, gab es doch kaum etwas zu kaufen. Doch kam uns zugute, daß wir in einer ländlichen Gegend wohnten und meine Schwiegereltern einen großen Garten, Hühner und Kaninchen hatten. Im Herbst gingen wir alle auf den abgeernteten Feldern Kartoffeln »stoppeln«. Die Ernährung blieb freilich einseitig und ungenügend. Die gleichzeitige Anspannung durch das Studium führte zu einer »Hunger-Tbc«. Schon nach drei Semestern mußte ich deshalb das Studium unterbrechen und ein ganzes Jahr lang in der Lungenheilstätte Reiboldsgrün im Vogtland Kur machen. Ich wurde konservativ behandelt: liegen, liegen und nochmals liegen, im Freien eingepackt, auch bei –20 Grad. Nach einer Routineoperation füllte sich der Raum zwischen Lungen- und Rippenfell mit Blut. Eine schlimme Sache, denn eine irgendwie operative Entfernung kam nicht in Betracht. Der Körper brauchte Wochen, das bei hohem Fieber aufzuarbeiten. Wollte Gott doch nicht, daß ich Theologie studierte? Sollte ich kapitulieren? Ich tat es nicht, zumal ich im Sanatorium einen Kreis von Mitpatienten, darunter drei Ärzte, um die Bibel sammeln konnte. Schließlich wurde ich mit einem Pneu entlassen und konnte das Studium fortsetzen. Meine Frau siedelte mit mir nach Leipzig um, wodurch die zusätzliche Strapaze der täglichen Fahrerei entfiel.

Über mein Theologiestudium möchte ich in Form einiger Kurzportraits meiner Lehrer berichten, denen ich bleibende Einsichten verdanke. Mein Vorgesetzter, in dessen sämtlichen Vorlesungen und Übungen anwesend zu sein, zu meinen Assistentenpflichten gehörte, war Prof. D. *Ernst Sommerlath.* Ich erlebte ihn als einen Mann, der härteste orthodox-theologische Positionen mit äußerster Milde im persönlichen Wesen und Umgang verband. Das gab ihm einen unverwechselbaren dialektischen Charme. Als bewußter Lutheraner sofort nach 1945 immer wieder zur Beratung in lutherischen und ökumenischen Gremien in der Bundesrepublik und im Ausland eingeladen, stand er kontinuierlich vor dem Problem der Reisegenehmigung, die damals nur die sowjetische Besatzungsmacht zu erteilen berechtigt war. Oft genug scheiterten ich und andere bei der Beschaffung seiner Reisepapiere. Dann ging er persönlich hin, und noch jedes Mal schaffte er's, den Widerstand der sowjetischen Offiziere und Sekretärinnen niederzulächeln, so daß er doch noch reisen konnte. Die Härte seiner Orthodoxie wird daran sichtbar, daß er unter den Theologen, die sich jahrelang in Leuenberg (Schweiz) zum Abendmahlsgespräch versammelten, um modernen exegetischen Einsichten gerecht zu werden und überholte kirchentrennde Verwerfungen zu überwinden, der einzige gewesen ist, der nicht bereit war, die »Leuenberger Konkordie«, die die Abendmahlsgemeinschaft zwischen lutherischen, unierten und reformierten Christen ermöglichte, mit zu verantworten. Als nachahmenswertes Vorbild ökumenischen Denkens und Handelns stellte er immer wieder die Haltung der östlichen orthodoxen Kirchen vor uns hin, die sich zur ökumenischen Bruderschaft bekannten und gleichzeitig die orthodoxe Wahrheit als die ganze Wahrheit schlechthin zelebrierten und die andersdenkenden Christen und Kirchen unermüdlich einluden, sich ihr anzuschließen. Eine unübersteigbare Barriere stellte für sein Amtsverständnis die Vorstellung dar, eine Frau im vollen Dienst der Wortverkündigung und Sakramentsverwaltung zu ordinieren. Sein Argument: Da die Frau primär die Liebende sei, könne sie nicht die Hüterin evangelischer Wahrheit sein! Wir vermochten ihm darin wie in vielem anderen nicht zu folgen und setzten ihm mit einer Fülle biblischer Argumente zu. Seine Antwort zu guter Letzt: ein Aufstampfen mit dem Fuß und ein Schlag mit der Faust auf das Pult, begleitet von dem schon fast verzweifelten Ausruf: »Meine Herren, ich kann nicht anders, ich kann nicht anders.«

Als akademischem Lehrer lag ihm entscheidend daran, seine Studenten auf festen dogmatischen und ethischen Boden zu stellen. Der offene theologische Diskurs schien ihm höchst gefährlich wegen seines möglichen Gefälles zu Verdünnung und Entleerung des christlichen Glaubens. Das war wohl auch der Grund dafür, daß er verweigerte, wozu er immer wieder gedrängt wurde: ein Seminar anzubieten zur offenen theologischen Auseinandersetzung mit den beiden Theologen, deren dogmatische und ethische Konzepte unter den Studenten für Aufregung sorgten: mit Karl Barth und mit Rudolf Bultmann.

Ernst Sommerlath verdanke ich die Sensibilisierung für theologische Substanz und für die Gefahr, das Evangelium durch dialektisches Finessieren zu verdünnen und zu zerreden. Seinen Wegen, dieser Gefahr zu begegnen, konnte ich allerdings nicht folgen. Von einem Manne seiner Prägung war auch nicht zu erwarten, daß er als systematischer Theologe willens und in der Lage sein würde, eine theologische Auseinandersetzung mit dem historischen und dialektischen Materialismus zu wagen. Daraufhin von mir angesprochen, erklärte er, es müsse genügen, die richtige Dogmatik und Ethik zu vermitteln und im übrigen darauf zu vertrauen, daß wir, die Kirche, die Theologie »überwintern« werden. Die theologische Herausforderung, die das philosophisch-pädagogisch-politische Großexperiment des real existierenden

Sozialismus – ein Experiment mit und an lebenden Menschen! – darstellte, nahm er nicht wahr. Der orthodoxe Weg geistiger und geistlicher »Bewältigung« des Marxismus-Leninismus konnte daher nicht mein Weg sein. Zu unübersehbar waren nicht nur die Irrtümer, sondern auch die Wahrheits- und Realitätsmomente dieser Ideologie.

Der Neutestamentler *Albrecht Oepke* war der einzige Professor der Leipziger Fakultät, der in der NS-Zeit nicht nur Sympathisant, sondern aktives Mitglied der Bekennenden Kirche gewesen war. Von Haus aus und auch als Professor pietistischer Frömmigkeit zugewandt, beeindruckte er uns umso mehr durch seine schonungslos wahrhaftigen historisch-kritischen Exegesen in der Leben-Jesu-Vorlesung. Von der Weihnachtsgeschichte blieb – was sichere historische Fakten angeht – buchstäblich nichts übrig als die nackte Tatsache: Jesus von Nazareth wurde als Kind einer jüdischen Mutter leibhaftig geboren. Damit half er uns, unseren Glauben nicht an Unwesentlichem festzumachen, sondern uns auf das Wesentliche zu konzentrieren: Jesus – ein wirklicher Mensch, kein Hirngespinst, kein Mythos. Aber was für ein Mensch! Die anschaulichen legendären Züge der Weihnachtsgeschichte sind voll von Erfahrungen der Menschen, die in ihm leibhaftig den Christus Gottes erkannt haben. So konnten wir die primitive Plattheit des »Neuen Deutschland«, des Organs der SED, durchschauen, wenn es alle Jahre wieder die Christen an Weihnachten mit dem Hinweis verhöhnte, bei der Weihnachtsgeschichte handele es sich um eine »Legende«, also um Illusion. Oepke hat sich dieser Perspektive nie expressis verbis angenommen. Doch wer bei ihm gehört hatte, stand der Verunglimpfung des Glaubens nach Art des »ND« nicht mehr machtlos gegenüber. An der Person Oepkes selber konnten wir wahrnehmen, daß historisch-kritisches Bibellesen dem Glauben nicht nur nicht im Wege steht, sondern der Wahrhaftigkeit seines Vollzuges dient. Eine ehrwürdige, eine priesterliche Gestalt, dieser ostfriesische Hüne, und zugleich ein streitbarer Theologe.

Ich komme zu einer physisch vielleicht noch mächtigeren Gestalt, zu *Franz Lau,* Professor für Kirchen- und Dogmengeschichte. Er brachte längere pfarramtliche Praxis als Prediger und Seelsorger und zugleich jahrelange Erfahrung in kirchenleitender Funktion mit. Lau war ein sehr agiler, wendiger, weltoffener Sachse. Zum Lehrer der Kirchengeschichte prädestinierte ihn ein stupendes Gedächtnis. Seine kirchengeschichtlichen Vorlesungen begannen stets mit dem Lesen der Herrnhuter Losung samt Lehrtext sowie einer Gebetsstrophe. Diese schlichte Andacht delegierte der Professor nicht an einen Studenten oder Assistenten. Er hielt sie selbst, uns allen damit gleichsam hausväterlich bedeutend, daß Christen ihren Tag mit Gebet und Hören auf Gottes Wort beginnen und daß niemand sich erhaben dünken solle über eine so schlichte Morgenandacht. Die Vorlesungen selbst waren immer sehr gut besucht. Franz Lau verstand ausgezeichnet, uns Kirchengeschichte in sehr lebendiger, spannender Weise vor Augen zu stellen. Auch bei der viel spröderen Dogmengeschichte gelang ihm das. Seine pädagogisch-didaktische Ader bewährte sich auch darin, daß er die Mitte hielt zwischen einer komplexen abstrakten Darstellung und einer mit Details überladenen, bei der man den Wald vor Bäumen nicht zu sehen bekommt. Mit relativ wenig konkret-anschaulichem Material ließ er vor uns vielschichtige historische Zusammenhänge erstehen. Sein Vortrag plätscherte nicht müde dahin, er war geladen mit Energie und glaubwürdigem Engagement. Mir besonders eindrucksvoll: Er wagte geschichtstheologische Aussagen. So, wenn er das Steckenbleiben der Reformation damit begründete, daß auch sie mit viel Schuld und Versagen beladen war, andererseits die römisch-katholische Kirche wohl doch nicht in jeder Hinsicht auf dem Holzwege war. Gott wollte wohl, die beiden Kirchen mögen voneinander lernen und einander zurechthelfen. In diesem Urteil spiegelte sich das Mühen um geschichtliche Gerechtigkeit, ökumenischer Geist, Toleranz. Franz Lau schreckte auch nicht vor historischen Themen zurück, die ihn in Kollision mit marxistisch-leninistischen Verlautbarungen bringen mußten. So etwa bei der Einschätzung der Bauernrevolution des Thomas Müntzer. Unvergessen für mich, wie Franz Lau später, als die Leipziger Studentengemeinde durch eine harte Zeit hindurchmußte, ihr in der Bedrängnis beistand und auch als Referent sich zu ihr stellte.

Der Theologe der Leipziger Fakultät, der meinem Herzen am nächsten stand, war der Praktische Theologe *Martin Doerne*. Ihm vermochte ich in fast allem zu folgen. Besonders beeindruckten mich seine Predigten in der Universitätskirche und seine Vorlesungen für Hörer aller Fakultäten. Die Predigten zeichneten sich durch sorgfältige Exegese aus, durch systematisch-theologische Durchdringung des Textes und vor allem durch konkrete Vergegenwärtigung des in der Bibel Gemeinten für den Menschen heute. Er besaß die Gabe, die Grundsachverhalte des christlichen Glaubens so umzusprechen, daß heute lebende Menschen sich davon angesprochen fühlen konnten, auch wenn sie nicht in christlicher Tradition aufgewachsen waren. Das zeigte sich auch in den Vorlesungen für Hörer aller Fakultäten, die stets vor überfülltem Hörsaal stattfanden. Martin Doerne verstand die Aussagen der Bibel ins

Gespräch zu bringen mit Einsichten der heutigen Humanwissenschaften, insbesondere der Psychologie und der Soziologie, aber auch mit Erkenntnissen von Dichtern und Denkern wie Hölderlin, Dostojewski und Rilke. Sein Anspruchsniveau war hoch. Er meinte, der Pfarrer müsse heutzutage »der gebildetste Mensch« sein, müsse er doch verstehen, als Seelsorger mit Menschen aus allen Schichten über ihre Probleme und Sorgen zu sprechen und in der Verkündigung den »garstigen Graben« von der Botschaft des Neuen Testamentes zur heute fälligen Botschaft ohne Substanzverlust zu überspringen.

Doernes Predigt beeindruckte nicht zuletzt auch dadurch, daß er auf der Kanzel auf alle Hilfsmittel außer der Bibel verzichtete und völlig frei sprach. So gut hatte er memoriert. Memorieren meinte bei ihm freilich nicht Auswendiglernen und Hersagen einer »Schreibe«. Es bedeutete, sich das in der ausformulierten Predigt Gemeinte »by heart« anzueignen, so daß auf der Kanzel Formulierungsschwierigkeiten weithin vermieden wurden. Mit Ernst sagte er uns künftigen Predigern: »Lassen Sie in Gottes Namen, wenn Sie auf die Kanzel gehen, ihre Zettel unten. Es kann ihnen nichts Besseres geschehen, als stecken zu bleiben. So vergeht Ihnen ein für allemal aller Predigerhochmut.« Sehr lag ihm daran, uns zu überzeugen, wie viel bei der Predigt darauf ankommt, daß sie eine Frucht lebendiger Begegnung und Auseinandersetzung mit dem vorgegebenen Bibeltext ist, nichts bloß Angelesenes. Ausdrücklich warnte er uns vor dem »süßen Gift«, Predigtmeditationen anderer Prediger – einschließlich der von ihm, Martin Doerne, verfaßten! – *vor* dem Wagnis der eigenen Predigt zu studieren. Die Predigt würde dadurch leicht papieren und verlöre an Frische und Glaubwürdigkeit.

Als einen Mangel empfand ich hingegen, wie wenig mein verehrter Lehrer die politisch-ideologische »Entwicklung« der DDR vom »antifaschistisch-demokratischen« Staat hin zum militant atheistisch-sozialistischen innerlich verarbeiten konnte. Diese »Entwicklung«, zusammen mit den zahlreichen sonstigen Nachkriegsmängeln frustrierte ihn derart, daß er einem Ruf in den Westen nicht zu widerstehen vermochte. Schon Anfang der fünfziger Jahre, als er sich entschloß, vom praktischen zum systematischen Theologen umzusatteln, merkten wir: es war ihm nicht gegeben, sich kämpferisch mit Kollegen der Leipziger Fakultät auseinanderzusetzen. Wir beschworen ihn, in Leipzig zu bleiben. Mit zweihundert Unterschriften appellierten wir an ihn und machten ihm deutlich: sein Weggang nach Rostock würde eine unersetzliche Lücke im theologischen Angebot der Leipziger Fakultät herbeiführen. Er aber wich dem Kampfe aus und ging dennoch nach Rostock, um nach wenigen Jahren, die Fehlentscheidung korrigierend, einen Ruf nach Halle anzunehmen. Dort erreichte ihn die Berufung nach Göttingen, der er sofort folgte, nun wieder als Professor für Praktische Theologie. Viele, auch kirchliche Leute gratulierten ihm zum Gelingen dieses Schrittes, wir Theologen, zumal wir jüngeren, nicht.

Ein weiteres Defizit zeigte sich mir bei einer katechetischen Übung unter Doernes Leitung. Gefordert wurde von jedem Teilnehmer, der sich mit einer Unterrichtsgruppe erproben sollte, eine sorgfältige exegetische, systematisch-theologische sowie didaktisch-methodische Vorbereitung, die schriftlich vorzulegen war. Doerne zensierte sie nicht einfach, sondern kommentierte sie ausführlich vor der Erprobung, so daß für den Unterrichtenden noch Raum zu Korrekturen blieb. Diese schriftlichen Kommentare Doernes empfanden wir als wertvoll und hilfreich. In ihnen dominierten freilich bei weitem die theologischen Gesichtspunkte. Das Pädagogische und Didaktisch-Methodische stand hintan, erst recht in der Praxis selbst. Das entsprach zwar gar nicht Doernes »Bildungslehre evangelischer Theologie« im Handbuch der deutschen Lehrerbildung (München/Berlin 1933). Aber wie stiefmütterlich das Katechetische, genauer: die pädagogische Dimension in aller Bemühung um die Weitergabe des Evangeliums in der akademischen theologischen Ausbildung angesiedelt war, ging schon daraus hervor, daß eine einzige katechetische Übung mit einer einzigen unterrichtlichen Erprobung genügen sollte, die pädagogischen Fähigkeiten des stud. theol. zu wecken und zu festigen.

Der bekannteste Leipziger Theologe, der von allen wohl das höchste internationale Ansehen genoß, war D. *Albrecht Alt*, Alttestamentler und Orientalist. Er war nicht nur ein sehr engagierter Forscher, sondern auch ein geborener Didaktiker. Ausgezeichnet vermochte er historische Vorgänge und Zusammenhänge dramatisch als Prozeß vor den Ohren und inneren Augen der Hörer, sozusagen »genetisch-exemplarisch« erstehen zu lassen. Alt dozierte im Sitzen, doch mit ständigem Augenkontakt zu seinen Hörern und unter Anteilnahme seines ganzen Körpers, insbesondere der Hände. Exakte wissenschaftliche Bemühung um die Texte stand bei ihm nicht im Widerspruch zu ihrer aktuellen Bedeutung und Interpretation. Alt wehrte sich energisch gegen den Vorwurf, er verleugne die theologische Substanz der Bibel, wenn er sich damit begnügte, die Bibeltexe historisch-kritisch zu exegesieren und z. B. die Erzählung der sogenannten Urgeschichte von 1. Mose 1-11 als ätiologische Sagen zu kennzeichnen. Alt setzte klar dagegen: »Ich lehne es ab, Ihnen die Meditation über die Texte, also die Arbeit an der Vergegenwärtigung der Texte abzunehmen. Das ist nicht meine Aufgabe, sondern das wird die Ihrige bei der je fälligen Verkündigung sein.« Großen Wert legte er auf die Verbindung von sach-logischer Exegese mit psychologischen Gesichtspunkten: »Wenn die Logik nicht weiterführt, kann oft die Psycho-Logik weiterhelfen«. Besonders beeindruckt hat mich ferner das Gewicht, das Alt auf selbständiges Exegesieren von der Ursprache her legte, ohne Zuhilfenahme gedruckter Kommentare, ferner die behutsame Öffnung alttestamentlicher Texte auf ihre christologische Erfüllung hin, auch die Überwindung des Verständnisses alttestamentlicher prophetischer Texte als Texte buchstäblicher Vorausschau, anstatt sie als historisch gemeinte Hoffnungstexte und als eschatologische Visionen zu begreifen. Alts behutsame, mehr andeutende christologische Öffnung der Texte wurde m. E. dem Geheimnis des Evangeliums bis hin zum Geheimnis des Abendmahles gerechter als massive dogmatische Behauptungen. In summa: Bei Alt war Theologie nichts Fertiges, sondern ein immer neu spannendes dynamisches Geschehen. Ich habe kein Vorlesungs- und Seminarangebot von ihm versäumt.

Ich hatte Kommilitonen, die durch das Studium der Theologie in ihrem Glauben verunsichert wurden. Mir selbst erging es anders. Nicht wenige naive Ansichten mußten zwar einer differenzierteren Sicht weichen. Doch darf ich im ganzen sagen: Das Studium hat mir geholfen, meines Glaubens nicht sicherer, doch gewisser zu werden. Daß ich materiell in dieser Zeit, wie auch später, nicht auf Rosen gebettet war, hat sich eher positiv ausgewirkt. Und noch wichtiger: Mein Studium war eingebettet in einen Lebenszusammenhang, ohne den es kaum hätte gelingen können. Seine Mitte hieß: Evangelische *Studentengemeinde* Leipzig. Obwohl Leipziger von Geburt, hatte ich infolge des Krieges und meiner Heirat die Verbindung zu meiner Heimatgemeinde Leipzig-Marienbrunn verloren. So wurden wir aktive Glieder der Studentengemeinde. Sie stand damals unter der Leitung von Pfarrer Gothart Fehlberg, der seinem Vertrauenskreis und den anderen mitarbeitenden Studenten viel Freiheit zu Mitsprache und Mitgestaltung ließ. Daß wir an der marxistisch-leninistischen Nachkriegsuniversität als Christen nur eben geduldet waren, führte uns näher und tiefer zusammen. Aber wir waren fröhliche Leute, und es herrschte eine sehr ungezwungene Atmosphäre offenen Gesprächs in allem Bemühen um Bibel und Zeitfragen. Es fanden sich auch Studenten bei uns ein, die gar nicht getauft waren und aus ihrem Nicht-Christ-Sein keinen Hehl machten: »Hier fühle ich mich wohl. Hier bin ich nicht eingeengt wie beim Studium, wo jeder überwacht wird. Hier ist Frieden«, sagte mir einmal eine solche Mitstudentin zur Begründung. Die Studentengemeinde nahm auch soziale Verantwortung wahr. Sie kümmerte sich um kranke und unterernährte Studenten. Freunde aus dem Westen stellten uns dafür u. a. Bohnen zur Verfügung, mit denen sich eine köstliche kalorienreiche Suppe bereiten ließ.

Verschwiegen werden sollen auch nicht die politischen Erfahrungen in der Zeit meines Theologiestudiums. Was war das für ein hoffnungsvoller Beginn nach dem Eintreffen in der Heimat aus der Kriegsgefangenschaft! Von nun an sollten demokratische und antifaschistische Verhältnisse herrschen. Freie Wahlen waren angesagt. Also wurde ich Mitglied in der CDU und kandidierte für die Stadtverordnetenversammlung von Markranstädt, wurde auch gewählt und arbeitete im Kulturausschuß des Stadtparlaments mit. Nach meiner Erkrankung mußte ich mein Stadtverordnetenmandat niederlegen, blieb aber Mitglied der CDU. Als sich diese Partei jedoch unter Otto Nuschke zur reinen Satellitenpartei der SED entwickelte, trat ich noch vor meinem theologischen Examen aus.

Der Übergang vom demokratischen Wahlsystem mit getrennten Listen für jede Partei zur Einheitslistenwahl wurde während meiner Studienzeit an der Universität bei der Wahl der Studentenvertretung vorgeprobt. Wir Studenten von der Theologischen Fakultät waren dagegen. Wir hatten den Eindruck, ein solcher »Einheitsbrei« diene nur der Verschleierung der wirklichen Machtverhältnisse und der Erschleichung der führenden Position durch die SED, zumal Vertreter der FDJ (»Freien deutschen Jugend«) und des FdGB (»Freien deutschen Gewerkschaftsbundes«) gleichberechtigt mit den Parteivertretern auf der Einheitsliste erscheinen sollten, wobei vertuscht wurde, daß es sich bei den Vertretern von FDJ und FdGB zumeist um Mitglieder der SED handelte. In der Versammlung, in der ein sehr gewandter Redner der SED uns zu dieser Wende im Wahlsystem »bekehren« wollte, machten wir deutlich, daß wir die Wahl nach Einheitsliste mehrheitlich entschieden ablehnten, weil die Argumente uns nicht überzeugten. Verhindern aber konnte die kleine Studentenschaft der Theologischen Fakultät nichts. Mit der Wahl nach Einheitsliste kündigte sich der Überschritt von der »demokratisch-antifaschistischen Phase« der DDR zur »ersten Phase der Entwicklung zum Sozialismus« an, wie sie vom Politbüro und vom Zentralkomitee der SED geplant war. Was sich an der Hochschule durchsetzen ließ, das würde sich bei der nächsten »Volkswahl« erst recht durchsetzen lassen. Diese Rechnung ging auf.

Die Volkswahl im Oktober 1950 wurde als öffentliche, allgemeine, geheime demokratische Wahl mit Einheitsliste angekündigt. Im Wahlgesetz stand ausdrücklich auch: »geheime« Wahl. Deshalb sah es auch für jedes Wahllokal die Aufstellung einer Wahlkabine vor. In den Zeitungen der SED freilich, zumal in Leserzuschriften, stand zu lesen, daß, wer per Kabine und also geheim abstimme, sich als Volksfeind selbst entlarve. Die Arbeiter und Angestellten in den Betrieben wurden aufgefordert, sehr zeitig zur Wahl zu gehen, um demonstrativ die »Kandidaten der Nationalen Front« ohne Kabinenbenutzung zu wählen: Falten des Wahlzettels und Einwurf in die Urne genügten. M. a. W.: es wurde Wahlterror getrieben. Die Wähler sollten Angst bekommen, in der Kabine abzustimmen, um dann womöglich nach der Wahl im Betrieb deshalb zur Rede gestellt zu werden und irgendwelche Nachteile hinnehmen zu müssen. In dem für mich zuständigen Wahllokal war die Wahlkabine so aufgestellt, daß man den großen Schulraum diagonal durchschreiten mußte, um in ihr abzustimmen. So wurde suggeriert, man könne auf diese Weise bequem notiert und später zur Rechenschaft gezogen werden. Der Terror hatte vollen Erfolg. Statt sich auf das Wahlgesetz zu berufen und sich nicht vom Terror beeindrucken zu lassen, ließen sich die meisten Wähler ins Bockshorn jagen. Dazu prägten die westlichen Medien der DDR-Bevölkerung pausenlos ein: »Geht ruhig zur Wahl und stimmt ab, wie es gewünscht wird. Wir akzeptieren diese Zwangswahl sowieso nicht.« Sie machten sich damit für unser Empfinden zu Agenten eines demokratischen Defaitismus, anstatt zur Zivilcourage aufzurufen. Das Ergebnis: ein überwältigender »Sieg« der SED unter dem Deckmantel der Einheitsliste.

Unser Prüfungsjahrgang – 1951 – war der erste, bei dem sich im Abschlußexamen der Theologen der Staat mit einem nichttheologischen Prüfer direkt beteiligte. Er sollte die Kandidaten einer staatsbürgerlichen Prüfung unterziehen. Diese gestaltete sich einigermaßen dramatisch. Zum Prüfenden war Prof. Harig von der Philosophischen Fakultät bestellt. In einer kleinen Gruppe bereiteten wir uns auf das politische Examen vor, wobei wir uns auf tagespolitische Fragen wie den Warschauer Pakt konzentrierten. Ein Kommilitone meiner Prüfungsgruppe wurde tatsächlich danach gefragt und schnurrte mit Glanz die Fakten herunter. Dann war ich an der Reihe. Harig wollte von mir wissen: »Wie kam es zur Entstehung des Staates?« Ich hatte die Absicht, von Hegel und seiner Staatsauffassung ausgehend, die marxistisch-leninistische Doktrin, die Harig offensichtlich erfragen wollte, darzulegen, und setzte an: »Die idealistische Staatstheorie ...« Da schon unterbrach mich der Prüfende mit dem Hinweis: »Sprechen Sie nicht von Theorien, sondern von dem, was ist!« Ich: »Zweifellos wollen Sie auf die marxistisch-leninistische Auffassung vom Werden des Staates hinaus. Aber auch sie kann ich nur im Medium einer Theorie entwickeln. Sie läuft darauf hinaus, daß der Staat seine Entstehung dem Gegensatz der Klassen verdankt, indem die besitzende Klasse ihn als Instrument zur Beherrschung und Unterdrückung der nichtbesitzenden Klassen schafft und braucht. Dazu sei aber, fügte ich hinzu, von der alttestamentlichen Wissenschaft her anzumerken, daß die Staatsbildung im Volke Israel jedenfalls nicht entsprechend dieser Theorie vor sich ging, sondern aus der Notwendigkeit, sich der Aggressionen nicht-israelitischer Kräfte, z. B. der Philister, die die israelitischen Stämme fortgesetzt bedrohten, auf Dauer zu erwehren.« Es knisterte im Prüfungsraum. Es ging noch einige Male hin und her. Ich verwies auf den internationalen Ruf des Leipziger Alttestamentlers Albrecht Alt, dessen Forschungen ich folgte, und plädierte für eine Offenheit der marxistisch-leninistischen Theorie von der Staatsentstehung für eine Mehrzahl beteiligter Faktoren. Das Unbehagen des Prüfers war deutlich, meine eigene Sprache zweifellos ebenfalls erregt. Die Professoren Sommerlath und Fuchs, die als Beisitzer in der Prüfung fungierten, winkten mir mit den Augen und Händen Mäßigung zu. Man sah ihnen an, daß sie in Sorge um mein Bestehen der Prüfung waren. Der Prüfende fragte mich nicht weiter und ging dazu über, die nächsten Kandidaten zu examinieren. Gespannt warteten wir nach Beendigung der Prüfung. Wir waren uns über das Ergebnis der langen Beratung der Professoren, zumal was mich betrifft, sehr im Ungewissen. Es gab eine Reihe Einsen, zumal wo reines Faktenwissen erfragt worden war. Ich erhielt erstaunlicherweise eine Zwei, wozu ausdrücklich angemerkt wurde, sie sei mir zugebilligt worden, weil ich eine selbständige Meinung vertreten hätte. Ich atmete erleichtert auf, die Kommilitonen mit mir. Wir waren dessen gewiß: Diese maßvolle Beurteilung war den Beisitzern von der Theologischen Fakultät zu verdanken. Damit war der »Fall« entschärft, der Sachkonflikt indessen war nicht beseitigt. Unklar blieb, wie es Examenskandidaten ergehen würde, denen nicht solche wohlwollenden Beisitzer zur Seite standen.

Zweifellos wollte der Staat von den staatlichen theologischen Fakultäten Theologen bekommen, die sich der marxistisch-leninistischen Doktrin, dem theoretischen Fundament dieses Staates, maximal anpaßten und sie keiner theologischen Kritik unterzogen. Der Staat wollte Einfluß, aber ohne Beunruhigung. Deshalb gab es ja wohl überhaupt noch diese absurde Realität von theologischen Fakultäten an Universitäten, die einer atheistischen Staatsdoktrin verpflichtet waren. Der Staat wäre dieses Konfliktpotential gern losgeworden, hätte es zumindest lieber ganz ins Abseits verbannt. Ministerpräsident Grotewohl hatte daher den fünf theologischen Fakultäten in der DDR angeboten, für sie im Thüringer Wald großzügig geeignete Häuser und Räume zu bauen. Nur eine Bedingung war dabei: Trennung von und Auszug aus der Öffentlichkeit der Universität. Die theologischen Fakultäten lehnten dieses »Anerbieten« einmütig ab. Sie waren sich bewußt, daß anderenfalls der universelle Zuspruch und Anspruch des Evangeliums, seine Weltoffenheit und Weltverantwortung preisgegeben worden wären.

Daß es im Raum der Universität zwischen theologischer Lehre und staatlich verordneter Ideologie nicht zu ernsthaften Konflikten kam, lag m. E. wesentlich daran, daß in den fünf klassischen Disziplinen der Theologie die geistige Auseinandersetzung mit dem Marxismus-Leninismus – mit ganz wenigen Ausnahmen – auch nicht ansatzweise gesucht, geschweige denn geleistet wurde.

Die Hochschulpolitik des Staates hatte dafür gesorgt, daß seine ideologischen Interessen zur Geltung kamen. So wurde gegen den artikulierten Willen des Lehrkörpers der Fakultät die Berufung des als religiöser Sozialist bekannten früheren Pfarrers *Emil Fuchs* durchgesetzt, im Studentenjargon »roter Emil« genannt, einer integren Persönlichkeit mit hohem idealistischem Schwung, aber offensichtlich mit blinden Flecken auf beiden Augen für die grundsätzlichen und konkreten Schwächen des »real existierenden Sozialismus« mit seinem Anspruch auf das Wahrheits- und Erziehungsmonopol, ganz zu schweigen von seinem ökonomischen Zentralismus. Prof. Fuchs konnte weder in der Fakultät noch in der christlichen Gemeinde zu Leipzig Fuß fassen. Seine Vorlesungen und Übungen wurden von drei bis vier Studenten besucht. Aber bekannt war seine karitative Bemühung um Studenten, die materielle Schwierigkeiten hatten.

Aufs ganze gesehen, war es also kein Wunder, daß dem Staat aus dieser Fakultät zahlreiche angepaßte Theologen erwuchsen, von denen gesellschaftskritische Impulse nicht zu erwarten waren.

Vom Dienst in einer unterdrückten Kirche 1951–1954

Nach meinem Examen beauftragte mich meine Landeskirche zunächst mit der Leitung ihrer Pressestelle in Dresden. Schon damals war die Pressefreiheit so eingeschränkt und die Kirchenfremdheit der politischen Presse so groß, daß kirchliche Meldungen dort keine Chance hatten. Aber in den kircheninternen Informationen hatte ich freie Hand und stellte für die etwa eintausend aktiven sächsischen Pfarrer monatlich einen Reader zusammen mit Auszügen aus vorwiegend westlichen Pressemitteilungen und Artikeln, die es ermöglichten, sich ein einigermaßen klares Bild von der kirchlichen und theologischen Lage im deutschsprachigen Raum und in der Ökumene zu machen. Anschließend war ich ein Jahr lang Pfarrer in der Gemeinde Panitzsch in der Leipziger Umgebung und im dritten Jahr Studieninspektor im Predigerseminar Lückendorf.

Damals galt noch die erste Verfassung der DDR von 1949, die sich stark an die Weimarer Verfassung von 1919 anlehnte. Sie sah zwar nicht wie in der Bundesrepublik Religionsunterricht als »ordentliches Lehrfach« vor, doch wurde der Kirche ausdrücklich das Recht zugestanden, den Religionsunterricht von kirchlich angestellten und bezahlten Kräften (Katechetinnen, Katecheten, Gemeindehelferinnen, Pfarrern, Diakonen) in den Räumen der öffentlichen Schulen erteilen zu lassen. Außerdem hatte die Kirche verfassungsgemäß das Recht, zu »allen Fragen des öffentlichen Lebens von ihrem Standpunkt aus Stellung zu nehmen.« Dieses Recht war der Kirche zweifellos gegeben worden auf Grund des antifaschistischen Widerstandes von erheblichen Teilen der »Bekennenden Kirche« in der NS-Zeit. Trotzdem zeichnete sich schon Anfang der fünfziger Jahre infolge eines sowohl von Kräften der Besatzungsmacht als auch von seiten der SED und der FDJ öffentlich und literarisch vertretenen militanten Atheismus eine Entwicklung ab, die starke Parallelen mit dem »Kirchenkampf« der NS-Zeit aufwies: Der Religionsunterricht war in der Schule zwar geduldet, nicht verboten, aber in einer von der Weltanschauung des Marxismus-Leninismus beherrschten Schulatmosphäre weder gefördert noch erwünscht, sondern nach Kräften gebremst! Der militant-atheistische Druck lastete schwer auf den Schulen, brachte besonders Kinder christlicher Familien in schwere Gewissenskonflikte und auch massive Benachteiligungen.

Wie sich dieser Druck zum ersten Mal öffentlich Luft machte, erlebte ich selber auf dem denkwürdigen gesamtdeutschen Kirchentag in beiden Teilen Berlins im Sommer 1951, zu dem ich als Pressevertreter meiner Landeskirche entsandt war, mit: In einer der großen Messehallen am Funkturm fand in einer der Arbeitsgruppen mit Tausenden von Teilnehmern ein politisches Gespräch statt. Gesprächsleiter: D. Kurt Scharf. Thema der Auseinandersetzung: die Schulsituation in der DDR unter dem atheistischen Marxismus-Leninismus als verbindlicher Staatsdoktrin. »Der Marxismus ist allmächtig, weil er wahr ist« – dergleichen prangte als Riesenplakat auch in den Hallen und Hörsälen der Leipziger Uni. Christliche Schüler und Studenten, die bewußt ihres Glaubens lebten, kamen dadurch unausweichlich in Konflikte. Ein Schüler aus der DDR hatte es eben erbittert und leidenschaftlich ins Mikrophon geschrien: »Wir müssen lügen«. Groß war die Erregung im Saal. Ein empfindlicher Nerv der Hörer war getroffen. Da trat Kurt Scharf ans Mikrophon. Er moderierte in des Wortes genauer Bedeutung, mäßigte die Leidenschaft und brachte das Gespräch wieder in sachliche Bahnen. Ich habe den Eindruck, sagte er, in die weite Runde blickend, daß hier in der Halle zahlreiche »Dämönle« jetzt ihr Wesen treiben wollten. Er warnte uns davor, ihnen das Feld zu überlassen. Sehr schnell kehrte Stille ein. Die Aussprache konnte ohne emotionale Ausbrüche fortgesetzt werden. Hier zeigte sich mir zum ersten Mal eine bleibende Funktion des Kirchentages: Er bewährte sich als Klagemauer des getrennten deutschen Volkes und als Einübung im Aushalten und Durchleben dieser Trennung mit all ihren harten Implikationen als Gericht Gottes für einen mutwillig provozierten Vernichtungs- und Eroberungskrieg. Zugleich aber war und blieb der Kirchentag lange Zeit für die Christen in West und Ost ein Zeichen gemeinsamer Hoffnung.

Unvergeßlich war auch die Jugendkundgebung des Kirchentages im Walter-Ulbricht-Stadion im sowjetischen Sektor Berlins. Das Stadion war randvoll: etwa dreißigtausend Menschen, vorwiegend Jugendliche. Kurze Ansprachen wurden gehalten. Der Hannoversche Landesbischof Hanns Lilje, der genau und anschaulich zu formulieren verstand, erhielt viel Beifall. Es wurde gesungen, viel gesungen und gebetet. Der Höhepunkt der Kundgebung war aber jener Moment, da alle Jugendlichen, bunt gemischt aus Ost und West, einander bei den Händen faßten und einander zusprachen: »Wir gehören zu euch, ihr gehört zu uns.« Das war die feierliche Bekräftigung eines Faktums und zugleich ein unmißverständliches Gelöbnis. Später erfuhr ich, während der ganzen Jugendkundgebung habe der leitende Funktionär der FDJ, Erich Honecker, mit seinem Stab auf dem Beobachtungsturm des Stadions gestanden und genau registriert, was vor sich ging. Wenn das stimmt, so besteht kein Zweifel, daß dort Entscheidungen heranreiften, vielleicht sogar schon heimlich getroffen wurden, die der Jungen Gemeinde in der DDR sehr bald hart zu schaffen machten:

Die damals meistgelesene Zeitschrift der evangelischen Jugend in West und Ost, »Die Stafette«, wurde sehr bald verboten. Ohne jede Begründung;

1952 wurden beim Pfingsttreffen der Jugend der DDR in Leipzig die Vertreter der Jungen Gemeinde aus dem demokratischen Jugendring der DDR, der von der FDJ beherrscht wurde, ausgeschlossen;

es folgte eine Hexenjagd auf die bekenntnisfreudigen Glieder der Jungen Gemeinde an den Oberschulen und Hochschulen. Das Tragen des Zeichens der Jungen Gemeinde – das Kreuz auf der Weltkugel – wurde verpönt. Viele Jungen und Mädchen wurden in Versammlungen vor die Mikrophone gezerrt und z. B. gezwungen, sich in aller Öffentlichkeit vom Berliner evangelischen Bischof Otto Dibelius zu distanzieren. Ihnen wurden staatsfeindliche Äußerungen unterstellt. Viele wurden von den Schulen gewiesen. Eine schreckliche Stimmung der Angst und Ohnmacht herrschte bei den Betroffenen.

In der »Leipziger Volkzeitung« erschien ein Hetzartikel nach dem anderen gegen die Junge Gemeinde. Ein besonderer Dorn im Auge war der FDJ anscheinend das Freizeitgelände der Leipziger Jungen Gemeinde in Sehlis bei Taucha. Alljährlich fand dort nach altem Brauch am Himmelfahrtstag die große Versammlung der evangelischen Jugend Nordwestsachsens statt. So auch 1953. Auf dem Gelände standen einige Baracken, die auch zur Übernachtung dienten. Jungen und Mädchen waren getrennt untergebracht. Die Jungen hängten in die Bäume zwischen der Baracke der Mädchen und ihrer Toilette aus Schabernack Figuren auf, die den Mädchen Angst einjagen sollten. In der LVZ hingegen konnte man lesen (von einem Foto sekundiert), die Junge Gemeinde habe symbolisch Kommunisten an Bäumen aufgehängt, indem sie dort Vogelscheuchen mit rotem Schlips befestigten und in der Luft baumeln ließen. So wurde die Atmosphäre vergiftet. Gespräche wurden nicht akzeptiert. Terror und Hetze gingen durch das ganze Land. Die Situation wurde immer angestrengter und aussichtsloser.

Daß es sich bei diesem Verhalten um ein planmäßiges und methodisches Vorgehen handelte, das wird erschreckend erhellt durch ein Gespräch, welches der Jenaer Theologe Prof. Gerhard Gloege bei einem Bahnhofsaufenthalt in nächtlicher Stunde zufällig mit einem hohen Funktionär des Ministeriums für Volksbildung unter vier Augen führen konnte. Gloege nahm die Situation zu einer freimütigen Frage an den Funktionär wahr, die nicht nur alle direkt Betroffenen, sondern alle Christen bedrängte: »Warum«, fragte er, »setzen Sie den jungen Christen derart hart zu in den Schulen, an der Uni, in der Presse und anderswo? Weltanschauliche Auseinandersetzung muß ja wohl sein, doch fair und sachlich und nicht auf den Schultern von Kindern und Jugendlichen! Sehen Sie nicht, was Sie anrichten, wenn Sie Heranwachsende und Studenten in ihrem Glauben so verunsichern, ihnen angstgeborene Äußerungen abpressen, hinter denen sie gar nicht stehen? Merken Sie nicht, daß solche erzwungene Heuchelei den Charakter junger Menschen verdirbt, ja zu einem Brei zerreibt?« Darauf der Funktionär sinngemäß: »Mag sein, daß das zu einem Charakterbrei führt. Wir halten aber die christliche Ideologie für eine reaktionäre, verderbliche, den Fortgang des Sozialismus hemmende Ideologie. Und es bleibt ja nicht bei dem Brei: Wir formen aus ihm durch unsere umfassenden Erziehungs- und Bildungsmaßnahmen dann den Menschen, wie wir ihn haben wollen und wie er nach unserer Überzeugung zur Gestaltung der sozialistischen und kommunistischen Zukunft tauglich ist.«

Angesichts dieser Lage nahm ich den Kirchenvorstand meiner Panitzscher Gemeinde auch geistlich bewußt in Anspruch. Ich machte klar, daß es, wie schon in der NS-Zeit so auch jetzt angesichts eines militanten Atheismus um einen Geisteskampf um Christus in unserem Volk gehe, zumal in der DDR. Ein Mann allein, der Ortspfarrer, könne da wenig ausrichten, es sei denn die Gemeinde, voran die Glieder des Kirchenvorstandes zögen mit ihm betend und durch aktive Beteiligung am gottesdienstlichen und sonstigen Gemeindeleben an einem Strang. Das wurde voll verstanden, auch dies, daß es sich bei diesem Kampf nicht um eine politische Opposition, sondern um einen geistigen und geistlichen Kampf handele. Darauf mußte natürlich immer wieder hingewiesen werden. Dafür fand ich volles Verständnis, und die Unterstützung durch den Kirchenvorstand ließ nie zu wünschen übrig. Mir persönlich war auch sehr deutlich, daß ich auf Grund meiner physischen Verfassung nach einer mehrjährigen Tbc und des bedenklichen Zustandes meiner Wirbelsäule keine Bäume würde ausreißen können und dürfen.

Eine Mittelpunktfunktion kam in Panitzsch der Predigt zu. Der erste Gottesdienst war Sonntag für Sonntag um 8.30 Uhr in Althen. Die etwa vier Kilometer Wegstrecke hin und her wurden mit dem Fahrrad bewältigt. In dem rein bäuerlichen Althen versammelten sich am Sonntag sechs bis acht Menschen im Gottesdienst, in Panitzsch etwa zwanzig bis dreißig. Oft war die Kirche aber auch sehr voll, wenn nämlich Gruppen der Jungen Gemeinde, die in dem nahen kirchlichen Freizeitgelände zu Sehlis eine Rüstzeit hielten, am Gottesdienst in Panitzsch teilnahmen. Damit war in den Sommermonaten regelmäßig zu rechnen. Der Prediger stand also vor der Aufgabe, den ihm vorgegebenen Text sowohl für die bäuerliche bzw. halbstädtische Situation der Ortsgemeinde einschließlich ihrer jungen Glieder als auch für die Situation junger Christen aus der Großstadt Leipzig zu hören, zu bedenken, zu verkündigen, und dies nicht in einer abstrakt-theologischen Sprache, sondern in Worten und Begriffen, die den Hörern aus ihrem Lebenskreis vertraut waren und den Zugang zur Botschaft des Textes jedenfalls nicht verstellten.

Der Bemühung um Verständlichkeit der Botschaft widmete ich viel geistige und geistliche Kraft. Sie war für mich nicht eine nachträgliche pädagogische Bemühung, sondern das Pädagogische selbst war für mich von höchster theologischer Relevanz, weil Gott, der Unsichtbare, Verborgene, Unfaßliche, sich uns Menschen in sichtbarer, offener, faßlicher, also menschlicher Weise in dem Menschen Jesus von Nazareth zuwendet und sich uns damit zugänglich und begreiflich gemacht hat – nach meiner Überzeugung ein theologisch-pädagogischer Grundsachverhalt, der auf allen Ebenen kirchlichen Lebens und Denkens zu beachten ist. Wie weit weg von Luthers Einsicht, wonach »pueriliter docere«, also eine Kindern verständliche Bezeugung des Evangeliums als »die grosest Kunst« anzusehen ist, waren doch die meisten unserer Theologen und kirchlich Verantwortlichen!

Als Dorfpfarrer von Panitzsch und Althen war ich freilich täglich mit dieser Problematik konfrontiert und konnte mich ihr als »gelernter Pädagoge«, erst recht aber als »gelernter Theologe« an keinem Tag entziehen. Fiel mir doch außer den beiden Konfirmandengruppen der gesamte Christenlehre-Unterricht vom ersten bis zum sechsten Unterrichtsjahr zu, mithin zwölf Stunden Christenlehre pro Woche! Nach der mehr als dürftigen katechetischen Theorie und Praxis im Theologiestudium wäre ich dieser Aufgabe in keiner Weise gewachsen gewesen, wenn mir nicht die im Pädagogikstudium und in der Schulpraxis erworbene Befähigung und die Einsicht in didaktische und methodische Grundfragestellungen zur Verfügung gestanden hätte. Mit diesem Pfund konnte ich und mußte ich nicht nur jetzt wuchern, sondern auch später bei der Vorbereitung der Kandidaten im Predigerseminar auf ihre katechetischen Aufgaben.

Der Unterricht machte mir Freude. Der Besuch war gut. Der Kontakt mit den Kindern und ihren Eltern, mit diesen in erster Linie durch Hausbesuche, sehr erfreulich. Es war für mich ein erstaunliches Erlebnis, der ich ja in der NS-Zeit an der Volksschule zu Großstädteln bei Leipzig der einzige Religionslehrer gewesen war, mich nun nach dem Kriege und nach dem Theologiestudium erneut in der Schule als Religionslehrer wiederzufinden, in einer völlig verwandelten Situation, in der aber das gespannte Verhältnis zwischen Schule und Religion dem der NS-Zeit sehr ähnlich war.

In der »Jungen Gemeinde«, die Jugendliche von fünfzehn bis achtzehn umfaßte, kam eine recht stattliche Schar von zwanzig bis dreißig Jugendlichen freiwillig Woche um Woche zusammen. Erstaunlicherweise hatte sich das durch die Vakanz der Pfarrstelle nicht geändert. Aber schon nach den ersten Zusammenkünften mit mir zeigte sich, daß die Junge Gemeinde primär bestimmt war von einer an sich durchaus legitimen Tendenz, die aber ohne jeden geistlichen Bezug blieb: der Tendenz zu ungezwungener jugendlicher Geselligkeit. Sobald auch geistliche, ja, schon geistige Dinge ins Spiel gebracht wurden, setzten, zumal seitens etlicher älterer Glieder z. T. frivole Störaktionen ein. Hier mußte gegengesteuert werden. Es kam zu heftigen Aussprachen. Junge Gemeinde als bloßer jugendlicher Geselligkeitsclub ohne geistliche Substanz war schon von der gesellschaftlich-politischen Situation her nicht möglich. Erst recht war es unverträglich mit dem kirchlichen Auftrag.

Nach der notwendigen Auseinandersetzung zogen es die störenden »Rädelsführer« vor, nicht mehr zu erscheinen. Dafür kam nach einem halben Jahr die erste von mir geleitete Konfirmandengruppe nach der Konfirmation geschlossen in die Junge Gemeinde. Sie brachte eine spürbare Wende zustande. Das zeigte sich zumal beim Gebet, das bisher besonders störanfällig gewesen war: Die den Neukonfirmierten durch häufigen Gebrauch, nicht durch ödes Pauken vertrauten Gebete aus den Psalmen 22, 46 und 139 wurden jetzt in der Jungen Gemeinde genauso selbstverständlich gebetet wie im Konfirmandenunterricht.

Natürlich ging es in der Jungen Gemeinde auch sehr gesellig her, nicht zuletzt durch den wiederholten gemeinsamen Besuch der »Leipziger Spielgemeinde« mit ihren modernen christlichen Theaterstücken und durch die Besuchsfahrten zu Abendvorträgen über aktuelle Glaubensfragen in den Leipziger Stadtkirchen. Auch gelang es, das in Panitzsch allzu volkstümlich verzerrte Christgeburtsspiel mit großen Scharen von Engeln und Engelein zu ersetzen durch das anspruchsvolle, packende »Worpsweder Hirtenspiel« von Manfred Hausmann.

Die Veranstaltungen der Kirche wurden schon dazumal seitens des Staates streng überwacht. Sie mußten, wenn sie sich nicht einwandfrei als geistlich qualifiziert ausweisen konnten, bei der Behörde angemeldet werden. Eine Sache wie etwa eine Disco der Jungen Gemeinde zur Fastnacht wäre z. B. unmöglich gewesen. Dem Staat galt die Kirche auf Grund des langen, unglücklichen, reaktionären Bundes von Thron und Altar als Steigbügelhalter des kapitalistisch-imperialistischen Weltsystems und als ideologischer Klassenfeind im großen globalen Klassenkampf zwischen Kapitalismus und Kommunismus. Panitzsch blieb davon nicht unberührt. Ein Vorkommnis mag das beleuchten:

In der von mir erteilten Christenlehre in den beiden Panitzscher Schulen ging lange Zeit alles einen guten Gang, bis es plötzlich im dritten Schuljahr zu Disziplinschwierigkeiten kam. Besonders von zwei Brüdern gingen fast in jeder Christenlehrestunde Störaktionen aus. Mit verbalen Ermahnungen war ihnen nicht beizukommen. Zu sog. körperlicher Züchtigung überzugehen scheute ich mich, teils weil es meiner pädagogischen Grundeinstellung widersprach, teils weil es verboten war. In meiner Ratlosigkeit befragte ich eine Kollegin und einen Kollegen der Schule, die ebenfalls in dieser Klasse unterrichteten. Ihre Gegenmaßnahmen waren jedoch eindeutig: Beide ignorierten das Verbot des Schlagens und verschafften sich so Respekt, durchaus mit gutem Gewissen. Sie nahmen einfach eine Art pädagogischen Naturrechts wahr: »Sie denken wohl, ich lasse mir von den Gören auf der Nase herumtanzen? Das kommt überhaupt nicht in Frage. Wir alle handeln so.« Meine Grundfrage: »Setzen Sie sich damit nicht in Gegensatz zur Schulordnung und befürchten Sie nicht Schwierigkeiten mit Ihrer Dienstaufsichtsbehörde?« wurde mit einem milden Lächeln abgetan. Es war also klar: ich, der kirchliche Gastlehrer an der Schule, war offenbar der einzige, der von der verbotenen Durchsetzung von Disziplin mit körperlichen Mitteln *keinen* Gebrauch machte. Ich zog die Konsequenzen und drohte den Störenfrieden körperliche Strafe an. Die Androhung nützte nichts. So erhielten sie nach erneuter Disziplinschwierigkeit einen physischen Denkzettel in Gestalt von ein paar Knüffen. Das Ergebnis: Die Störmanöver hörten sofort auf.

Die beiden Jungen erschienen jedoch nicht mehr zum Unterricht. Als ich ihnen auf der Straße begegnete, fragte ich sie, weshalb sie nicht mehr kämen. Darauf der Ältere: »Da wird man ja geschlagen«. Meine Antwort: »Geschlagen? Ein paar Knüffe habt ihr bekommen – und wißt auch warum. Das ist kein Grund, nicht mehr in den Unterricht zu kommen. Eure Mutter hat euch angemeldet. Ich werde noch mit ihr sprechen.« Dazu kam es indes nicht gleich. Stattdessen flatterte mir ein amtliches Schreiben vom Bürgermeister des Ortes ins Haus mit der Vorladung zu einer allgemeinen Bürgerversammlung, in der es um meinen Christenlehreunterricht in der Schule gehen sollte. Es war deutlich: Man wollte mich öffentlich zur Rechenschaft ziehen. Endlich hatte man einen Anlaß gefunden (wahrscheinlich sogar provoziert), um gegen den unbequemen Pfarrer vorzugehen. Ich trat sofort mit dem für mich zuständigen Superintendenten Leipzig-Land in Verbindung. Er untersagte mir die Teilnahme an der Versammlung. Ich sollte dem Bürgermeister schriftlich mitteilen, daß Christenlehre eine Veranstaltung der Kirche sei, Beanstandungen seien von den Eltern zunächst beim Katecheten selbst oder bei seinem Vorgesetzten, dem Superintendenten vorzubringen, bisher sei aber keinerlei Beschwerde zu ihm gedrungen, meine Teilnahme an der Bürgerversammlung habe er deshalb untersagt.

Auf mein Schreiben an den Bürgermeister erfolgte keine Reaktion. Indessen berief ich schnellstens eine Versammlung aller Eltern von Christenlehrekindern ein. Der Gemeindesaal quoll über von Müttern und Vätern. Ich brachte den Eltern sorgfältig die Rechtslage in Erinnerung, nannte den sehr wahrscheinlichen Anlaß meiner Vorladung, schilderte ihnen einige Fälle krasser Disziplinschwierigkeiten und wie und warum ich die beiden Brüder in dieser Klasse mit einigen »Dachteln« zur Ordnung gebracht hatte. Die Eltern waren empört über meine Milde und Langmut angesichts der Vergehen, noch empörter über das Verhalten des Bürgermeisters, begrüßten die Anordnung des Superintendenten und machten deutlich, daß sie voll zu mir stünden. Unmittelbar nach dem Elternabend kam die Mutter der beiden Jungen zu mir und entschuldigte sich für ihr Verhalten. Sie war sehr betroffen. Ihre Kinder hätten sich bei ihr beschwert. Nachbarn (SED-Mitglieder) hätten auf sie, die Mutter, eingewirkt und sie überredet, sich das nicht gefallen zu lassen. So sei alles gekommen. Sie sehe ein, daß sie falsch gehandelt habe. Ab sofort werde sie ihre Kinder wieder zur Christenlehre schicken. In Klasse 3 gab es seitdem keine Schwierigkeiten mehr.

Die SED war also entschlossen, einen ihr nicht genehmen Pfarrer durch die Manipulation einer Mutter zu Fall zu bringen, ihn durch eine scheinbar demokratische Öffentlichkeit unter Druck zu setzen, ihn zu terrorisieren. Aber mit einer entschlossen handelnden und ihr Recht einfordernden Kirche, die eine rechtsstaatliche demokratische Behandlung der Sache verlangte, konnte die kommunale Behörde nicht willkürlich umspringen.

Ein Nachspiel hatte der Konflikt doch noch. Einige Wochen später fuhr ein Auto an der Pfarre in Panitzsch vor. Ihm entstieg, wie sich bald herausstellte, der für Panitzsch zuständige Kreisschulrat. Er begehrte, mich in der Angelegenheit »körperliche Züchtigung in der Christenlehre« zu sprechen. Ich brachte meine Freude darüber zum Ausdruck, daß er zu einem persönlichen Gespräch käme, weil ich darin die Möglichkeit für eine sachliche Klärung sähe. Er machte geltend, daß körperliche Züchtigung vom marxistisch-leninistischen Standpunkt aus ganz und gar verwerflich, als rückständig und reaktionär zu beurteilen sei. Ich erklärte ihm, daß die Bibel darüber erheblich differenzierter denke. Körperliche Züchtigung sei deshalb im Grenzfall auch im Zeichen christlicher Liebe nicht einfach auszuschließen. Man müsse Kinder u. U. vor ihren triebhaften Neigungen und emotionalen Eruptionen in Schutz nehmen, was mitunter ohne körperliches Eingreifen nicht geht. Auch so dem Rigorismus abgeneigte Pädagogen wie Pestalozzi und Makarenko seien im Einzelfall ohne eine solche Maßnahme nicht ausgekommen. Die früher gültige Schulordnung, nach der Lehrern das Recht auf körperliche Züchtigung zustand in Fällen, wo eindeutig ihre Ehre auf dem Spiel stand oder dem geordneten Unterricht Gefahr drohte, könne ich nicht ohne weiteres verurteilen. Ich hätte die Erfahrung gemacht, daß, weil dieses Recht (dessen Anwendung übrigens vor dem Lehrerkollegium und den Eltern im Einzelfall zu rechtfertigen war) existierte und den Kindern bewußt war, es nur ganz, ganz selten angewendet werden mußte. Das strikte Verbot, auf Kinder körperlich strafend einzuwirken, wie es jetzt für die Lehrer an öffentlichen Schulen bestehe, habe aber leider für die Gesamtdisziplin und die Nerven der Lehrer katastrophale Auswirkungen. Ob er, der Herr Kreisschulrat, sich erklären könne, warum wohl jedes Jahr so viele Lehrer republikflüchtig würden und sich viele in psychiatrischer Behandlung befänden? Der Nachschub an Lehrkräften, der von den Ausbildungsstätten komme, könne den Verlust Jahr um Jahr gerade einigermaßen decken. Über diesen Zusammenhang sollten die staatlichen Stellen einmal gründlicher nachdenken. Mein Gesprächspartner wies das zurück und schob die Lehrerflucht auf die feindliche Propaganda. Ich frage ihn noch, wieviele Jahre er denn über Erfahrung im Umgang mit Heranwachsenden, zumal im Schulalter, verfüge. Es stellte sich heraus, er hatte keinerlei pädagogische Ausbildung und keinerlei Praxis als Lehrer! Er käme aus einem technischen Beruf. Der etwa dreißig- bis fünfunddreißigjährige Kreisschulrat schied ziemlich verdutzt. Ich habe nie wieder von ihm gehört.

Im kirchlichen Rüstzeitgelände bei dem benachbarten Orte Sehlis stand an erhöhter Stelle ein großes schlichtes Holzkreuz, vor dem sich bei Andachten im Freien, vor allem bei Großveranstaltungen die in Sehlis anwesenden christlichen Kinder und Jugendlichen unter dem biblischen Wort zum Hören, Singen und Beten versammelten. Im Sommer 1952 erhielt ich eines Tages aus Sehlis einen Anruf mit der dringenden Bitte, sofort herüberzukommen, das große Andachtskreuz im Freizeitgelände sei verschwunden und seit einiger Zeit raste eine übende Einheit der Nationalen Volksarmee (NVA) am Rand des Geländes; auch seien die Kinder, die sich zu einer Ferien-Kinder-Rüstzeit in Sehlis aufhielten, von den Soldaten beschimpft und bedroht worden. Ich radelte hinüber und begab mich sogleich zu den Soldaten, stellte mich vor und bat, den Führer der Einheit zu sprechen. Ich brachte die Belästigungen und Drohworte vor, mit denen sie die Kinder im kirchlichen Gelände hatten einschüchtern wollen. Der Führer leugnete empört. Ferner fragte ich die Soldaten, die ja nun schon längere Zeit hier rasteten, ob sie irgend jemand beobachtet hätten, der sich am Andachtskreuz des Geländes zu schaffen gemacht und es weggebracht hätte. Sie hatten nichts dergleichen beobachtet. Ich erwiderte, das sei erstaunlich, daß ausgebildete Soldaten nichts davon gesehen hätten, obwohl sie schon längere Zeit hier zubrächten und das Kreuz vor kurzem noch gestanden hätte. Ich sei über die Auskünfte sehr unbefriedigt und würde meine Behörde umgehend informieren. Die Soldaten lagerten im Grase. Wir beobachteten sie. Nach einer halben Stunde verließen sie das Gelände. Wir besichtigten ihren Lagerplatz. Da lag das Kreuz – zerbrochen. Sie hatten es mit ihren Leibern, im Grase sitzend und liegend, vor meinen Augen verdeckt gehabt. Meine Meldung bewirkte nichts.

Nach der Neueröffnung ihres Predigerseminars in Lückendorf im Lausitzer Gebirge im Jahr 1952 benötigte die Landeskirche dringend einen Mann, der dort neben dem Studiendirektor Dr. Gottfried Voigt, dem die homiletisch-seelsorgerliche und systematisch-theologische Aufgabe zufiel, als Studieninspektor für die theologisch-pädagogische Dimension der praktisch-theologischen Arbeit, insbesondere die Katechetik, verantwortlich wäre. Man sagte mir, man wisse zur Stunde keinen besseren als mich für diesen Dienst. Konnte ich mich nach meinen bisherigen Erfahrungen mit pädagogischen Defiziten unserer Kirche der neuen Aufgabe entziehen? Also hieß es nach einem Jahr schon: Umzug nach Lückendorf.

In meinen katechetischen Kollegs und Übungen kam es mir vor allem auf das enge Miteinander von Theorie und Praxis an, hier also von theologischer sowie pädagogisch-katechetischer Theorie und praktischer Gemeindearbeit mit Kindern, Konfirmanden, Jugendlichen und Eltern – und zwar nicht als zur theologischen Theorie nachgereichte Methodologie, sondern als organisches Miteinander.

Als maßgebliche pädagogische Prinzipien wurden herausgestellt die Prinzipien der Ganzheitlichkeit, der Anschaulichkeit, der Konkretheit, der Altersgemäßheit, der Gegenwärtigkeit, der Gemeindebezogenheit, des seelsorgerlichen Primates. Mir war dazu besonders die ideale Szene wichtig, in der Jesus die Kinder segnet, die zu ihm gebracht, aber von den Jüngern, den Mitarbeitern Jesu zurückgewiesen werden (Mk. 10,13.14.16). Hier zeigt sich in Jesu Auftreten das Prinzip der Ganzheitlichkeit darin, daß er wirklich alle Menschen meint, auch und gerade die schwächsten und hilflosesten Glieder der Gesellschaft: die Kinder. Und er meint sie nicht nur ein bißchen und nicht nur von ferne: leibhaftig dürfen und sollen sie zu ihm kommen, Jesus nimmt sie, die doch erst zum Menschen heranwachsen, als ganze Menschen ernst. Das Prinzip der Anschaulichkeit: Wie er es mit ihnen meint, das macht er ihnen hautnahe erfahrbar durch unmißverständliche leiblich-seelisch-geistige Kommunikation: er umarmte sie und legte die Hände auf sie und segnete sie. Konkretheit: nicht allgemeine Absichten und Meinungen werden deklariert, sondern jedem einzelnen Kind wendet sich Jesus voll zu. Altersgemäßheit: Zweifellos handelt es sich um Kleinkinder, die von ihren Eltern oder älteren Geschwistern gebracht wurden. So kommunizierte Jesus mit ihnen nicht verbal, sondern primär nonverbal und gerade so voll verständlich. Gegenwärtigkeit: Wer Kindern helfen will, kann es nicht auf später verschieben, hier und jetzt ist ihre Stunde. Jesus, von einer Fülle Hilfe und Rat und Rettung Begehrender umgeben, ja eingekreist, nimmt sich – entgegen der Abweisung durch die Jünger – Zeit für sie. Liebe gewährt Zeit, auch zur »Unzeit«. Gemeindebezogenheit: Jesus läßt die Kinder – nicht durch Reden, sondern durch sein ganzes Verhalten spüren: sie gehören dazu, voll, nicht nur als unbequeme »Quälgeister« geduldet, und sogar privilegiert gehören sie dazu. Jesus läßt auch die Gemeinde deutlich wissen: Kinder sind keine Anhängsel, auch kein bloßer Wechsel auf Zukunft, sondern so, wie sie sind, gehören sie ins Reich Gottes: »ihrer« ist dieses Reich, müssen die erwachsenen

Glieder der Gemeinde zur Kenntnis und zu Herzen nehmen. In dem allen »der Primat des Seelsorgerlichen«: er gilt sicher für das gesamte kirchliche Handeln, jedenfalls aber auch im Hinblick auf die Heranwachsenden. Wer in der Nachfolge Jesu Diakonie an Kindern im Sinn hat, wird zuerst und vor allem ihre gegenwärtigen Nöte, Fragen, Sorgen aufspüren und auf sie helfend eingehen müssen. Das hat eminente Folgen für die Struktur der kirchlichen Arbeit mit Kindern, aber auch für die inhaltliche Gestaltung der Arbeits- und Lehrpläne im Kindergarten, in der Christenlehre (bzw. im Religionsunterricht), in der Arbeit mit Konfirmanden, Jugendlichen und ihren Eltern. Von hier aus gesehen, kommen für sie nur offene Rahmenpläne in Betracht. In Lückendorf habe ich besonders den Primat des Seelsorgerlichen für die Arbeit mit den Konfirmanden betont.

Viel Zeit und Kraft hatte ich der Organisation der praktischen Arbeitsversuche mit Christenlehregruppen zu widmen. Die von unseren Kandidaten erteilte Christenlehre wurde damals noch in den Räumen der Schule abgehalten. Die meisten Gruppen ließ ich von zwei Seminaristen zusammen betreuen. Durch Beobachtung der einzelnen Kinder und durch Hausbesuche bei allen Eltern sollten sich die Kandidaten ein psychologisch-soziologisches Bild ihrer Gruppe und den einzelnen Schülern machen als Voraussetzung für die wirklichkeitsgerechte Arbeit mit ihnen. Die Seminaristen hatten in gemeinsamer Arbeit grobe Stundenentwürfe für die von ihnen zu erteilenden Stunden anzufertigen. Der Aufbau einer Unterrichtseinheit wurde natürlich im Kolleg genauer besprochen. Ich war fast jeden Nachmittag unterwegs, um in einer Christenlehregruppe zu hospitieren. Besonders wichtig war dabei das anschließende Gespräch mit den Seminaristen über ihren Versuch, seine Planung und seinen praktischen Verlauf.

Während meiner Tätigkeit in Lückendorf zeigten sich die Eltern besonders aufgeschlossen für Fragen der Sexualerziehung und für das Problem »Kind und Kino«. Das Thema »Gewalt im Film« entdeckten wir dadurch, daß die Kinder, zumal in Lückendorf, jeden Sonntagnachmittag zuhauf in das Dorfkino des Gasthauses strömten. Mit den Seminaristen besuchte ich eine solche Vorstellung. In dem Film wurde eine Schmugglerbande im Grenzbereich zweier Länder gestellt und »erledigt«. Die Kinder saßen in den Stuhlreihen, die Beine ausgestreckt, den Oberkörper weit zurückgelehnt, in der Hand die Limonadenflasche, aus der von Zeit zu Zeit ein kräftiger Schluck genommen wurde, die Augen gebannt auf die Leinwand geheftet. Der Höhepunkt des Filmes: die »Erledigung« der Schmugglerbande. Zehn oder elf Mal wurde gezeigt, wie auf einen Schmuggler nach dem anderen mit dem Gewehr gezielt und geschossen wurde und er tot vom Pferd fiel. Bei jedem Abschuß Jubel der Kinder, zuletzt frenetisches Toben.

Wir waren tief betroffen. Filme dieser Qualität als sonntägliche Unterhaltung für heranwachsende Christenkinder? Das konnte nicht hingenommen werden. An Elternabenden wurde das Thema »Kind und Kino«, von dieser Erfahrung ausgehend, eingehend diskutiert. Vor allem wurden auch Alternativen ausgesprochen: die Möglichkeiten, den Sonntagnachmittag familiär mit Kindern zu gestalten, u. a. durch Unternehmungen in der schönen Gebirgslandschaft, durch Vorlesen geeigneter Geschichten und Bücher, durch gesellige Spiele. Wir erlebten, daß diese Kampagne in etlichen Familien Wirkung zeigte, zumal was die Einführung regelmäßigen Vorlesens im Familienkreis betraf. Wirkung zeigte sie allerdings auch bei der Schulleitung, die uns das Recht bestritt, die öffentlichen Filmvorführungen zu kritisieren und zum Gegenstand von Elternabenden zu machen. Doch blieb es bei einem verbalen Protest, den wir natürlich nicht unbeantwortet ließen. Als eine wichtige Klammer zwischen der Christenlehregruppen und den Seminaristen erwies sich das alljährlich im Gartengelände des Predigerseminars stattfindende Christenlehre-Sommerfest mit viel Gesang, Spiel und Spaß bei den Stationen einer »Spielstraße«, einem Picknick im Grünen und einem von den Seminaristen dargebotenen Märchenspiel.

Die Seminaristen sogen wie trockene Schwämme auf, was ihnen an Möglichkeiten, pädagogische Kompetenz zu erwerben, geboten wurde. Sie waren froh, vor ihrem Einsatz in den Gemeinden noch Wichtiges an Einsicht und Einübung vermittelt zu bekommen. Wo einem die Gegenstände der Lehre so »abgenommen« wurden, machte das Lehren Spaß.

Neben der Katechetik hatte ich die Aufgabe, die Kandidaten mit der sächsischen Kirchengeschichte bekanntzumachen. Ich erledigte das im großen und ganzen als Pflichtpensum, obwohl die Geschichte der Ev.-luth. Landeskirche Sachsens eine durchaus bewegte Geschichte war und Interessantes zu bieten hatte, z. B. hinsichtlich der Reformation, der Rolle der Wettiner als katholischer Landesfürsten des ev.-luth. Kirchenvolkes, der Geschichte des Pietismus in Sachsen zwischen Spener und Zinzendorf, der Gestalt des sächsischen Hofpredigers Valentin Löscher. Besonders angelegen sein ließ ich mir die Darstellung des sog. Kirchenkampfes im Bereich der sächsischen Landeskirche, das Kirchenregiment der Deutschen Christen in der NS-Zeit mit dem »Pistolenklotsche« genannten deutschchristlichen Kommissar, die Vertreibung des aus dem Baltikum stammenden und für die Bekennende Kirche eintretenden Dresdener Superintendenten Hugo Hahn (er ging nach Württemberg ins Exil), des nach 1945 ersten sächsischen Landesbischofs. Da ich als junger Lehrer und noch Nichttheologe selbst Mitglied der Bekennenden Kirche gewesen war und ihr geistlich verpflichtet blieb, zumal im Blick auf das »Stuttgarter Schuldbekenntnis« von 1945 und das »Wort des Bruderrates der Bekennenden Kirche in Deutschland über den politischen Weg des deutschen Volkes« von 1947, das ein Umdenken der Kirche gegenüber ihrem herkömmlichen Antikommunismus anmahnte, konnte ich hier mit eigenen Erfahrungen aufwarten.

Sehr viel stärker als die sächsische Kirchengeschichte nahm mich das mir übertragene Studiengebiet mit dem Arbeitstitel »Christentum und Marxismus« in Anspruch. Ich hatte ja persönlich erlebt, wie wenig den Studenten an der Theologischen Fakultät Leipzig für eine konstruktiv-kritische Auseinandersetzung mit der staatstragenden Ideologie des Marxismus-Leninismus an geistig-geistlicher Hilfe zuteil wurde. Gut, daß wenigstens die Landeskirche ihre Kandidaten in dieser Hinsicht nicht alleinlassen, sondern ihnen im Predigerseminar Gelegenheit bieten wollte, zumindest ansatzweise zu einer Beurteilung des Marxismus-Leninismus im Lichte des christlichen Glaubens zu kommen. Dieser Auftrag forderte mich stark zum eigenen gründlicheren Studium heraus und nahm ein beträchtliches Maß meiner Kraft und Zeit in Anspruch. Zweifellos war der Auftrag auch der Tatsache zu verdanken, daß ich durch mein erstes Studium eine gründliche philosophische Ausbildung erfahren hatte.

In meinem Kolleg über »Christentum und Marxismus« kam es mir darauf an, einem in den Kirchen der DDR wegen der Fülle negativer Erfahrungen verständlichen massiven Antikommunismus zu widerstehen, der ja gerade dem Feindbild des Marxismus-Leninismus entsprach, aber weder theologisch noch philosophisch noch politisch sachgemäß war. Vielmehr waren die Wahrheitsmomente des Marxismus herauszustellen, die sozialethische Berechtigung seines Eintretens für soziale Gerechtigkeit angesichts der schamlos ausgebeuteten Massen des im 19. Jahrhundert heraufgekommenen Industrieproletariats, vor dem die Kirche weitgehend versagt hatte! Zu würdigen war die kapitalismuskritische Dimension marxistischen Denkens und Handelns und der Realismus seiner Analyse der gesellschaftlichen Verhältnisse, des »Klassenkampfes« zumal, aber auch die positive Einschätzung der freiheitlichen Errungenschaften des Bürgertums bei Karl

Marx. Das konnte freilich nur geschehen unter gleichzeitiger philosophischer und theologischer Kritik des marxistisch-leninistischen Systems, wie es theoretisch und praktisch im Gesellschaftssystem der DDR wie aller Satellitenstaaten der Sowjetunion täglich erfahren wurde. Nicht zu übersehen war ja die historische Widerlegung aller konkreten geschichtlichen Prognosen des Marxismus wie z. B. der Lehre vom unausweichlichen Umschlag des Kapitalismus in den Sozialismus und Kommunismus in den industriell am weitesten fortgeschrittenen Staaten der Welt.

Als schon theoretisch unhaltbar erwies sich der Ökonomismus des Marxismus und erst recht des Marxismus-Leninismus mit der Lehre von Basis und Überbau, wonach alles, was Kultur heißt, also Recht, Bildung, Kunst, Wissenschaft, Philosophie usw. nichts weiter sei als eine Funktion der Produktivkräfte und Produktionsverhältnisse, in der also alle Eigenständigkeit kultureller, geistiger, religiöser Antriebe geleugnet wird. Sowohl theologisch also auch philosophisch war die Armseligkeit und krasse Einseitigkeit dieser Anthropologie nicht zu leugnen, die ja so weit geht, daß es eine Lehre vom Menschen gar nicht geben kann, weil der Mensch von vornherein definiert wird als eine Funktion und als ein Produkt der Gesellschaft, womit gerade das Geheimnis seines Ich, das eine unauflösliche dialektische Einheit von Sozialität und Individualität, von Abhängigkeit und Kreativität, von Notwendigkeit und Freiheit ist, geleugnet wird.

Hinzu kam, daß bei aller nicht zu leugnenden ideologischen Unterschiedlichkeit des Marxismus-Leninismus vom Nationalsozialismus seine Praxis als Diktatur des Proletariats der Praxis der NS-Diktatur wie ein Ei dem anderen glich. Das zeigte sich von Jahr zu Jahr immer deutlicher: u. a. im militanten Atheismus, in der Unterdrückung der Jungen Gemeinde nach dem Kirchentag 1951, im Mangel an Pressefreiheit und der Unterdrückung jeglicher kritischen Öffentlichkeit. So kam im Westen die Rede vom braunen und vom roten Totalitarismus auf, gegen die sich die Marxismus-Leninismus-Ideologen zwar grimmig wehrten, deren Wahrheitsgehalt in der konkreten praktischen Erfahrung aber zumal der älteren Generation täglich greifbar vor Augen stand.

Eines fehlte uns natürlich sehr: der Dialog, das offene Streitgespräch mit dem politischen und ideologischen Gegenüber. Solche Gespräche vertrugen sich nicht mit dem diktatorischen Führungsanspruch der SED. Während meines Theologiestudiums in Leipzig war einmal auf Betreiben der Studenten ein Streitgespräch zwischen Prof. Ernst Bloch, dem marxistischen Philosophen, und dem evangelischen Theologen Prof. Hans Köhler über den Begriff der Wahrheit angesetzt. Öffentlich wurde dazu eingeladen. Gespannt sahen wir dem Ereignis entgegen. Das Gespräch wurde kurzfristig abgesetzt, so sicher war man sich des Marxismus-Leninismus, der angeblich »allmächtig« ist, weil er »wahr« ist, nun doch nicht! Eine ähnliche Erfahrung aus diesen Jahren: Im Zusammenhang mit Stalins »Briefen über die Sprache« kam es in der »Leipziger Volkszeitung« zu einer Diskussion über die Begriffe von »Basis« und »Überbau«, weil nämlich Stalin die Sprache deutlich nicht zum Überbau rechnete, sondern ihr einen status sui generis einräumte, was wiederum Konsequenzen für die Ortung der Religion hatte, jedenfalls der christlichen als einer sich auf sprachliche Dokumente berufenden Religion: Mußte sie hinfort also ebenfalls nicht dem »Überbau«, sondern eher einer neu zu definierenden »Basis« zugeordnet werden? Als die Brisanz dieser Diskussion erkennbar wurde, wurde sie ersatzlos abgebrochen. Über ideologische Grundprobleme durfte hinfort nicht mehr in allgemein prinzipieller Form, »abstrakt«, sondern nur im Zusammenhang mit konkreten Fragen der Tagespolitik diskutiert werden.

Nun aber, 1953, sollten wieder Wahlen sein. Da ergab sich für die Kandidaten in Lückendorf plötzlich die Chance eines Streitgesprächs, wenn auch nur im kleinen Kreis und nicht in der Öffentlichkeit. An der Tür des Predigerseminars erschienen nämlich drei Vertreter von drei in der »Einheitsliste« der »Volkswahl« zusammen antretenden Parteien, der sozialistisch-kommunistischen, der christlichen und der liberalen. Sie wollten mit uns über die Wahl sprechen. Der Sprecher der Kandidaten lehnte das im Namen aller ab, weil wir uns über den Charakter und das Ziel der Wahl auf Grund intensiven Studiums des »Neuen Deutschland« hinreichend informiert fühlten und wüßten, in welche Richtung die von ihnen angestrebte »Überzeugungsarbeit« bei uns zu gehen hatte. Wir seien nur an einem offenen Gespräch interessiert, bei dem unabhängig von der Wahl alle Themen auf den Tisch kommen dürften. Sie erklärten sich dazu bereit.

Wir alarmierten das Haus, und in wenigen Minuten waren wir rund um den Tisch zum Gespräch versammelt: die drei Wahlkämpfer einerseits, zwölf Kandidaten, dazu der Direktor und der Inspektor des Seminars andererseits. Es kamen wirklich sehr verschiedene Themen zur Sprache: die Diffamierung christlicher Schüler in den polytechnischen und den erweiterten Oberschulen, die Diskriminierung der Jungen Gemeinde und die Relegation vieler Oberschüler und Studenten von den Oberschulen und Hochschulen, die ausschließlich negative

Darstellung von Christentum und christlichem Glauben in den zahlreichen Veröffentlichungen des militanten Atheismus, die Verfälschung zahlreicher geschichtlicher Zusammenhänge in den Lehrbüchern, die Unterdrückung der Pressefreiheit, die sehr eingeschränkte Auflagenzahl kirchgemeindlicher Mitteilungsblätter und Kirchenzeitungen, die Wahl nach Einheitsliste statt nach getrennten Parteien und Listen, der scheindemokratische Charakter der Wahlprozedur und der Wahlbedingungen ... Ein mehrstündiges Gespräch. Die drei Wahlkämpfer versuchten anfangs das von uns Vorgebrachte zu entkräften, zu bagatellisieren, zu leugnen. Doch kamen sie gegen die vorgebrachten massiven Fakten nicht an. Die Macht der mit steigender Vehemenz beigebrachten Tatsachen war erdrückend. Die drei verabschiedeten sich schließlich, kleinlaut und mit dem Versprechen als besser Informierte bald wiederzukommen. Sie kamen nicht wieder.

Das Ganze sah zunächst aus wie ein Triumph für uns, die wir endlich einmal Gelegenheit hatten, wenigstens offiziös an den Mann zu bringen, was uns an dem real existierenden gesellschaftlich-politischen System beschwerte. In der Tat: Wir hatten es ihnen »gegeben«. Beim Rückschaugespräch unter uns aber stand die Frage auf: Hatten wir mit alledem, was wir an Fakten vorbrachten, wirklich der »Wahrheit« gedient? Der Wahrheit nämlich in christlichem Verständnis, die immer Wahrheit in Liebe sein sollte. Hatten wir nicht nur die Gesprächspartner mit Fakten überrumpelt und buchstäblich »an die Wand« diskutiert, statt sie auch durch den Stil unseres Umgangs mit ihnen und die Art unseres Eintretens für die Wahrheit davon zu überzeugen, daß es uns nicht um Rechthaberei ging, sondern um wahrhaftige Menschlichkeit, daß wir z. B. nicht gegen soziale Gerechtigkeit, sondern für sie waren, nur nicht auf Wegen, die der Gerechtigkeit und Menschlichkeit Hohn sprechen? Hatten unsere Gesprächspartner in der Tonart unseres Auftrumpfens nicht eher die gefährlichen »Staatsfeinde« erkannt, die, gut geschult, sie mit ihren besseren Argumenten auf den Sand setzten? Hatten wir auch nur an einer Stelle eine sachliche Brücke zu bauen versucht? Uns wurde deutlich: Es genügt nicht, die besseren Argumente zu haben, wenn es an einer christlich inspirierten Kultur des Gespräches fehlt. Uns allen wurde klar, welche Bedeutung für die Vorbereitung und die Durchführung eines solchen Gespräches dem Gebet als Quelle christlichen Denkens, Redens und Handelns zukommt; dem Gebet, das im Gesprächspartner und im politischen Gegenüber immer auch den Menschen sieht, der von Gott geschaffen und von Christus erlöst ist – ob er es selber weiß und will oder nicht.

Vom Wahlmodus war schon im Zusammenhang mit der Wahl während meines Theologiestudiums in Leipzig die Rede. Auch von der raffinierten Doppelstrategie der SED: einerseits die Wahl durch das Wahlgesetz als geheim zu deklarieren, andererseits alles zu tun, um der Bevölkerung zu suggerieren, das Normale sei die offene Abstimmung ohne Kabine. Sollte sich aber ein bewußter Demokrat von solcher Strategie anfechten lassen? Erneut stand ich vor der Entscheidung: Bringst du durch Nicht-zur-Wahl-Gehen deine Nichtanerkennung dieser Einheitslistenwahl zum Ausdruck oder ergreifst du den demokratischen Zipfel dieser Wahl, der durch die Aufstellung der Wahlkabine gegeben war und so die Möglichkeit bot, gemäß Wahlgesetz »Veränderungen am Stimmzettel anzubringen« und z. B. mit Nein zu stimmen oder die Namen einzelner Kandidaten durchzustreichen. Diese Meinungsäußerung schien mir die deutlichere zu sein. Die erstgenannte konnte ja auch aus einer Haltung der Gleichgültigkeit allem Politischen gegenüber kommen. Auch in einem Staatswesen, dem ich als Christ kritisch gegenüberstand, hielt ich es für richtiger, dem vom Staat gegebenen Gesetz bis zur äußersten gewissensverantwortlichen Möglichkeit zu folgen und auf diese Weise einer kritischen Loyalität Ausdruck zu verleihen. Solange ich Staatsbürger der DDR war – bis zum 16. 6. 1981 – habe ich es so gehalten und diesen Standpunkt in allen kirchlichen Gremien und in allen Gesprächen mit Christen vertreten.

Warum folgten ihm andere Christen so wenig und die meisten Wähler gar nicht? Sahen sie nicht, daß eine Regierung ihr Regieren ändern muß, wenn die Millionen nicht in ihrem Sinne abstimmen, wozu ja mit dem Wahlgesetz und der Aufstellung von Wahlkabinen die legale Möglichkeit eröffnet war? Sie sahen es wohl, doch – sie hatten Angst, beugten sich dem Wahlterror, ließen sich Schrecken einjagen, fürchteten, heimlich notiert und womöglich im Betrieb zur Rechenschaft gezogen zu werden. Undemokratisch erzogen, wie sie waren, den faschistischen Terror und Zusammenbruch noch in den Knochen, ergriffen sie den ihnen dargereichten demokratischen Strohhalm nicht. Mit jeder Stimmabgabe wider bessere Überzeugung wurde aber ein Stück politischen Gewissens preisgegeben und der Weg in den Sumpf einer dumpfen Anpassung beschritten. Es ist nicht wahr, daß die Deutschen in der ehemaligen DDR gar keine legale Möglichkeit gehabt hätten, den Weg, den die SED und die östliche Besatzungsmacht mit ihnen ging, wirksam zu korrigieren. Sie haben sich aber zu lange sowohl vom Terror des Ostens als auch von den süßen Ratschlägen des Westens dazu verführen lassen, sich diesem Weg fast widerstandslos anzupassen. Wer bei den Wahlen in der DDR das geringe Maß an Bürgermut aufbrachte und ein kritisches Votum abgab, riskierte nichts. Ich kannte und kenne nicht wenige, die diese Zivilcourage aufbrachten. Keiner von ihnen hat davon Nachteile gehabt, keiner ist von irgendeiner Instanz, auch nicht im Betrieb, zur Rechenschaft gezogen worden. In diesem Zusammenhang kommt mir ein Ausspruch unseres damaligen Landesbischofs wieder in den Sinn. Noch bei jeder Wahl wurde er von nicht wenigen Pfarrern mit der Frage bedrängt: Was sollen wir bloß machen bei dieser Wahl? Er pflegte dann den Fragern zu antworten: Meine Brüder, es fehlt nicht an Einsicht im Lande, umso mehr aber an Mut, der Einsicht entsprechend zu handeln.

Drei weitere Ereignisse aus dem denkwürdigen Jahr 1953 haben sich mir vor allem eingeprägt. Zum ersten ein von mir zu haltender Sonntagsgottesdienst in Oybin. Als die Glocken läuteten, begab ich mich im Talar vom Pfarrhaus zur Kirche. Da trat mir ein Mann entgegen, grüßte, stellte sich als der Bürgermeister von Oybin vor und sagte mir, er habe Anweisung, mich darauf hinzuweisen, daß im Gottesdienst jedwede Erwähnung der Jungen Gemeinde zu unterbleiben habe. Ich erwiderte, das sei eine grobe Einmischung des Staates in den innerkirchlichen Bereich; Staat und Kirche seine hierzulande getrennt. Darauf er: widrigenfalls sei ich für die Konsequenzen verantwortlich, die sich daraus ergeben könnten. Ich sagte, daß ich diese Drohung unter Protest zur Kenntnis nähme, und ging in die Kirche. Bei den Abkündigungen nach der Predigt informierte ich die Gemeinde über Ansinnen und Drohung des Bürgermeisters. Beim Fürbittgebet wurde selbstverständlich der Jungen Gemeinde im Lande gedacht und um die Herstellung des Friedens und ein Aufhören der Pressionen und Schikanen gebetet. Am Abend kursierte in Oybin das Gerücht, das Predigerseminar in Lückendorf sei von der Stasi umstellt und man müsse mit meiner Verhaftung rechnen. Daran war kein Wort wahr. In Wirklichkeit erfolgte nichts. So stellte sich uns der Kalte Krieg auf seinem Höhepunkt 1953 im Lausitzer Gebirge dar.

Die Meldungen und Gerüchte am 17. Juni 1953 und danach nahmen wir mit ungläubigem Staunen zur Kenntnis. Doch von Tag zu Tag vermehrten sich die Nachrichten, daß sich nach und nach in der gesamten DDR viele Betriebe mit den Protesten der Stahlwerker von Henningsdorf bei Berlin solidarisierten. Die Streikwelle erreichte auch Zittau. Einer der größten Betriebe dort stellte sich ebenfalls auf die Seite der Protestierenden. Wie man weiß, wurde die Rebellion von sowjetischen

Panzern in der Hauptstadt der DDR niedergewalzt. Im Predigerseminar Lückendorf gab es zwar viel Sympathie für den Aufstand. Doch wer konnte eine militärische Gewaltaktion seitens der Besatzungsmacht gegen die im ganzen Land friedlich Streikenden wünschen? Die Zeitungen, von zentralen Stellen der DDR und von der Besatzungsmacht gelenkt, meldeten, das Ganze sei ein vom Westen vorbereitetes und von dort ferngesteuertes abenteuerliches Unternehmen gewesen. Wir konnten das nicht glauben, kannten wir doch die große Unzufriedenheit im Lande mit der Versorgungslage und die großen Hoffnungen auf eine baldige Wiedervereinigung der künstlich getrennten beiden Teile Deutschlands. Aber es wurde uns auch klar, daß die westlichen Alliierten im Falle einer Unruhe in der DDR nicht militärisch eingreifen würden.

Der Aufstand brachte indes die Regierung zum Einlenken. Die Erhöhung der Normen – der Auslöser des Widerstandes – wurde gestoppt und ein »neuer Kurs« feierlich angesagt. Am eindrücklichsten profitierte davon die Kirche. Die Maßnahmen gegen die Junge Gemeinde, zumal die Diffamierungskampagne, wurden eingestellt, die Entlassungen von Schülern und Studenten aus den Schulen und Hochschulen rückgängig gemacht. Ein spürbares Aufatmen ging durch das Land. Daß es der Regierung ernst war mit dem »neuen Kurs«, schien vollends deutlich zu werden durch die unerwartete Erlaubnis der DDR-Regierung, zehntausend evangelische DDR-Bürger zum Kirchentag nach Hamburg fahren zu lassen.

Mir wurde das Glück zuteil, begleitet von meiner Frau und Gliedern der Lückendorfer Gemeinde, dorthin mitfahren zu dürfen. Wie befreit von einer schweren Last und voll Zuversicht für die künftige Gestaltung der deutschen Dinge fuhren die meisten DDR-Christen nach Hamburg. Doch was war das auch für ein Empfang, der uns am ersten Bahnhof auf dem Gebiet der Bundesrepublik in Büchen zuteil wurde. Der Bahnhof schwarz von Menschen, Blumen, Kapellen, Sprechchören, Kaffee, Kuchen, Apfelsinen, Bananen. So etwa sah es wohl früher aus, wenn eine Truppe siegreich von einem Feldzug gegen den Feind in die Heimat zurückkehrte. Doch wir waren keine solche Truppe. Wir waren nur ein Haufen, dem man erlaubte, im Kalten Krieg eine Atempause zu haben.

Atmosphärisch wurde der Wandel in der DDR zweifellos überbewertet, auch was die Aussichten auf eine baldige Wiedervereinigung anging. Zunächst aber war kein Raum für resignatives Grübeln. Wir genossen die hanseatischen Gastfreundschaft in Hamburg-Lurup bei der Familie eines alten Fahrensmannes, ließen uns durch den von Optimismus und Lebensfreude überschäumenden Empfangsabend der Jungen Gemeinde in der Bundesrepublik anstecken, begegneten am Abend der Begegnung einer ehemals zur Jungen Gemeinde in Panitzsch gehörenden Jugendlichen, besuchten im Messegelände von »Planten und Bloomen«, das zum Kirchentagsgelände umgestaltet war, die Bibelauslegungen des bayerischen Landesbischofs Dietzfelbinger, erfreuten uns an der vom Kirchentag veranstalteten Open-air-Ausstellung moderner Plastik entlang der Außenalster und noch mehr an der aus grauenvollen Ruinen des Zweiten Weltkrieges kraftvoll wieder erstandenen Hansestadt Hamburg, an deren Silhouette wir uns bei einer Fahrt mit dem Alsterfährschiff nicht satt sehen konnten.

Als unbestrittenen Höhepunkt erlebten meine Frau und ich und sicherlich viele Tausende die spätabendliche Jugendkundgebung in einem Fußballstadion unter dem Thema »Gott ist auch in Ninive«. Dieses nächtliche szenische Spiel wurde nach der Überlieferung des Prophetenbuches Jona dargestellt. Es erwies sich wieder, daß eine ganzheitliche, mit Wort und leiblicher Gebärde und Bewegung und Einbezug von Farben und Spiel des Lichtes und von Musik gestaltete Verkündigung den Menschen in noch anderer Tiefe zu erreichen vermag als eine nur verbale. Das lag freilich auch an der Situation: Unübersehund unüberhörbar war ja die Transparenz des Jona-»Spiels« für die Deutung von Situation und Aufgabe der Christen in der DDR und im Osten Europas. Stand das Ninive von damals nicht für das Moskau und das Sowjetimperium von heute? Ließ uns Gott nicht sagen: Auch das heutige Ninive ist in seiner Hand und gehorcht zuletzt seiner Strategie, ein Aufgeben kann daher nicht in Betracht kommen? Und war nicht den Christen klar die Aufgabe gestellt: auch im heutigen Ninive unerschrocken das Wort Gottes, das Evangelium von Jesus Christus zu bezeugen und zu leben? Mit dieser ermutigenden Erfahrung im Herzen fuhren die zehntausend DDR-Bürger wieder in ihre Heimat zurück, und auch Tausende von evangelischen Christen der Bundesrepublik schöpften neuen Mut, mit Gebet und helfender Hand zu ihnen zu stehen.

Aber konnte man sich auf den »neuen Kurs« der Ulbricht-Regierung in Ost-Berlin verlassen? Der Staatsratsvorsitzende hatte in öffentlicher Rede erklärt, daß Fehler gemacht worden seien und daß man das korrigieren müsse, gerade auch hinsichtlich des antichristlichen Kurses an Schulen und Hochschulen. Freilich, wer die amtlichen Verlautbarungen genauer las, der wußte, worin die sozialistische Führung den

Fehler sah. Ulbricht sagte wörtlich: »Genossen, wir sind zu schnell vorgegangen.« »Zu schnell«, das war's, darin bestand das »Bußbekenntnis« der Regierung. Also nicht die Richtung war falsch, sondern nur das Tempo. Zu Euphorie über den »neuen Kurs« bestand also kein Anlaß. Leider übersahen das zunächst viele Christen. Dennoch blieben die Einsicht und die Hoffnung: »Gott ist auch in Ninive«.

Als Studentenpfarrer in Leipzig 1954–1957

Kaum zurück vom Kirchentag in Hamburg, bahnte sich für mich erneut ein Stellenwechsel an. Der seit Jahren in Leipzig amtierende Studentenpfarrer Gothart Fehlberg sollte Superintendent in Karl-Marx-Stadt (jetzt wieder Chemnitz) werden. Die Leipziger Studentengemeinde schlug mich als seinen Nachfolger vor. Doch das Landeskirchenamt war nicht willens, einen Mann, der sich nach zwei Jahren im Predigerseminar voll eingearbeitet hatte und nur schwer ersetzbar war, freizugeben. Die Leipziger Studenten fragten also nun bei mir persönlich an. Was sollte ich antworten? Es stimmte: die Arbeit im stillen Lückendorf befriedigte mich sehr, und sie lief recht gut. Die Studentengemeinde Leipzig aber stand mitten im zeitgeschichtlichen Kampf der Geister um Glauben und Unglauben. Außerdem reizte mich sehr die Arbeit mit Studenten *aller* Fakultäten, die Auseinandersetzung der Theologie mit den Humanwissenschaften und allen Bereichen der säkularen Wirklichkeit. Das Landeskirchenamt signalisierte nun doch grünes Licht für mich, falls ich wollte und Leipzig mich wählte. Ich wollte – hatte ich doch in Panitzsch nur gerade ein Jahr volle praktische Gemeindearbeit tun können und kam mir in Lückendorf, dem äußersten idyllischen Winkel der DDR im Zittauer Gebirge, ein wenig im Abseits vor. Und die Leipziger luden mich zur Vorstellungsrunde ein und wählten mich.

Die Evangelische Studentengemeinde war mir beim Theologiestudium in einer Intensität und Tiefe menschliche Heimat und Heimat des Glaubens geworden, daß ich es jetzt wie eine Rückkehr in die Heimat empfand. Dazu faszinierte mich die verantwortliche Teilhabe der Gemeinde an der Leitung: Der Vertrauenskreis mit je zwei Vertrauensstudenten und -studentinnen, für ein Semester von der Gemeinde gewählt, traf sich jede Woche, dazu der erweiterte Vertrauenskreis, zu dem sich jedes Gemeindeglied halten konnte und sollte, das bereit war, Mitverantwortung für die Gemeinde zu tragen und sich praktisch zu engagieren. Diese Form der Gemeindeleitung entsprach sehr meiner Überzeugung von Luthers »Priestertum aller Gläubigen«.

Nach meinem Verständnis und im Einvernehmen mit der Gemeinde ging es bei der evangelischen Studentenarbeit um viererlei: den Glauben der Studentinnen und Studenten zu wecken und zu stärken, inmitten einer militant atheistischen Umwelt ein christliches Gemeinschaftsleben zu entfalten, in dem die Worte »christlich« und »Gemeinschaft« nicht bloß Worte waren, den Horizont der Studierenden für die Mitverantwortung und Mitgestaltung der Welt im Geiste Jesu Christi zu öffnen und Hilfe zu geben für die geistig-geistliche Auseinandersetzung mit den weltanschaulichen und philosophischen Zeitströmungen.

In der ehrwürdigen Universitätskirche (Paulinerkirche), einem spätgotischen Kleinod, wurde ich eingeführt. Die Paulinerkirche war, neben der von St. Petri, fortan meine Predigtkirche, wenn auch nicht sehr oft. Denn als Universitätskirche war sie zugleich Predigtstätte der Professoren der Leipziger Theologischen Fakultät. Keine leichte Situation für einen relativen Anfänger im Predigen!

Einmal erwischte es mich. Ich hatte über einen Amostext gepredigt, als mich nach dem Gottesdienst ein Professor für Altes Testament aufsuchte und mir vorwarf, wie ich nur den Propheten Amos mit der heutigen Zivilcourage eines Christen zusammenbringen könne. Nun, ich hatte ja ausdrücklich gesagt, wir seien kein Amos; dennoch dürften und sollten wir uns von seinem Glaubensmut eine Scheibe abschneiden und als Christen ein wenig mehr Bürgermut zeigen als üblich. Ich wies auf Dietrich Bonhoeffer hin, der einen engen Zusammenhang von christlichem Glauben und Zivilcourage konstatiert hatte. Übrigens erklärte mir jener Professor etwa ein Jahr später, er als Dekan der Fakultät habe in dem Kalten Krieg an der Uni in erster Linie die Aufgabe, dafür zu sorgen, daß alle Theologiestudenten in ihren Gräben wären und keiner über den Rand des »Schützengrabens« sähe. Ich war verblüfft: Sollte das der christlichen Strategie letzte Weisheit sein?

Höhepunkte des gottesdienstlichen Lebens waren die Abendmahlsgottesdienste in der Paulinerkirche. Sie fanden zumeist als Semestereröffnungs- und -schlußgottesdienste statt. Sehr sorgfältig wurden sie vorbereitet. Bei der Spendung wirkten mehrere Professoren der Theologischen Fakultät mit. Ein liturgischer Chor sorgte für die musikalische Gestaltung. In diesen Gottesdiensten wurde die Nähe Gottes, seine Gegenwart in Brot und Wein und die communio untereinander nicht nur behauptet, sondern leibhaftig erfahren. Das Erlebnis der familia Dei, nicht mehr nur Gäste und Fremdlinge, sondern Bürger mit den Heiligen zu sein (Eph. 2,19) – hier wurde es uns zuteil.

Geistlicher Mittelpunkt waren gleichwohl weniger die Gottesdienste am Sonntagvormittag als die Bibelstunde, die jeden Donnerstagabend zunächst in einem Hörsaal der Uni, später im Gemeindehaus der Landeskirchlichen Gemeinschaft stattfand. Der Versammlungsraum im Studentengemeindehaus in der Alfred-Kästner-Straße war dazu viel zu klein, denn es versammelten sich immerhin an einem solchen Abend zwei- bis dreihundert Studenten. Ostiarier (»Türhüter«) sorgten für eine freundliche Begrüßung vor allem neuer Teilnehmer, denen wir uns, soweit erkennbar, besonders zuwandten. Eröffnet wurde der Abend mit gemeinsamem Gesang, mitunter auch durch die Kurrende. Dann betete ein(e) Vertrauensstudent(in) mit uns und informierte anschließend über wichtige Ereignisse und geplante Vorhaben im Gemeindeleben; Leiter von Kleinkreisen machten kurze Ansagen. Da es für den einzelnen Studenten schwer war, sich anhand der sehr eingeschränkten kirchlichen Presse in der DDR und erst recht nicht aus der sehr einseitig informierenden Tagespresse über das, was in beiden deutschen Staaten und in der Ökumene kirchlich vor sich ging, zuverlässig ins Bild zu setzen, wurde ein Kleinkreis gebildet, der auf Grund von dem Studentenpfarramt zugänglichen Material eine acht- bis zehnminütige Information gab. Das wurde sehr begrüßt. Im Mittelpunkt des Abends stand die Auslegung eines Bibeltextes durch den Studentenpfarrer. Bei der Schriftauslegung erschien es mir wichtig, nicht nur den individuellen Zuspruch und Anspruch des Textes zur Geltung zu bringen, sondern, wenn vorhanden, auch seine gesellschaftlich-politische Dimension sichtbar zu machen. Auch kam in unserer Situation viel darauf an, daß die Studenten lernten, mit der Bibel kritisch umzugehen, d. i. zu unterscheiden zwischen dem Buchstaben, der Sprachform (Sage, Märchen, Mythe, Bericht, Hymnus usw.) und dem damit Gemeinten, auch zwischen weltbildlich-zeitgeschichtlich bedingten und glaubensverbindlichen Aussagen. Keiner sollte mit seinem Glauben an einem Punkt der christlichen Tradition scheitern, der mit dem Glauben selbst nur sehr bedingt etwas zu tun hat, wie es mir als Abiturient ergangen war. Bibelarbeit bei Freizeiten geschah nach kurzer theologischer Einführung in den Text in kleinen Arbeitsgruppen, die das Ergebnis ihrer gemeinsamen Bemühung im Plenum vortrugen, wo weiter darüber meditiert wurde.

Jede Woche versammelte sich in der Sakristei der Universitätskirche eine Schar von engagierten Gemeindegliedern, um im Gebet vor Gott zu bringen, was die Gemeinde bewegte oder bedrängte. Zu Beginn wurden die Punkte benannt und kurz erläutert. Je mehr die Studentengemeinde in ihrem Glauben von außen, aber auch von innen angefochten wurde, desto unentbehrlicher war uns dieser offene Gebetskreis.

Einen verhältnismäßig breiten Raum nahm auch das seelsorgerliche Gespräch mit einzelnen Studenten ein, die den Pfarrer in der Sprechstunde aufsuchten. In Leipzig wurde auch die Möglichkeit der Einzelbeichte angeboten, und von ihr, wenn auch nicht häufig, Gebrauch gemacht. Häufig kam der Druck zur Sprache, dem sie in ihrer Seminargruppe oder von seiten mancher Dozenten wegen ihres offenen Bekenntnisses zum christlichen Glauben ausgesetzt waren. In der Sicht des Marxismus-Leninismus gehörten ja Kirche und Christentum auf die Seite des Klassenfeindes, mußten also wie dieser bekämpft werden. Das geschah in sog. »Überzeugungsarbeit«, bei der dem christlichen Studenten die Rückständigkeit und Fragwürdigkeit seiner weltanschaulichen Position vor Augen gestellt wurde. Diffamierung, Ausgrenzung, Zurücksetzung, Schikanen – darin bestand weithin die »Überzeugungsarbeit«. Das alles stand natürlich im Widerspruch zur ersten Verfassung der DDR von 1949. Oft kochte in mir die Wut darüber, wie schamlos studentische Funktionäre und manche Dozenten ihre Macht ausnutzten. Hier war behutsame Seelsorge gefragt: Hilfe zum Festbleiben im Glauben, Argumentationshilfe für das Streitgespräch vor Ort, Aufmerksammachen auf das mit der Verfassung gesetzte Recht, gemeinsames Gebet über dem allem. Diese Seelsorge am einzelnen bedurfte der Ergänzung durch den Gang des Studentenpfarrers zu einzelnen Hochschulleitungen, Beschwerde führend, ohne Namen zu nennen, um Abhilfe bittend. Das blieb nicht ohne Erfolg, wurde aber immer wieder nötig.

Von den fünf bis sechshundert Studenten und Studentinnen unserer Gemeinde beteiligten sich viele auch an ihren zwanzig bis fünfundzwanzig Kleinkreisen, die sich »auf Bude« trafen, d. i. zum aktuellen Erfahrungsaustausch oder um einzelne Themen. Einen dieser Kreise, den sozialethischen Arbeitskreis, leitete ich selber. Theologische und fachwissenschaftliche Klarheit war hier sehr gefragt, beanspruchte doch die DDR, der »erste deutsche Arbeiter- und Bauernstaat«, die Verwirklichung einer Gesellschaft ohne Ausbeutung und Unterdrükkung des Menschen durch den Menschen zu sein. Wir folgten dem Buch des Neutestamentlers Heinz-Dietrich Wendland, Die Kirche in der modernen Gesellschaft. Wie sehr diese Arbeitsgemeinschaft, die sich in öffentlich bekannten, keineswegs geheimen Zusammenkünften traf, die Aufmerksamkeit staatlicher Stellen fand, das mußte ich schon nach wenigen Monaten zur Kenntnis nehmen. Doch davon später.

Damit die Kleinkreise nicht in unverbindlicher Geselligkeit versandeten oder gar am Ungeschick der Leiter scheiterten, fand in jedem Semester an einem Sonnabend/Sonntag ein Begegnungstreffen der Leiter statt, bei dem wir uns vor allem in der Praxis der Gesprächsführung übten, intensiv Erfahrungen austauschten und uns gegenseitig Hinweise auf interessantes Informations- und Arbeitsmaterial gaben. Diese Wochenenden waren beliebt und stets gut besucht. Es kam uns, nachdem im Faschismus alles nach Diktat und Vorschrift gelaufen war, darauf an, die Eigeninitiative der Studenten und der Kleinkreise zu fördern und sie gesprächsfähig zu machen durch Einübung in partnerschaftlich-demokratischer Gesprächsleitung.

In jedem Semester fanden mehrere Sonnabend/Sonntag-Tagungen im kirchlichen Freizeitgelände von Sehlis statt. Wir fuhren mit der Straßenbahn bis zur Endstation in Taucha und wanderten dann durch die Dörfer hinüber. Manche kamen mit ihren Rädern. Die Tagungen dienten der Verständigung über aktuelle Themen im Horizont des christlichen Glaubens, ermöglichten eingehende Arbeit mit der Bibel und ließen Raum für Gesang, Spiele und frohe Geselligkeit. Abgeschlossen wurde eine solche Veranstaltung stets durch Meditation und Gebet vor dem inzwischen längst wieder aufgerichteten Kreuz.

Einen besonderen Glanz bekamen diese Treffen, wenn wir Besuch von unseren westdeutschen Patengemeinden hatten. Leipzig waren vier Evangelische Studentengemeinden zugeordnet: Erlangen, München, Münster und Saarbrücken. Die Besuche geschahen auf privater Grundlage. Sie waren auch keine Einbahneinrichtungen, sondern die Leipziger Gemeinde wurde auch ihrerseits von den Patengemeinden zum Besuch eingeladen. Diese Besuche waren nicht nur persönlich beglückend, sondern dienten auch der geistlichen Stärkung und der geistigen Horizonterweiterung. Treffen mit der Münchener Patengemeinde am Starnberger See, mit den Erlangern in Rummelsberg bei Nürnberg, mit den Münsteranern im Jugendzentrum Vlotho an der Weser waren während meines Dienstes in Leipzig einzigartige Erlebnisse, die uns das Bewußtsein vermittelten, uns nicht im kirchlichen Abseits zu befinden, sondern bei aller Verschiedenheit der Situation mit den Christen in der Bundesrepublik in engster geistlicher und geistiger Gemeinschaft zu stehen.

Auf einer der gesamtdeutschen Studentenpfarrerkonferenzen regten wir Studentenpfarrer aus der DDR an, daß künftig weniger Lebensmittelpakete als vielmehr Bücher geschickt werden möchten. Die Studentengemeinden der DDR wurden so bekannt mit den Büchern

Heinrich Bölls, mit moderner Kunst, die bei den Nazis als »entartet« disqualifiziert war, mit den Strömungen des Existentialismus und mit Entwicklungen im Bereich der Theologie, u. a. mit Namen wie Barth, Bultmann, Brunner, Thielicke, Gollwitzer, sowie mit Verlautbarungen und Initiativen im Raum der Ökumene.

Die Studentenpfarrer in Ost und West gehörten zu den wenigen evangelischen Personengruppen, die zusammenkamen, um gemeinsam zu erkunden, was »dran«, was »an der Zeit« war, was also Gott mit uns Christen in West und Ost wohl vorhatte und welche Aufgaben er uns stellte. Bei drei dieser Zusammenkünfte war ich dabei: in Bad Herrenalb im Schwarzwald, in der Evangelischen Akademie Arnoldshain und in der Evangelischen Akademie Berlin (West) am Kleinen Wannsee.

Die gesamtdeutsche Studentenpfarrerkonferenz in Bad Herrenalb (1955) stand im Zeichen eines Besuches von Karl Barth bei uns. Das Gespräch von uns Ostpfarrern mit ihm ging um ein evangelisches Urteil über die Einführung der allgemeinen Wehrpflicht in der DDR. Wir machten ihm klar, daß Christen nicht nur aus pazifistischer Grundüberzeugung heraus – wie ich persönlich – sich nicht in der Lage sahen, den Wehrdienst zu akzeptieren, sondern auch auf Grund der unmöglichen Zumutung, als überzeugte Christen ggf. die Waffe zur Verteidigung eines bewußt und militant atheistischen Staates gebrauchen zu müssen. Karl Barth sah sich nicht in der Lage, diesem Argument zuzustimmen, er lehnte es radikal ab und meinte, das sei »der Weg in den Sumpf«. Wir vermochten ihm hierin nicht zu folgen. War denn Gewissen nur gefragt, wenn es um den Waffendienst überhaupt geht, nicht auch um den in konkreter Situation? Ganz zu schweigen von der Aussicht, daß im Ernstfall ggf. Deutschen befohlen würde, auf Deutsche zu schießen? K. Barth hatte eingangs gesagt, er sähe sich nicht in der Lage, uns Leuten in der DDR zu raten. Damit er das könne, müsse er mindestens zwei bis drei Jahre mit uns zusammenleben. Leider hielt er sich dann praktisch nicht an diese weise Devise.

Die Konferenz in Arnoldshain (1956) schien mir in zwei Punkten besonders wichtig:

1. Der als Reisesekretär in der DDR tätige Pfarrer Bassarak ließ die westdeutschen Brüder wissen, wir Ost-Studentenpfarrer seien uns dessen bewußt, daß wir »mit unserem Schatten leben« müßten, d. h. daß wir unter der ständigen Beschattung durch Agenten des Staatssicherheitsdienstes zu leben und unseren Dienst zu versehen hatten. Er plädierte dafür, das ganz gelassen hinzunehmen und uns in der Wahr-

nehmung unseres Auftrages nicht irritieren zu lassen; allerdings sollte es uns helfen, umso verantwortlicher und gewissenhafter mit dem Wort umzugehen, um jederzeit vor jedem Forum damit bestehen zu können. Es gab keinen Ostpfarrer, der diesem Votum widersprach. Vielleicht hörten aber manche weniger den Appell zum unerschrockenen verantwortlichen Zeugnis auch in schwieriger Situation heraus als die Aufforderung zur Vorsicht und zum Verzicht auf womöglich anstößige und negativ interpretierbare Rede.

2. wurde die nach Wiedereinführung der Wehrpflicht in der Bundesrepublik schon in Gang gesetzte Einsetzung eines Wehrdekans bei der Bundeswehr diskutiert. Unglücklicherweise war der Heidelberger Studentenpfarrer von Mutius zum ersten Wehrdekan in Bonn vorgesehen. Die Herrschenden in der DDR mußten eine solche Einrichtung der Kirche bei der Bundeswehr angesichts des Bündnisses von Thron und Altar in der deutschen Geschichte als kirchliche Absegnung der Bonner Militärpolitik verstehen. Und wir sahen es auch so, ganz zu schweigen von der besonderen Belastung, daß ein bisheriger Studentenpfarrer Wehrdekan würde. Wir Ostpfarrer saßen die halbe Nacht mit v. Mutius zusammen und beschworen ihn, doch auf dieses Amt zu verzichten. Es könne doch nicht die Aufgabe der evangelischen Christen sein, irgendetwas zu tun, das dem Wiederaufkommen von Militarismus in Deutschland dienlich werden könne, da doch seit der ökumenischen Weltkonferenz in Amsterdam 1948 der Satz gelte »Krieg ist gegen Gottes Willen«. v. Mutius erwiderte, wir würden völlig die Freiheit der Verkündigung verkennen, die diesem Amt zugebilligt sei. Es stünde einem Bundeswehrseelsorger völlig frei, einen Krieg als ungerecht zu erklären oder den Abwurf einer Atombombe als gegen Gottes Willen zu beurteilen. Wir stellten ihm vor Augen, wie sehr er die psychischen Zwänge, die »strukturelle Gewalt« im Ernstfall verkenne, die es fast ausschlössen, daß ein Bundeswehrseelsorger pazifistische Verkündigung wagen würde. v. Mutius blieb verschlossen. Es bewirkte ihn auch nicht das Argument: Wenn denn schon ein Wehrdekan, müsse es dann ausgerechnet ein ehemaliger Wehrmachtsoffizier und dazu ein gegenwärtiger Studentenpfarrer sein? Die Regierenden der DDR würden das mit hoher Wahrscheinlichkeit so verstehen: Die Einrichtung des Wehrdekanats im Rahmen der Bundeswehr zeige nicht nur jedermann, daß damit die Evangelische Kirche in Deutschland ihre pazifistischen Schwüre über Bord würfe und ihren Segen zur Wiederbewaffnung der Bundesrepublik gebe, sondern die Tatsache, daß für dieses Amt ausgerechnet ein Studentenpfarrer ausersehen sei, werfe auch ein Licht auf die

Funktion, die den Studentenpfarrern zugedacht sei als Propagandisten für ein deutsches Volk in Waffen und für eine Politik, die auf militärische Stärke setzt. v. Mutius lehnte diese Interpretation als unsachgemäß ab, verkannte also völlig mögliche Konsequenzen für das Verhalten der DDR-Regierung gegenüber den Studentengemeinden. Ich reiste mit sehr gemischten Gefühlen von Arnoldshain nach Leipzig.

Zahlreich waren auch Einladungen, die von westlichen Evangelischen Akademien an die Studentengemeinden in der DDR ergingen und auf große Offenheit und Sympathie stießen. In Leipzig gab es so viele Hochschulen mit so verschiedenen Lehrveranstaltungen und Zeitplänen, daß es praktisch für einige Studenten immer möglich war, den Einladungen zu entsprechen, ohne daß sie deshalb ihre Studium vernachlässigen mußten. Es handelte sich im übrigen weithin um Akademietagungen über Fragen der modernen Kunst und über theologische Probleme, ganz selten um politische Fragen. Mit einer Ausnahme: den Einladungen der Evangelischen Sozialakademie Friedewald. Ihr ging es darum, Fragen der Arbeitswelt in der modernen Industriegesellschaft unter dem Aspekt des Evangeliums zu klären und die christliche Arbeitnehmerschaft entsprechend zu schulen, auch durch die gründliche wissenschaftliche Beschäftigung mit den kapitalismuskritischen Analysen und den Handlungsperspektiven von Karl Marx. Bedenkt man, daß die Studentinnen und Studenten in der DDR mit dem Marxismus in ganz doktrinärer Weise und ohne die Möglichkeit kritischer Auseinandersetzung befaßt wurden und darunter geradezu litten, so versteht man, daß wir in Leipzig über die Einladungen nach Friedewald sehr erfreut waren. Hier öffnete sich die Möglichkeit, offen und kritisch die theoretischen und praktischen Positionen von Marx zu diskutieren.

Daß insbesondere Friedewald von seiten der politischen Führung der DDR ganz anders beurteilt wurde und man dort Stasi-Agenten zur Beobachtung und Berichterstattung angesetzt hatte, davon erfuhr ich erst später.

Ebenso wichtig wie die Begegnungen mit christlichen Studentinnen und Studenten in der und aus der Bundesrepublik waren Treffen innerhalb der DDR. Wir Leipziger pflegten besonders den Kontakt mit den Jenensern und Dresdenern, gelegentlich auch den Studenten der Bergakademie Freiberg/Sa. und den Hallensern. Diese Treffen dienten in erster Linie dem Erfahrungsaustausch, der Selbstverständigung angesichts der gesellschaftlichen und hochschulpolitischen Situation, der gemeinsamen Bibelarbeit und hatten ihren Höhepunkt jeweils in einem Abendmahlsgottesdienst.

Im Herbst 1955 wollten Theologiestudentinnen und -studenten in der Leipziger Studentengemeinde einen »Theologenball« veranstalten. Dazu bedurfte es der polizeilichen Anmeldung und Genehmigung. Ein Theologiestudent erhielt den Auftrag, sie bei der Behörde zu erwirken. Ihm wurde gesagt: »Sie kommen von der Studentenschaft der Theologischen Fakultät? Diese Organisation gibt es gar nicht. Nur die FDJ-Gruppe Ihrer Fakultät hat das Recht, eine solche Veranstaltung zu beantragen und durchzuführen«. Die Mehrzahl der Nicht-FDJ-Mitglieder aber mochte nicht diese kleine Gruppe um die Beantragung und Durchführung des Balles bitten, insbesondere wegen des Klimas, das bei einem so organisierten Tanzabend zu befürchten war. Vorgesehene Rahmendarbietungen z. B. mußten vorher der FDJ-Leitung vorgelegt werden! Was tun? Ein rettender Gedanke: Vielleicht übernimmt der Dekan der Fakultät die Funktion des Veranstalters für diesen Theologenball, zu dem natürlich die gesamte Studentengemeinde zu erwarten war. In der Tat, er tat es. Ausgerüstet mit einer entsprechenden Vollmacht, erschien derselbe Student erneut bei der Polizei. »Wir haben Ihnen doch erklärt: Das geht nicht, nur die FDJ kann das machen«, wurde ihm wiederum beschieden. Er zückte darauf seine Vollmacht mit Stempel und Unterschrift und sagte: »Aber der Dekan hat doch die Veranstaltung übernommen. Er ist der Veranstalter. In seinem Namen bin ich hier.« Darauf die Polizei: »Ja, also, wenn das so ist, wenn der Vatikan (!) den Ball durchführt, dann ist das etwas anderes.« Der Ball wurde genehmigt. – Ein andermal, es ging um einen »Tanz in den Mai« auf öffentlichem Saal, konnten wir der DDR-Bürokratie nicht so einfach eine Genehmigung abluchsen. Da hatte ein »Altfreund« der Gemeinde mit seiner Frau, die ich erst vor wenigen Wochen in der Universitätskirche getraut hatte, eine Idee: »Wir haben's: wir laden die ganze Gemeinde zu einer Hochzeitsfeier in geschlossener Gesellschaft ein.« Sprachens und meldeten die Veranstaltung an, natürlich ohne die hintergründige Absicht offenzulegen. Das Wort »Studentengemeinde« wurde nicht genannt. »Teilnehmerzahl?« »Etwa zweihundert«. »So viele? Das wird nicht gehen.« »Umso besser, da spare ich eine Menge Geld. Meine Kollegen sind anspruchsvoll. Bitte, geben Sie mir schriftlich, daß meine Frau und ich diese Hochzeitsgesellschaft nicht einladen und die Tanzfête nicht durchführen dürfen.« Nein, das wollte man auch nicht. Also erhielten sie die Genehmigung, und die Fête nahm ihren ordnungsgemäßen Lauf im Saal des Gasthauses Leipzig-Marienbrunn. Das war ein Vergnügen. Schwejk ließ grüßen.

Im Jahre 1955 überarbeitete die FDJ ihr altes Statut und legte der gesamten Jugend der DDR, Mitgliedern und Nichtmitgliedern, das Konzept eines neuen zur Diskussion und Stellungsnahme vor: »Die Mitglieder der FDJ und alle Jugendlichen sind aufgerufen, sich an der Diskussion ... zu beteiligen«, hieß es in dem Entwurf (»Neues Deutschland« v. 19. 5. 1955). Die Mitglieder der FDJ, die zugleich Angehörige der Leipziger Studentengemeinde waren, meinten, das müsse in ihr besprochen und eine Stellungnahme vom christlichen Standpunkt aus erarbeitet und dem Zentralrat des FDJ zugeleitet werden. Der Vertrauenskreis akzeptierte. Bei einer Rüstzeit in Sehlis beriet man den Entwurf des neuen Statuts und formulierte eine Stellungnahme. Sie plädierte für eine weltanschaulich offene, nicht parteigebundene, pluralistische FDJ, war mit zahlreichen Unterschriften versehen und gab sich als ein Votum evangelischer Studenten zu erkennen. Eine Antwort seitens des Zentralrates der FDJ erfolgte nie.

Die evangelische Studentengemeinde Leipzig in der Anfechtung

1. Unruhe um eine Studienreform

Sehr unzufrieden waren die Studierenden mit den Pflichtkursen im Russischen und der Pflichtvorlesung über Marxismus-Leninismus (ML). Besondere Intensität erreichten die Diskussionen darüber in den letzten Wochen des Oktober 1956 bis weit in den November hinein. Täglich lagen die Studenten mir, ihrem Studentenpfarrer, damit in den Ohren und wurden nicht müde, haarsträubende Details zu berichten, die besonders das Niveau der ML-Vorlesungen kennzeichneten. Sie forderten stattdessen u. a. fakultativen Russischunterricht, auch das gesellschaftliche Grundstudium fakultativ oder mit erheblich verbesserter Qualität und Verkürzung des zehnmonatigen Studienjahres, um mehr Zeit zum persönlichen Studieren zu gewinnen.

Noch im Oktober besuchte ich mit dem als Gast bei mir weilenden Dr. Reiß, dem Studentenpfarrer unserer Patengemeinde in Münster/W., ein zweistündiges ML-Kolleg bei den Studierenden der Landwirtschaft. Unser Eindruck war erschütternd: Der Vortragende sah während der neunzig Minuten nicht ein einziges Mal auf, um mit seinen Hörern wenigsten Augenkontakt zu bekommen. Er löste sich nicht ein einziges Mal von seinem Manuskript. Der vorgetragene Inhalt war beängstigend flach und ging nicht über das hinaus, was täglich in den Leitartikeln der SED-Zeitungen zu lesen war. Die Studenten verhielten sich entsprechend. Keiner schrieb das Gehörte nach. Geschrieben wurde allerdings, und zwar Briefe, Exzerpte aus Büchern, Kreuzworträtsel. Auch Skat wurde gespielt. Dinge, die unsereiner nicht für möglich gehalten hätte. Übrigens wurden wir beide in der Vorlesungspause zum Vortragenden zitiert. Man hatte uns als ungewohnte Teilnehmer ausgemacht. Der Vortragende bestritt uns das Recht, ohne Genehmigung des Dekans die Vorlesung zu besuchen. Wir machten geltend, daß wir beide graduierte akademische Bürger seien, für die so ein punktueller Besuch ein Gewohnheitsrecht sei. Er bestritt das und verlangte die nachträgliche Einholung der Erlaubnis beim Dekan. Ich sagte das zu, und so durften wir auch noch in der zweiten Kollegstunde bleiben. Der heimliche Protest der Studenten war nur allzu verständlich. Würden sie dieses Kolleg aber schwänzen, so würde sie das als schweres Vergehen gegen die Studiendisziplin teuer zu stehen kommen.

Am 23. Oktober war, ausgelöst durch eine Studentendemonstration, in Ungarn der Volksaufstand losgebrochen und beunruhigte auch die politischen Instanzen der DDR. Wir hatten von ihm nur ungenaue Kenntnis. An der Humboldt-Universität in Berlin gab es bei den Veterinärmedizinern offenen Protest gegen den obligatorischen Russischunterricht und die niveaulose ML-Vorlesung. Ihr Verhalten wurde jedoch öffentlich scharf verurteilt. Das geschah in einer Versammlung der Fakultät zusammen mit Einheiten von »Kampfgruppen« aus Produktionsbetrieben, einer bewaffneten Miliz der DDR. Neben jedem Studenten, so hieß es, saß im Hörsaal ein Milizionär. Im »Neuen Deutschland« aber konnte man eine Rede Walter Ulbrichts lesen, die ankündigte, daß jedes spontane »Revoluzzertum« hart unterdrückt würde. Doch merkte der Staatsratsvorsitzende ausdrücklich dazu an, man sei keineswegs gegen u. U. nötige Studienreformen. Nur müßten entsprechende Vorschläge bei den dazu »geordneten Organen« vorgebracht werden, damit sie sachgemäß diskutiert werden könnten. Im erweiterten Vertrauenskreis der Studentengemeinde wurden die betreffenden Passagen der Ulbricht-Rede vorgelesen. Daraus wurde klar: Wem es ernst war mit einer Studienreform, der konnte an diesem Angebot des Staatsratsvorsitzenden nicht vorbeigehen. Jeder wußte auch: Das für die Studenten in erster Linie in Betracht kommende »geordnete Organ« war zweifellos die FDJ. Als Studentenpfarrer stellte ich dazu fest, daß das Studentenpfarramt daher nicht die Instanz sei, in Sachen Studienreform Initiative zu ergreifen. Das sei in erster Linie Sache der direkt Betroffenen. Es erfolgten zu diesem Punkte weder Aussprachen noch irgendwelche Verabredungen. Gleichwohl war bemerkenswert, was in den nächsten Tagen geschah: Sowohl bei den Medizinern als auch bei den Altphilologen und den Theologen war das Angebot Walter Ulbrichts auf wache Ohren gestoßen. Sie wollten den von ihm gewiesenen Weg gehen, um zu einer Reform zu kommen. Dabei machten sie allerdings die Erfahrung, daß das »oben« gesprochene Wort und die Praxis »unten« zweierlei ist.

In der Woche zwischen dem 4. und 11. 11. 1956 war es, wie ich erst später erfuhr, im ersten Studienjahr zu verschiedenen ungeordneten Äußerungen wegen des Russischunterrichtes gekommen, dessen Abschaffung verlangt wurde. Der Rektor der Universität hielt daraufhin eine Versammlung mit diesem Studienjahr ab, wobei er auf den Wunsch der Studenten verständnisvoll einging, aber die Form ihres Vorgehens verurteilte.

Doch kam in derselben Woche in meine Sprechstunde der Medizinstudent Heinrich Bartels, der mir als Glied der Studentengemeinde bekannt war. Er berichtete, er sei zum FDJ-Sekretär und dann zur SED-Leitung der Fakultät gegangen und habe beantragt, es möchte doch eine FDJ-Versammlung der Mediziner anberaumt werden, in der man offen und sachlich über die Fragen reden könne, welche die Studenten jetzt heimlich unter sich diskutierten. Die angesprochenen »Organe« zeigten jedoch keinerlei Entgegenkommen, obwohl H. B., wie er mir versicherte, in jeder Weise korrekt aufgetreten sei. Am Abend habe ihm seine Wirtin mitgeteilt, daß die Polizei sich nach ihm erkundigt habe. Tags darauf war ein Herr in Zivil, der sich durch eine Erkennungsmarke auswies, da gewesen, um sich weiter nach ihm zu erkundigen. Außerdem werde er täglich von früh bis abends, ganz gleich, ob er mit der Straßenbahn oder mit dem Rade fahre, beständig von bestimmten Personen begleitet und überwacht. Der Student war darüber erschüttert und empört.

Also doch keine Eröffnung demokratischer Gespräche mit den Studenten, stattdessen Repression, Terror. Das Engagement der Studenten kam anscheinend überraschend und wurde – entgegen der Ulbricht-Rede – als illoyal gebrandmarkt. Diese Strategie bekam auch das dritte Studienjahr der Medizinischen Fakultät zu spüren. Seine Resolution wurde von sehr vielen Studenten unterzeichnet, bis sie an ein mit ihr nicht einverstandenes FDJ-Mitglied kam, das sie vor den Augen aller zerriß. Das dritte Studienjahr forderte daraufhin eine Versammlung, bei der dieser Student zur Rechenschaft gezogen werden sollte. Diese Versammlung wurde auch anberaumt. Es erschien aber nicht der angeklagte Student, sondern ein Vertreter des Dekans, der über eine Senatssitzung informierte. Die Studenten sahen sich überrumpelt und zischten. Dieses Zischen wurde ihnen ausgelegt als ein grobes Vergehen an einem Mitglied des Lehrkörpers. Es habe aber, wie mir Medizinstudenten versicherten, nicht dem Vertreter des Dekans und seinen Ausführungen gegolten, sondern der offenkundigen Tatsache, daß jener Student, um deswillen die Versammlung einberufen worden war, nicht zur Rechenschaft gezogen werden sollte.

Bei den Theologen wurden zwei Initiativen ergriffen. Die eine studentische Versammlung (nicht von der FDJ einberufen, aber unter Teilnahme von Mitgliedern der FDJ) stellte den Antrag 1) auf Hebung der ML-Pflichtvorlesung auf ein akademisches Niveau mit Eröffnung der Möglichkeit des offenen Gespräches über die dort verhandelten Probleme und 2) auf Wiederzulassung von Fachschaftsvertretern neben den Vertretern der FDJ. Eine zweite Initiative forderte die sofortige Wiederbesetzung der freigewordenen Lehrstühle für Neues Testament. Es sei kein Zustand, daß alle neutestamentlichen Proseminare und Hauptseminare von einem Aspiranten durchgeführt würden, dessen Theologie zudem sehr umstritten sei.

Beide Initiativen wirbelten sehr viel Staub auf. Allein schon die Tatsache, daß sie überhaupt zustandekommen konnten, erregte die führenden politischen Kräfte sehr. Was indessen die Forderung auf Wiederbesetzung der neutestamentlichen Lehrstühle anlangte, so fand eine Fakultätssitzung statt, bei der neun Studenten vor versammeltem Kollegium und in Anwesenheit des Aspiranten ihre Beschwerde konkret erläutern sollten. Die Studenten, die das Anliegen der Studenten vertraten, legten ihre Gravamina so überzeugend dar, daß auch seitens der drei CDU-engagierten Professoren kein Widerspruch laut wurde. Prof. Fuchs soll lediglich den ungünstigen Zeitpunkt der Resolution bedauert haben. (Trotzdem wurde einige Monate später der im Zusammenhang mit meinem Prozeß angeklagte Initiator dieser Resolution, der damalige stud. theol. Andreas Jentsch, mit 1 1/2 Jahren Gefängnis bestraft!)

Meinerseits war nun das dem ML-Dozenten bei seiner Vorlesung gegebene Versprechen einzulösen. Ich bat also den Dekan der Landwirtschaftlich-Gärtnerischen Fakultät um eine Aussprache. Sie fand in einer offenen und freundlichen Atmosphäre statt. Ich nahm wahr, daß meine Sorgen auch von manchen Dozenten geteilt wurden. Der Dekan bat mich am Ende der Unterredung, doch einmal den Professor für das gesellschaftswissenschaftliche Grundstudium, Herrn Prof. Schultz, aufzusuchen, um ihm von meinen Beobachtungen und Sorgen Mitteilung zu machen. Er sei überzeugt, ich würde aufmerksam gehört werden.

Der Gang zu Schultz kam mir vor wie ein Gang in die Höhle des Löwen. Der Prorektor hörte mich eine Stunde lang an. Es herrschte ein gutes Gesprächsklima. Ich wies ihn u. a. hin auf die sachlich anscheinend sehr mäßige gesellschaftswissenschaftliche Pflichtvorlesung an der Theologischen Fakultät über »Die Geschichte Deutschlands seit 1933«, an der von ursprünglich einhunderfünfzig Studenten jetzt nur noch etwa zwanzig teilnähmen. Prof. Schultz war entsetzt. Eine solche

Vorlesung sei für Theologen gar nicht vorgesehen gewesen, sondern eine über soziale Fragen und ihre Geschichte. Da müsse eine Änderung eintreten. Ich brachte weiter vor, daß die Theologiestudenten sich eine gute Vorlesung wünschten, um sich in sachgemäßer Form mit dem Marxismus-Leninismus auseinandersetzen zu können. Der Zwang, der für die Teilnahme an diesen Vorlesungen besteht, ihr niedriges Niveau, die praktische Unmöglichkeit zu offener, sachlicher Aussprache erzeuge bei vielen nur Widerwillen und errichte damit eher Barrieren, anstatt sie zu beseitigen. Der Prorektor bezweifelte zwar, daß die Möglichkeit zu freimütiger Aussprache nicht gegeben sei, gab aber offen zu, es stünden leider keine Dozenten zur Verfügung, die in der Lage wären, auf theologische Fragestellungen einzugehen. Das werde sich aber bald bessern, sobald der Nachwuchs an Kräften aus dem von Prof. Ernst Bloch geleiteten Philosophischen Institut seine Hochschulabschlüsse hätte. Meinen Vorschlag, um der Sache willen diese Pflichtvorlesungen auf fakultative Grundlage zu stellen, lehnte er als indiskutabel ab, sagte aber zu: »Die Seminare und Vorlesungen werden ihre Qualität auf alle Fälle verbessern.«

Wurde mit dieser Vorsprache auch unmittelbar nichts erreicht, konnte ich doch deutlich machen, daß uns evangelischen Christen nichts an Konfrontation lag, sondern an sachlicher Verbesserung auf loyalem Wege.

2. Der Studentenpfarrer als Sündenbock

Der Parteileitung der SED der Karl-Marx-Universität zu Leipzig, dem eigentlichen Leitungsorgan der Universität, machte die Unruhe unter den Studenten im November 1956, die auf eine Studienreform aus war, schwer zu schaffen. Doch anstatt die unbequemen Fragen der Studenten selbstkritisch aufzunehmen und mit diesen sachlich zu diskutieren, behauptete man zwar, für Reformen offen zu sein, doch in Wirklichkeit wurde jeder Student, der das Wort ergriff und für eine Reform eintrat, als Staatsfeind, als Feind des sozialistischen Aufbaus, als Agent im Dienste des Imperialismus diffamiert. Die Befangenheit im globalen Klassenkampfdenken machte die Verantwortlichen blind für die Realität der schweren Defizite im Studiensystem. In der Suche nach Schuldigen wurden sie bald fündig. Sie meinten auch den eigentlichen Sündenbock gefunden zu haben: im evangelischen Studentenpfarrer. Die von der Parteileitung am 19. 11. 1956 in Massen als Flugblatt verbreitete

»Erklärung der SED-Parteileitung der Karl-Marx-Universität« gibt darüber Auskunft. Sie schlug wie eine Bombe ein. Dies ihr Wortlaut:

»Unsere Karl-Marx-Universität hat, wie alle Universitäten in der Deutschen Demokratischen Republik, seit der Hochschulreform eine von jedem Unvoreingenommenen feststellbare Aufwärtsentwicklung in Lehre und Forschung durchgemacht. In der Verfolgung des Ziels, fachlich hochqualifizierte und der Sache des Arbeiter-und-Bauern-Staates ergebene wissenschaftliche Kader auszubilden, wurden aus den Erfahrungen unseres akademischen Lebens laufend, aber ohne Überstürzung, Lehren gezogen und beherzigt. Wie in allen wissenschaftlichen Disziplinen große Fortschritte erzielt wurden, so haben auch die jungen Dozenten des gesellschaftswissenschaftlichen Grundstudiums, die eine schwere und verantwortungsvolle Aufgabe übernehmen mußten, ständig an sich gearbeitet und ihre Lehrveranstaltungen immer besser gestaltet. Dogmatische Erstarrungen haben sich gelockert und werden erfolgreich überwunden. Am 2. November haben in der Volkskammersitzung unsere führenden Kräfte der Parteien und Regierungen ihren lebhaften Wunsch geäußert, daß durch sachliche Diskussion der akademischen Lehrer und Studenten in den dafür zuständigen Organisationen und Gremien die noch anhängigen Probleme geklärt werden.

Es gibt aber Kräfte, die nicht sachliche Diskussion und Mitarbeit in unseren Massenorganisationen und Staatsorganen zum Nutzen des Auf- und Ausbaus unseres gesellschaftlich fortschrittlichen Gesellschafts- und Staatslebens wünschen, sondern Unruhe schaffen und die politischen und geistigen Grundlagen der sozialistischen Aufbauarbeit angreifen und erschüttern wollen.

Wie entwickelte sich denn in den letzten 14 Tagen die reaktionäre Zersetzungs- und Wühlarbeit? Zwei Tage nach der Volkskammersitzung, *Sonntag, den 4. November*, erging sich *Herr Schmutzler* ausgerechnet in der altehrwürdigen Universitätskirche in Ausfällen gegen unsere gesellschaftlichen Organisationen und diejenigen Universitätsangehörigen, die unserem Arbeiter-und-Bauern-Staat loyal und treu ergeben sind. Danach wurde eine Resolution ausgearbeitet, die u. a. gegen die Freie Deutsche Jugend und das gesellschaftswissenschaftliche Grundstudium gerichtet war. Das war der sonntägliche Auftakt von Vorgängen, die tags darauf fortgesetzt wurden, indem eine Gruppe reaktionärer Studenten in der Mathematisch-Naturwissenschaftlichen Fakultät den Dozenten für Politische Ökonomie mit lautem Pfeifen empfing. Illegale Anschläge und Resolutionen in der Medizinischen Fakultät waren im gleichen Geiste gehalten, wie die schon erwähnten.

Unser Rektor, Prof. Dr. Georg Mayer, hat in einem Aufruf jede sachliche Diskussion und Mitarbeit der Studenten im Interesse der besseren Studienplangestaltung begrüßt, sich aber entschieden gegen provokatorische Forderungen, deren Urheber im Dunkel der Anonymität verbleiben, gewandt. Der hohe Senat unserer Karl-Marx-Universität hat in seiner Sitzung vom 10. November den Aufruf des Rektors voll gebilligt. Die nah- und ferngelenkten Kräfte der Provokation, deren vordergründige Figuren solche Studenten wie Klaus Felgenhauer, Heinrich Bartels, Martin Dorn, Geerd Schnedermann, Hans-Georg Willert, Winrich Mothes und Benvenuto Libal waren, gaben jedoch keine Ruhe. Sie hatten die Frechheit, den Vertreter des Dekans der Medizinischen Fakultät auszuzischen. Für solche Kräfte ist kein Platz an unseren Universitäten! Wir zeigen es der Öffentlichkeit, insbesondere der Leipziger Arbeiterklasse an, daß es eine (allerdings verschwindend kleine, aber um so betriebsamere) Gruppe von Studenten gibt, die unverschämt im Auftreten ist, gleichzeitig aber hohe Stipendien annimmt – Stipendien, die nur durch die Arbeit der Arbeiter möglich sind. [...]

Studenten, aufgepaßt! Legt den Unruhestiftern das Handwerk! Verteidigt den Frieden im Innern und nach außen! Seid gewiß, daß die Arbeiterklasse Leipzigs, die von den Studenten im Interesse des Aufbaus des Sozialismus ein ernstes und fleißiges Studium erwartet, hinter euch steht!«

In den ersten Tagen der Reformdiskussion an der Universität hatte ich am Sonntag, dem 4. November 1956, den Universitätsgottesdienst zu halten. Obwohl ich in meiner Predigt nicht auf die Beunruhigung vieler Studenten über die ausbleibende Reform des gesellschaftswissenschaftlichen Unterrichts eingegangen war, nahm die politische Führung der Universität sie zum Anlaß für eine scharfe Attacke gegen mich in ihrem Flugblatt. Darum gebe ich im folgenden die wichtigsten Abschnitte dieser Predigt im Wortlaut wieder. Mein Predigttext waren Worte des Apostels Paulus an seine Gemeinde in Philippi:

»Folget mir, liebe Brüder, und sehet auf die, die so wandeln, wie ihr uns habt zum Vorbilde. Denn viele wandeln – von welchen ich euch oft gesagt habe, nun aber sage ich euch mit Weinen –, daß sie sind die Feinde des Kreuzes Christi, welcher Ende ist die Verdammnis, welchen der Bauch ihr Gott ist, und deren Ehre zuschanden wird, die irdisch gesinnt sind. Unsre Heimat aber ist im Himmel, von dannen wir auch warten des Heilandes Jesus Christus, des Herrn, welcher unseren nichtigen Leib verklären wird, daß er ähnlich werde seinem verklärten Leibe nach der Wirkung seiner Kraft, mit der er kann auch alle Dinge sich untertänig machen.« (Phil. 3,17-21)

»Unsere Heimat ist im Himmel: das ist die frohe Botschaft an uns heute. Doch die Frage ist: Vermögen Menschen von heute diese Botschaft wirklich noch als frohe Botschaft zu hören? Ist sie nicht für viele, sehr viele eine unfrohe Botschaft geworden? Eine ärgerliche, ja, eine aufreizende Botschaft? Unsere Heimat ist im Himmel, riecht das nicht geradezu nach Weltflucht und frömmlerischer Langeweile? Was soll uns diese Botschaft heute? Unser ganzes modernes Leben vollzieht sich unter der gerade entgegengesetzten Parole: Unsere Heimat ist die Erde, die Welt. Hic Rhodus, hic salta. Hier ist Rhodus, hier gilt es, seinen Mann zu stehen, hier Heimat zu haben und zu finden.

Wie sehr wir tatsächlich leidenschaftlich der Welt zugewandt sind, das zeigen gerade die Tage und Wochen, die wir augenblicklich durchleben. Worum das

Denken der Menschen kreist, das sind, abgesehen von den alltäglichen Dingen, die alarmierenden Nachrichten aus Ägypten, das sind die elektrisierenden gesellschaftlichen Vorgänge in Polen und Ungarn, das sind – vielleicht noch mehr – die bevorstehenden Olympischen Spiele in Melbourne. Wie weit weg von alldem ist die heutige Botschaft: Unsere Heimat ist im Himmel! Wie fremd und befremdend wirkt sie dagegen!

Unsere Heimat ist im Himmel: Wir können die Reihe derer, die grundsätzlich gegen diese Botschaft standen und stehen, noch sehr viel weiter verfolgen in der Vergangenheit und in der Gegenwart. Doch das ist nicht nötig. Aber Tatsache bleibt, daß von den meisten Menschen heute die Kunde von der Heimat im Himmel als eine sehr fragwürdige Kunde angesehen oder ganz geleugnet wird. Und es ist ein offenes Geheimnis: Unter ihnen sind auch solche, die gern Christenmenschen sein wollen, mit der Heimat im Himmel aber nichts mehr anfangen können. Unter ihnen sind die vielen, die unter einer schrecklichen inneren Heimatlosigkeit leiden, denen diese Welt hier fremd und unheimlich geworden ist – unbehauste Menschen, wie ein Buchtitel unserer Zeit sie nennt. Aber für die Botschaft von der himmlischen Heimat sind gleichwohl ihre Ohren zu. Und ihr Herz bleibt leer. Und wie steht es mit uns? Vielleicht bejahen wir die Botschaft theoretisch. Aber leben wir praktisch nicht oft so, als sei sie nicht da? So besteht für uns Anlaß genug, aufmerksam auf das fröhliche, ja, das triumphierende Zeugnis des Apostels Paulus zu hören:

Unsere Heimat ist im Himmel! Darum wird uns ein dreifaches gesagt: 1. Dieser Himmel heißt Jesus Christus. 2. Darum weg mit dem irdischen Sinn! 3. Darum auf zur Nachfolge des himmlischen Herrn!

1. Unsre Heimat ist im Himmel: das heißt, wir stehen unter der Gewalt Jesu Christi. Unter seiner Königsherrschaft, wie der Evangelist Markus es ausdrückt. Der Himmel ist nicht so sehr ein Ort als eine Person: die regierende Person Jesus Christus. Heimat, das ist kein Raum der Ruhe: da wird regiert, da kommt etwas ins Laufen, da wird Macht ausgeübt. Freilich: Diese Machtausübung hat nicht den Zwangscharakter einer Despotie oder eines totalitären Regimes. Sie ist von anderer Art. Die Aktion, die da im Gange ist, ist vielmehr eine Rettungsaktion zur Welt, zur Menschheit hin. Und der sie in Gang bringt und hält, heißt Heiland, heißt Retter, heißt Jesus Christus. Unsere Heimat ist im Himmel, von dannen wir auch warten unseres Retters Jesus Christus ...

Darauf warten wir. Doch sind wir seit der Stunde unserer Taufe gerufen, schon in dieser Zeit als Menschen zu leben, deren Heimat der Himmel ist, der Jesus Christus heißt.

Und Christen haben es erfahren: Es gibt nichts Größeres und Schöneres in dieser Welt als dies ...

Unsere Heimat ist im Himmel: Das ist keine Fluchtparole nach rückwärts oder nach oben. Sondern das ist der Ruf zu einem sehr dramatischen Wettlauf, zu einer Jagd nach vorn, zu einer himmlischen Olympiade. Vor der Dramatik dieser Olympiade verblaßt das, was in Melbourne vor sich gehen wird und auch das so ernste Geschehen in Ungarn und am Suezkanal. Denn hier ist ein unablässiger Kampf. Er hält nicht nur ein ganzes Menschenleben in Atem. Er ist der eigentliche Inhalt der Weltgeschichte hinter allen vordergründigen Kämpfen. Er gibt ihr das spezifische Gewicht. Denn in diesem Kampf geht es nicht um einen irdischen Siegeskranz und um irdischen Siegesruhm. Beide vergehen und verwelken rasch – im Sport wie in der Politik. Hier geht es um eine unvergängliche Krone und um einen unverwelklichen Ruhm. Und hier gibt es Überraschungen über Überraschungen. Denn bei dieser Olympiade werden Erste Letzte und Letzte Erste sein, wie Jesus Christus selber sagt. Wer Ohren hat zu hören, der höre! Dann können wir nicht mehr am Irdischen kleben. Darum ruft uns der Apostel zu:

2. Weg mit dem irdischen Sinn!

Damit will er uns nicht die Erde vermiesen und die Welt madig machen. Ist doch die Welt Gottes Schöpfung. Hat doch Jesus Christus selbst die Schönheit der Lilien auf dem Felde gepriesen, deren Gewand schöner ist als ein Prunkgewand des Königs Salomo.

Aber es gibt ein Hängen am Irdischen, so, als sei es die einzige oder doch die entscheidende Wirklichkeit ... Wir wollen nicht zu rasch über solche Vergötzung von Essen und Trinken, von Eros und Sexus hinweggehen. Sind sie nicht *die* Götzen unserer Zeit? Man braucht darüber nicht viele Worte zu machen. Das für uns Bedrohliche aber ist, daß auch Christenmenschen in den Sog dieser Götzen geraten können und auch immer wieder geraten ...

Und das ist ja kein Schönheitsfehler, sondern hat tödlich ernste Folgen- Paulus spricht es in barmherziger Unbarmherzigkeit unverhüllt aus: »Welcher Ende ist die Verdammnis«. Verdammnis: Aufrichtung eines trennenden Dammes zwischen Mensch und Gott durch Abwendung von Jesus Christus. Und dieser trennende Damm, daran läßt der Ausdruck, den Paulus gebraucht, keinen Zweifel – reicht in die Ewigkeit. Es gibt die schreckliche Möglichkeit, bei der Olympiade, um die es im Christenleben geht, so zu Fall zu kommen, daß man darüber die himmlische Heimat verliert.

Die Verse 18 und 19 unseres Textes können allerdings auch etwas anders verstanden werden. Es ist durchaus möglich, daß Paulus in Philippi an Christen denkt, die in den Zeiten der Bedrängnis vom christlichen Glauben abgefallen sind und sich von der Gemeinde getrennt haben. Sie sind vor dem Martyrium zurückgeschreckt. Vor der leiblichen Repression, die womöglich auf sie wartet. Ihr nacktes Leben, ihr »Bauch« war ihnen wichtiger als das leibliche Einstehen für Jesus Christus. Die irdische Heimat stand bei ihnen in höherem Rang als die himmlische. So sind sie »Feinde des Kreuzes Christi« geworden. Jesus Christus hat sich auch für sie am Kreuz verblutet. So erwartet er von denen, die ihn liebhaben, daß sie das Leiden um seinetwillen nicht scheuen. »Wer mir nachfolgen will, der nehme sein Kreuz auf sich und folge mir nach.« In Philippi aber hatten wohl etliche das Leben in der leiblich-irdischen Heimat lieber als die himmlische Heimat.

Niemand von uns wird über die philippinischen lapsi zu Gericht sitzen wollen. Keiner von uns weiß, wie er die Probe, wenn sie einmal an ihn herantritt, bestehen wird. Aber Paulus zwingt uns heute, uns ernstlich zu prüfen, ob nicht vieles, was wir tun, in unserer Lage dem völlig entspricht, was unter dem Druck der Verfolgung etliche Christen in Philippi taten. Auf uns wartet heute und morgen kein Martyrium. Aber schrecken wir nicht oft genug schon vor dem viel Geringeren zurück? Vor dem Austragen eines wahrhaftigen Gespräches, vor dem Eintreten für das gesetzte Recht und für das Abstellen eines Unrechtes, vor der Auflösung einer Mitgliedschaft, die mit dem Christenstand unvereinbar ist – warum? Weil wir wirtschaftliche Nachteile befürchten, auch Schikanen und Unbequemlichkeiten und stattdessen bürgerliche Behaglichkeit und einen faulen Frieden vorziehen!

Paulus möchte uns heute sagen: wir sind schon damit unterwegs, »Feinde des Kreuzes Christi« zu werden. Begreifen wir nicht, daß wir ihn so wie einen Strohmann beurteilen und behandeln? Daß wir damit seine himmlische Regentschaft verleugnen und seine offenen und heimlichen Feinde stärken? Unsere Heimat aber ist im Himmel. Darum weg mit dem irdischen Sinn! Er führt ins Verderben, in die Lebenszerstörung für diese und jene Welt.

3. Auf zur Nachfolge unseres himmlischen Herrn!

An denen, die schon hier auf Erden sich drangeben und sich unter die Regierung ihres himmlischen Herrn stellen, wird schon für die, die sehen können, etwas sichtbar von dem Glanze dieser Christusherrlichkeit. Sie leuchtet oft gerade auf einem Antlitz, das Menschen sonst nicht schön nennen mögen. Man kann das nicht photographieren. Doch man kann es sehen.

Freilich, das ist nur ein schwacher Abglanz, nein, ein kleines Angeld für das, was denen zugesagt wird, die in diesem Leben, in der irdischen Heimat, als Bürger der himmlischen leben. Der Herr wird, wenn er kommt, den nichtigen Leib seiner Dienerinnen und Diener so verherrlichen, daß er ähnlich wird seinem verklärten Leibe. Höhere Ehre kann dem irdischen Leibe nicht widerfahren, als daß er verwandelt und also hindurchgerissen wird durch die Dunkelheit des Todes.

Vielleicht fragt jemand, wie man sich denn das vorstellen soll. Darauf ist zu antworten: Das kann sich niemand vorstellen. Solche anschauliche Vorstellung ist aber auch gar nicht nötig. Es genügt zu wissen: Irgendeine Menschenanstrengung bringts nicht zustande, weder eine sittliche, noch eine religiöse. Er allein, der auferstandene, lebendige Herr vermag dies zu vollbringen ... Der Herr helfe uns, daß auch wir an ihrer Erfüllung teilbekommen. Daß wir den irdischen Sinn ablegen und uns aufmachen zur Nachfolge unseres himmlischen Herrn. Ihm sei Ehre in Ewigkeit. Amen.«

Die »Erklärung« bezieht sich vor allem auf den vorletzten und letzten Abschnitt des zweiten Teiles der Predigt. Im Zusammenhang der ganzen Predigt wird deutlich: Mit »reaktionärer Zersetzungs- und Wühlarbeit« hat sie ebensowenig zu tun wie das Gespräch im Erweiterten Vertrauenskreis über mögliche Studienreformen auf Grund der Rede Ulbrichts, auch nichts mit »Ausfällen gegen unsere gesellschaftlichen Organisationen und diejenigen Universitätsangehörigen, die unserem Arbeiter- und Bauernstaat treu ergeben sind.« Sie spricht u. a.

die unbehobene Gewissensbelastung von solchen Theologiestudenten an, die zwar deutlich wahrnahmen, daß sich ihr theologisches Engagement nicht vertrug mit dem Atheismus der marxistischen Weltanschauung, zu der die Mitgliedschaft in der FDJ verpflichtete, die aber nicht die Kraft hatten diese Mitgliedschaft aufzugeben. Die »Resolution« nach der Predigt, die angeblich »gegen die FDJ und das gesellschaftliche Grundstudium gerichtet war«, ist eine reine Erfindung. Erst recht hatten weder ich noch die Studentengemeinde etwas zu schaffen mit dem »Pfeifkonzert«, das Studenten in der Mathematisch-Naturwissenschaftlichen Fakultät am Montag nach dem 4. 11. dem Dozenten für Politische Ökonomie bereiteten.

Für den gleichen Tag, an dem die SED-Parteileitung das Flugblatt mit ihrer »Erklärung« verbreitete, beschied mich der Bezirksratsvorsitzende Adolphs zu einem Gespräch. Zu diesem Zeitpunkt wußte ich noch nichts von der »Erklärung«. Ahnungslos machte ich mich auf den Weg. Wie ich noch kurz vorher durch den Leipziger Superintendenten Stiehl erfuhr, war er an demselben Tage zum Bezirksvorsitzenden gebeten worden. Der Superintendent konnte ihm wahrheitsgemäß erwidern, daß er weder von irgendwelchen Vorkommnissen an der Universität etwas wisse noch davon, daß und inwiefern ich mit diesen eventuell in irgendeinem Zusammenhang stehen könnte. Darauf sprang der Vorsitzende von seinem Stuhl auf und wollte diese Aussage nicht glauben. Stiehl merkte dazu an, ich sei ihm gar nicht unterstellt, sondern unterstehe direkt dem Landeskirchenamt.

Dann also war ich an der Reihe zu einer »persönlichen Aussprache«. Sie war freilich weder persönlich noch eine wirkliche Aussprache. Persönlich war sie insofern nicht, als ich mich nicht nur dem Bezirksratsvorsitzenden gegenübersah, sondern noch einer zweiten Person, deren Namen ich bei der Vorstellung nicht verstehen konnte, und einer dritten, die alles, was gesprochen wurde, mitstenographierte. Eine Aussprache war es insofern nicht, als es sich im Grunde um eine Warnung, ja, Drohung handelte, wobei zum Schein gesagt wurde, dies solle keine Drohung sein. Der Vorsitzende erklärte, man habe Hinweise, daß ich sowohl in öffentlicher Rede als auch in persönlichen Gesprächen mit Studenten, zumal im »sozialethischen Arbeitskreis« der Studentengemeinde einen unguten Einfluß ausübe, staatsfeindliche Äußerungen tue und zweifellos mit Schuld trüge an den Vorkommnisses an der Universität. Er könne mich nur ausdrücklich warnen, diese Tätigkeit fortzusetzen. Ich würde damit weder mir selbst, noch den Studenten, noch der Kirche einen Dienst tun, sondern im Gegenteil nur sehr großen Schaden anrichten. Die Sicherheitsorgane des Staates würden jedenfalls hart zufassen. Ich erwiderte, daß ich über die Vorwürfe sehr verwundert sei. Irgendwelcher staatsfeindlicher Äußerungen sei ich mir nicht bewußt, dem müsse ich entschieden widersprechen. Es möchten doch konkrete Dinge vorgebracht werden. Auf diese würde ich gern Rede und Antwort stehen. Man verwies mich auf meine Predigt am 4. 11. und machte mich mit dem entsprechenden Passus der »Erklärung« bekannt. Ich gab genau wieder, was ich wirklich gepredigt hatte. Man gab daraufhin zu, daß in dem Flugblatt vielleicht »Überspitzungen« hinsichtlich der Ausdrucksweise vorlägen, doch auch das, was ich faktisch gesagt habe, sei verwerflich, zumal in der gegenwärtigen politischen Situation. Meine Entgegnung: »Ich habe nur gesagt, was ich im Gehorsam gegenüber dem Text und dem gegenüber, der durch den Text uns heute anredet, habe sagen müssen.« Das wurde mir natürlich nicht abgenommen. Wir konnten zu keiner Einigung kommen. Der Vorsitzende, obwohl in einem Staatsamt, nahm schroff die Partei der SED, wohingegen ich das Verfassungsrecht der freien Religionsausübung und der Glaubens- und Gewissensfreiheit in Anspruch nahm, das auch kritische Äußerungen nicht ausschließt.

Ich drang weiter auf eine Konkretion der harten Vorwürfe. Doch blieb es bei allgemeinen Behauptungen und verschwommenen Unterstellungen, bis auf einen Punkt, den ich deutlich erinnere: Man warf mir vor, ich hätte im sozialethischen Arbeitskreis zum Generalstreik aufgerufen. Ich hätte behauptet, der Generalstreik sei das einzige Instrument, mit dessen Hilfe eine Veränderung der hiesigen gesellschaftlichen Verhältnisse erzwungen werden könne. Wahrheitsgemäß bestritt ich das. Es sei wohl im historischen Zusammenhang davon die Rede gewesen, daß der Generalstreik zumindest an einer Stelle in der deutschen Geschichte eine Rolle gespielt habe, nämlich bei der Niederschlagung des reaktionären Kapp-Putsches, und davon, daß das Bewußtsein der in der Arbeiterbewegung organisierten Menschen durch die Parole geprägt sei »Alle Räder stehen still, wenn dein starker Arm es will.« Doch kein Wort davon, daß Generalstreik unter den heutigen Bedingungen eine Waffe der Arbeiterschaft zur Veränderung gesellschaftlicher Verhältnisse sei, wie überhaupt die Frage einer Veränderung der bestehenden gesellschaftlichen Verhältnisse kein Thema der sozialethischen Arbeitsgemeinschaft sei. Diese versuche vielmehr das soziale Versagen der evangelischen Kirche und ihrer Theologie im 19. Jahrhundert aufzuarbeiten. Der Vorsitzende bestand jedoch darauf, genau zu wissen, daß ich Äußerungen im Sinne des Vorwurfs getan habe. Ich bestritt das und verlangte klare Konkretionen. Schließlich bat ich um Gegenüberstellung mit den Personen, die gegen mich so Belastendes ausgesagt hätten. Dabei würde sich mit Sicherheit herausstellen, was in Wahrheit gesagt wurde und in welchem Sinne. darauf der Vorsitzende: »Diesem Verlangen werde ich nicht nachkommen. Ich würde Ihnen so die Kanäle offenlegen, die ich zu Ihnen hin habe.«

Kurz darauf wurde ich entlassen mit der Aufforderung, alle Äußerungen staatsfeindlicher Art zu unterlassen. Meine Antwort (sinngemäß): Ich sei ein evangelischer Theologe; der christliche Glaube sei zwar vom Neuen Testament her staatskritisch, aber staatsfeindliche Äußerungen seine mit dem Auftrag eines evangelischen Pfarrers nicht vereinbar. Ich hätte sehr aufmerksam gehört, was der Vorsitzende mir gesagt habe. Ich wisse aber von nichts, das ich gegen mein Gewissen und unter Bruch des Rechtes getan habe. Auch in Zukunft würde ich nur sagen und tun, was ich vor meinem Gewissen und vor Jesus Christus mir zu verantworten getraute. Ich möchte aber meinerseits darum bitten, daß man genauer hinhöre und nicht aus dem Zusammenhang herausgelöste Aussagen von vornherein negativ interpretiere. Ich selber werde mich bemühen, so zu reden, daß Mißverständnisse möglichst vermieden werden. Im übrigen solle man bitte seitens des Staates und der Partei zur Kenntnis nehmen, daß sowohl ich als auch die Evangelische Studentengemeinde und die ganze Evangelische Kirche in der DDR die DDR nicht als ein »Gebilde« oder »Phänomen« ansähen, sondern als uns von Gott gesetzte und unter seiner gnädigen Anordnung stehende Obrigkeit. Abschließend sagte man mir, man habe den Eindruck, ich sei harmloser, als man gemeint habe. Wir schieden in freundlichem Tone voneinander.

Wie würde die Studentengemeinde auf diese konzertierte Aktion von SED und Bezirksrat reagieren?

Die Gemeinde, speziell die sozialethische Arbeitsgemeinschaft, spürte, daß sie der Behörde und der führenden Partei ein Dorn im Auge war. Das Wort »Generalstreik« war offensichtlich ein Reizwort von besonderer Brisanz. Wir empfanden: Man will die Studentengemeinde in ihrer Arbeit verunsichern, sie mundtot machen und jedenfalls auch als noch so bescheidenen gesellschaftlichen Unruhefaktor ausschalten. Wir sollten wissen, daß wir unter uns Spitzel hatten und genau beobachtet wurden. Deutlich zeigte sich uns auch, wie ohnmächtig wir böswilligen Unterstellungen und Falschinformationen durch entsprechende Informanten ausgesetzt waren.

Wir berieten die Sache gründlich im Kreise der Vertrauensstudenten.

Einmütig waren wir darin: uns ins Bockshorn jagen zu lassen, kam nicht in Betracht. Wie hatten uns, gemessen an der Verfassung, nichts vorzuwerfen. Wir nahmen uns vor, uns noch mehr vor womöglich mißverständlichen und leicht böswillig interpretierbaren Äußerungen zu hüten. Die sozialethische Arbeitsgemeinschaft wurde nicht aufgelöst. Der Vorfall wurde ihr bekannt gemacht und von ihr diskutiert, doch keineswegs kontrovers. Die Arbeit ging weiter. Die Besucherzahl der Arbeitsgemeinschaft ging nicht zurück.

So sah es in der Gemeinde in Leipzig aus. Und wie reagierte das Landeskirchenamt in Dresden? Der zuständige Dezernent erhielt einen ausführlichen Bericht über die Vorkommnisse in Leipzig, speziell auch ein Gedächtnisprotokoll des »Gespräches« mit dem Vorsitzenden des Bezirksrates. In einem Bericht des Landesbischofs »für den innerkirchlichen Dienstgebrauch« wurde später lediglich festgestellt, man könne trotz sorgfältiger Recherchen nicht bestätigen, daß die Predigt am 4. 11. 56 irgendwelche Hetze gegen staatliche Organisation enthielt; sie sei auch im ganzen keineswegs durch einen agitatorischen Duktus gekennzeichnet. Aber die Studentengemeinde in Leipzig und ihr Pfarrer blieben ohne jede Antwort aus Dresden. Es kam auch niemand zu Besuch nach Leipzig, um sich »vor Ort« von den Vorgängen zu informieren und mit uns zu sprechen. Wir nahmen das Schweigen von Dresden als ein stilles Einverständnis mit unserem Tun und Verhalten. Die Frage, ob die Kirchenleitung ihrer Studentengemeinde und ihrem Pfarrer nicht Rückendeckung und aktive Solidarität schuldig sei, beschäftigte uns damals nicht.

Aber tief betroffen machte mich das Verhalten der gesamtdeutschen Studentenpfarrerkonferenz im November 1956 in Berlin. Auf ihr kam es zu einem intensiven Rundgespräch über »die Situation«. Ich berichtete von Leipzig, speziell von der Initiative der Studenten der Evangelischen Studentengemeinde in Sachen Studienreform auf Grund des Angebotes von Walter Ulbricht, und bat die Kollegen dringlichst zu prüfen, ob die legalen und legitimen Wünsche der Leipziger Studenten nicht auch Desiderien ihrer Studenten seien. Besonders an die DDR-Studentenpfarrer richtete ich die Bitte um Solidarität mit den Leipzigern. Blieben die Leipziger isoliert, so wäre das Scheitern der dortigen Initiativen schon vorprogrammiert und eine Bestrafung der Initiatoren wahrscheinlich. Das Echo bei den Studentenpfarrern war niederschmetternd. Kein Wort des Verständnisses für die von mir vorgetragenen Sachverhalte und Bitten, geschweige denn eine Zusicherung von Versuchen ähnlicher legaler Initiativen! Stattdessen durch mehrere eine strikte Ablehnung unseres Anliegens. Der damalige Dresdener Studentenpfarrer, als bewußter Lutheraner bekannt, wies auf die Gefährlichkeit solcher Aktion hin, von der man nicht wissen könne, wohin sie führe, wenn man die Vorgänge in Ungarn in Betracht ziehe. Der damalige Hallenser Kollege, als bewußter Barthianer bekannt, verstieg sich gar zu dem theologischen Urteil, wir sollten Gott danken, daß wir Walter Ulbricht haben, der uns vor einem Blutvergießen ähnlich dem in Budapest bewahre. Man ließ uns Leipziger im Regen stehen, auch von einer Fürbitte für uns war nicht die Rede. Nur einige westdeutsche Kollegen erfaßten die Situation und zeigten Verständnis.

Ende November 1956 schien wieder Ruhe an der Universität eingekehrt zu sein. Dieser Eindruck trog aber. Zwei Beobachtungen zeigten das: In den letzten Novembertagen wurden alle Theologiestudenten, soweit sie an Tagungen Evangelischer Akademien in der Bundesrepublik teilgenommen hatten, zum Prorektor bestellt und in ein Verhör genommen. Für das Protokoll wurde eine Unterschrift gefordert. Das Protokoll gipfelte meist in dem Satz, daß sich der Unterschreibende gegen die Studiendisziplin vergangen habe. Einige Studenten unterschrieben das, andere weigerten sich, weil sie sich eines Vergehens gegen die Studienordnung nicht bewußt waren. Eine kurzfristige Reise nach Westdeutschland war ja nicht verboten, wenn die entsprechende Beurlaubung seitens des Lehrkörpers vorlag. Erstaunlich: Das Prorektorat hatte Kenntnis von allen durch die Theologische Fakultät ergangenen Beurlaubungen, aber es lud auch alle diejenigen Studenten vor, die ursprünglich einmal für eine bestimmte Tagung vorgesehen waren, dann aber aus persönlichen Gründen durch andere ersetzt wurden. Dafür gab es nur eine Erklärung: Das Postgeheimnis war nicht gewahrt worden! Die Sicherheitsbehörde arbeitete mit der akademischen Behörde Hand in Hand!

Die andere Beobachtung: Bei einer Wahlversammlung der FDJ, die am 28. 11. 56 bei der Firma Bleichert in Leipzig-Gohlis stattfand, wurde durch den Prorektor für Studienangelegenheiten mein Name genannt und dazu erklärt, es sei »ein Affront«, daß die Kirche Schmutzler, nachdem er 1947 noch an der Universität Leipzig studiert habe und damals wegen gesellschaftlicher Untätigkeit (!) und wegen seiner Stellungnahme gegen die Einheitsliste bei den Studentenwahlen (!) als Assistent beim Institut für systematische Theologie entlassen wurde, vor die Tore der Universität gesetzt habe! An dieser Erklärung, über deren Wahrheitsgehalt kein Wort zu verlieren ist, waren für mich persönlich vor allem die angeblichen Gründe für meine seinerzeitige

Entlassung als Hilfsassistent von Interesse, die lediglich »im Zuge der Neuordnung der Assistentenverhältnisse an der Universität Leipzig« erfolgt war. In derselben Versammlung sagte, studentischen Teilnehmern zufolge, ein FDJ-Sekretär, ich hätte in meiner Predigt vom 4. 11. 56 zum Ausdruck gebracht, die Studenten studierten weithin nur »um der fetten und satten Bäuche willen.« Ähnliches hatte mir schon der Vorsitzende des Bezirksrates vorgehalten.

Bevor ich auf die weitere Entwicklung eingehe, möchte ich davon berichten, wie sich die Leipziger Studentengemeinde während meiner Amtszeit missionarisch betätigte. Denn es war uns wichtig, auch dem Christentum fernstehende Studenten auf Fragen des persönlichen Glaubens und der christlichen Existenz heute anzusprechen.

Schon die zahlreichen Kleingruppen, in denen ein offenes, freimütiges Gesprächsklima herrschte, hatten eine gewisse missionarische Bedeutung. Wurde doch in ihnen etwas spürbar von der Freude am Evangelium und von der Freiheit eines Christenmenschen. Große Anziehungskraft hatte auch der Singkreis mit seinem beachtlichen künstlerischen Niveau. In ihm herrschte nach meinem Eindruck eine spezifisch evangelische Spiritualität und ein ihr entsprechender Geist der Gemeinschaft. Sicher trugen dazu die Vorbereitung und Durchführung von Singfahrten in die DDR und nach Westdeutschland viel bei. Ähnliches wäre von der Laienspielgruppe und auch vom Posaunenchor zu sagen.

Einen Höhepunkt missionarischer Tätigkeit bildete die für jedes Herbst- und Wintersemester geplante und durchgeführte einwöchige Vortragsreihe. In ihr wurden Themen des Glaubens und der Ethik behandelt, die nach der Überzeugung des Vertrauenskreises »dran« waren. Dafür suchten und fanden wir theologisch und fachwissenschaftlich kompetente Referenten. Die Vorträge fanden im größten Hörsaal statt, den die Karl-Marx-Universität in Leipzig zu bieten hatte: im Hörsaal der Anatomie. Über fünfhundert Studentinnen und Studenten kamen dabei Abend für Abend zusammen, davon etwa ein Drittel deutlich marxistisch-leninistisch geprägte Kommilitoninnen und Kommilitonen. Jeder Abend hatte zwei Schwerpunkte: den Vortrag selbst, der eine Stunde nicht überschreiten durfte, und die intensive Aussprache danach, die oft mehrere Stunden währte.

Die Aussprachen nahmen oft einen spannenden, mitunter dramatischen Verlauf. Die Leitung fiel dabei dem Studentenpfarrer zu. Ich achtete sorgfältig auf das Einhalten der Spielregeln eines fairen demokratischen Gesprächs. Vor allem war ich bestrebt, polemische, aggressive Untertöne in statu nascendi aufzudecken und abzufangen. Ich hielt auf strikte Sachlichkeit auch dort, wo es beiden Seiten darum ging, profiliert Kritisches vorzubringen. Nach solchen Abenden war ich total erschöpft, aber zugleich beglückt. Was hier geschah, war doch im Ansatz das, was wir herbeisehnten: die offene, sachliche Auseinandersetzung zwischen Verschiedenengläubigen, die dazu verurteilt waren, in der Nachkriegsgesellschaft eines geteilten Deutschlands gemeinsam menschlich zu leben und eine menschliche Zukunft aufzubauen.

Es gab Momente, bei denen mir »mulmig« zumute war und ich »mit Furcht und Zittern« an die Aufgabe der Gesprächsleitung ging. Einer blieb mir in besonderer Erinnerung. Für einen Vortrag hatten wir Helmut Thielicke aus Hamburg gewonnen. Doch bekamen wir für ihn keine Einreisegenehmigung. Er aber hatte sich in seiner Cleverness von der Universität Jena zu einem theologische Fachvortrag einladen lassen. Von dort kam er mit dem PKW nach Leipzig herüber, hielt seinen Vortrag im Hörsaal der Anatomie und fuhr am selben Abend nach Jena zurück. Es ging in ihm um die Rolle des Glaubens in der Weltgeschichte. Thielicke demonstrierte das am Beispiel des biblischen Textes vom Turmbau zu Babel. Er legte diese großartige Geschichte in der Weise aus, daß er wesentliche Züge in ihr am Phänomen des Nationalsozialismus verdeutlichte, so jedoch, sei es absichtlich, sei es unabsichtlich, daß sie zugleich transparent wurde für Züge des weltgeschichtlichen marxistisch-leninistischen »Turmbaus« ohne Gott. Wie würden die marxistisch-leninistischen Studenten darauf reagieren? War nicht ein Sturm der Entrüstung zu erwarten? Aber sie meldeten sich nicht zu Wort. Sollten sie die aktuelle Transparenz der Auslegung Thielickes nicht bemerkt haben? Oder waren sie davon so überführt, daß es ihnen die Sprache verschlug? Wie dem auch sei, der Abend ging zu Ende ohne jeden Eklat und hatte auch kein »Nachspiel«.

Daß die Leipziger Studentengemeinde den größten Hörsaal der Universität für ihre Vortragsreihe zur Verfügung gestellt bekam, verdankte sie dem freundlichen Entgegenkommen ihres damaligen Rektors, des Wirtschaftswissenschaftlers Georg Mayer. Mit ihm hatte ich oft intensive Gespräche. Mayer beklagte sich bei mir über das schreckliche »Banausentum« der meisten Studenten, die über Sonntag nach Hause fuhren, anstatt sich in Leipzig kulturell zu betätigen. Er war ein überzeugter Antifaschist und ein aufrichtiger Kommunist. Dem christlichen Glauben gegenüber fühlte er sich schon deshalb zur Toleranz verpflichtet, weil er nach seiner eigenen Einschätzung »fromme« Eltern hatte. Er zollte dem christlichen Glauben daher »Respekt«. Mayer war hochschulpolitisch weitblickend und ging auch mit den »bürgerlichen«, dem Marxismus-Leninismus nicht unbedingt ergebenen Professoren loyal um. Vergleichsweise wechselten unter seinem Rektorat viel weniger Professoren von der Leipziger Uni zu Universitäten des Westens über als von anderen Universitäten der DDR. Er galt als Trinker, mitunter war eine »Fahne« in seinem Amtszimmer unverkennbar. Ertränkte er seinen Schmerz und seine Enttäuschung über den real existierenden Sozialismus in Alkohol? Erst im Jahr des Ungarnaufstands 1956 mußten wir für unsere Vortragsreihe auf andere Räume ausweichen.

Eine missionarische Chance besonderer Art waren unsere Schaukästen. Einer wurde unmittelbar an der Universitäts-Kirche angebracht, der andere neben einem Tabakwarengeschäft gegenüber einer Geschäftsstelle der »Leipziger Volkszeitung« in unmittelbarer Nähe einer Mensa, so daß täglich viele Theologie- und Medizinstudenten am Kasten vorübergingen. Wir legten großen Wert auf eine gediegene graphische Gestaltung. Außer terminlichen Informationen hängten wir aktuelle Zitate und Bilder mit Kurzkommentaren hinein: Impulse zur Auseinandersetzung und zum Gespräch. Eines Tages wurde die Scheibe des Schaukastens in der Nähe der Mensa zertrümmert und das im Kasten befindliche Bild entfernt. Es handelte sich um den farbigen Druck eines italienischen Meisters und stellte einen Mann dar, der, eine Weintraube in der Hand und über der Schulter die Weinberghacke, versonnen ins fruchtbare Land schaut, ein symbolisches Herbst- und Erntebild. Man hatte offenbar Anstoß genommen an dem Kurzkommentar zum Bild, der die bekannte SED-Parole »Ohne Gott und Sonnenschein bringen wir die Ernte ein« in Frage stellte. Ein Glied der Studentengemeinde hatte von fern noch das Auto gesehen, aus dem die Schaukastenzertrümmerer heraus- und danach rasch wieder hineinsprangen. So also sah nach der Vorstellung mancher Parteigenossen der demokratische Dialog mit Andersdenkenden aus, und das auf akademischer Ebene.

3. Die Besuchsdienste in Dölzig und Böhlen

Die beiden intensivsten missionarischen Vorhaben der Gemeinde in meiner Studentenpfarrerzeit waren die je einwöchigen Besuchsdienste 1955 und 1957 in zwei Gemeinden des Leipziger Umlandes. Sie erwuchsen aus der Erkenntnis eines Mangels, der mit der besonderen Zusammensetzung und Struktur der Studentengemeinde als solcher zusammenhing. Dieser Mangel trat jeweils kraß zutage, nachdem Studenten ihr Studium abgeschlossen hatten.

Gewöhnt an partnerschaftliche Mitarbeit und Mitverantwortung in einer Gemeinde begabter und engagierter junger Menschen, mit der Hochgestimmtheit ihres studentischen Lebens und Erlebens, gerieten sie als junge Berufstätige oft an eine »normale« Ortsgemeinde mit autoritärer Struktur (Dominanz des Pfarrers), mit vorwiegend älteren Menschen, mit mühsamer Kinder- und Konfirmandenarbeit, mit großen wirtschaftlichen und baulichen Problemen. Das alles ernüchterte und entfremdete.Das Defizit der Studentengemeinden bestand einfach darin, daß sie, obwohl untereinander in guter Verbindung, keinen oder nur einen sehr schwachen Kontakt mit Ortsgemeinden im Lande hatten.

Wie konnte man dem abhelfen? Die Heidelberger Studentengemeinde hatte Versuche mit mehrtägigen Besuchsdiensten von Studentengruppen in Ortsgemeinden gestartet, bei denen es zu intensiven Begegnungen kam. Sowohl die Ortsgemeinden als auch die beteiligten Studentengruppen hatten davon großen Gewinn. Bei einer gesamtdeutschen Studentenpfarrerkonferenz wurde davon detailliert berichtet.

Als ich den Bericht in Leipzig weitergab, stand bald fest: diese Anregung nehmen wir auf. Wir erkundeten eine evangelische Gemeinde, in der das Gemeindeleben besonders schwer vorankam, und stießen auf Dölzig bei Leipzig, eine Dorfgemeinde, vorwiegend aus Bauern und Bauarbeitern, in der sich ein erweckter Pfarrer aus dem frommen Erzgebirge mühte, den harten Boden für die Aufnahme des Evangeliums empfänglich zu machen. Wir setzten in dem Gemeindebereich an, der in den meisten Gemeinden besonders notleidend war: im Bereich der Christenlehre. Die Eltern der Christenlehrekinder und der Konfirmanden sollten jeweils von zwei Studenten besucht werden, um mit ihnen über ihre Probleme mit der Kirche und mit ihren Kindern ins Gespräch zu kommen und zu den Vorträgen einzuladen, die der Studentenpfarrer am Abend in der Dorfkirche halten sollte.

Die Studentinnen und Studenten wurden im Dorf bei Familien einquartiert. Der Tag begann mit einer Besinnung über der Bibel und mit Gebet. Es folgten die Besuche. Gemeinsames Mittagessen im Pfarrhaus. Am Nachmittag Austausch über die Erfahrungen beim Besuchen und wechselseitige Beratung, dabei konkrete Verständigung über die häufigsten Gesprächsthemen. Am Abend die Vorträge in der Kirche. Etwa fünfundzwanzig Studentinnen und Studenten von der Theologischen Fakultät, aber auch von anderen Fakultäten gingen mit nach Dölzig. Sie waren einzeln von den Vertrauensstudenten angesprochen und um diesen Dienst gebeten worden, weil wir meinten, sie hätten das geistliche und geistige Rüstzeug dazu. Die Teilnehmer waren von dem Unternehmen begeistert. Es tat ihnen sichtlich gut, mit der Wirklichkeit gelebten Lebens vor Ort und der Infrastruktur einer Dorf- und Kirchgemeinde in verantwortlichen Kontakt zu kommen. Die geistliche Vorbereitung, das Zu-Zweit-Gehen und die Nachbesinnung erleichterte ihnen das Wagnis persönlicher Begegnung. Die besuchten Eltern reagierten unterschiedlich; im ganzen waren sie dankbar und erfreut, daß die Kirche nach ihnen fragte, und zeigten ein hohes Maß an Offenheit und Vertrauen den Besuchern gegenüber, die für sie ja zunächst Fremde waren. Die Vorträge am Abend waren gut besucht. Vier Themen wurden in ihnen behandelt. Ich skizziere ihren Inhalt:

Zuerst: »Es wird Zeit, daß die Kirche Buße tut«. Der Vortrag klagte die soziale Verantwortung der Kirche ein angesichts ihres einstigen Versagens gegenüber der unterdrückten und verelendeten Arbeiterschaft. Er stellte sich gegen die längst überholte Ansicht, daß moderne Naturwissenschaft und christlicher Glauben sich verhalten wie Feuer und Wasser. Freilich, das haben viele Kirchenleute selbst noch zu lernen. Trotzdem: »Jeder Fortschritt, bei dem man von Gott wegschreitet, ist in Wirklichkeit Rückschritt.« Die Wirklichkeit Gott läßt sich theoretisch nicht »beweisen«. Jeder, wer sich *nicht* auf Gott, auf Jesus Christus einläßt, muß wissen, daß sich für die Wahrheit dieses Weges ebenfalls kein theoretischer Beweis führen läßt. So handeln bedeutet: »sich auf das Wagnis des Unglaubens einlassen«. Buße tun heißt für die christliche Gemeinde, sich wegrufen lassen von einer Kirche als Berieselungsinstitution hin zu aktiver verantwortlicher Mitarbeit. Es heißt auch: dem Gebet viel mehr zutrauen als bisher.

Das Thema des zweiten Abends lautete: »Jesus Christus und die Arbeiter«. Ich hob u. a. hervor, daß der Arbeiter schon insofern ein nahes Verhältnis zu Jesus haben könne, als dieser ja selber der Sohn eines Werktätigen, eines Bauhandwerkers, war, der dieses Handwerk auch erlernt und bis zu seinem dreißigsten Lebensjahr ausgeübt hat. Jesus habe stets Partei ergriffen für die Armen, Entrechteten, an den Rand Gedrängten, Ausgebeuteten, auch für die wehrlosen Kinder. Wie ernst er es mit seiner Option für die »Kleinen«, zumal die Kinder, meinte, kann man seinem Warnwort entnehmen: Wer »Ärgernis gibt einem dieser Kleinen, die an mich glauben, dem wäre es besser, daß ein Mühlstein an seinen Hals gehängt und er ersäuft würde im Meer, wo es am tiefsten ist« (Matth. 18,6). Wichtig auch wahrzunehmen, was Jesus für Mitarbeiter hatte: »keine Söhne von hohen Würdenträgern, keine gelehrten Menschen, sondern ganz einfache werktätige Fischer vom See Genezareth.« Auch daran wird sichtbar, »wie sehr ihm das Herz für die kleinen Leute brannte.« Worin bestand denn seine Arbeit, als er dreißig war? »Zunächst schon in der Bewältigung der vielen Kilometer staubiger Landstraße.« Der Wanderprediger Jesus war ja von früh bis spät auf den Beinen. »Und so viel gab es da für ihn zu tun, daß oft nicht genug Zeit zum Essen« blieb. Seine Haupttätigkeiten aber waren die Predigtarbeit, das seelsorgerliche Ringen um jeden einzelnen Menschen: »um das harte, selbstgerechte Herz der Pharisäer, um die irrenden Herzen der Zöllner und Sünder, um das leere Herz der samaritanischen Frau, um das blinde Herz seiner Jünger«, dazu die schwere Arbeit des täglichen Betens bis hin zum Gebetsruf am Kreuz: »Vater, vergib ihnen, denn sie wissen nicht, was sie tun.« Hatte Jesus auch besondere Worte für die Arbeiter? Er hatte sie, z. B. »Kommt her zu mir alle, die ihr mühselig und beladen seid, ich will euch erquicken.« »Diese große Einladung gilt auch allen, die nicht auf den Höhen der Geschichte leben, sondern die als die Unbekannten, die Namenlosen existieren. Für ihn sind sie nicht namenlos.« Er ist für uns alle da, Arbeiter und Nicht-Arbeiter, obwohl wir alle nicht so sind, wie Gott uns haben möchte. Er will uns erneuern, zu vollem Menschsein führen.

Über einem dritten Abend stand die Frage: »Was hat die Kirche eigentlich zu bieten?« Gewiß, Diakonie, Nothilfe. Aber sonst? Worte, Worte, Worte. Freilich, dessen sind Christen gewiß: besondere Worte – das »Wort Gottes«, verhüllt, verborgen, verpackt in Menschenworte im Buch der Bücher und in der aktuellen Auslegung. Schon bloße Menschenworte können die Welt grundlegend verändern. Das lehrt uns die Geschichte, auch das Leben im Alltag schon. Doch nun Gottes Wort. Es bringt uns u. a. zwei sehr wesentliche und begehrte Dinge: Menschlichkeit und Freiheit. Das sog. Dritte Reich, das nach zwölf Jahren zu Bruch ging, war ein Reich der Unmenschlichkeit und Unfreiheit. Juden, Zigeuner, Russen wurden vom Nationalsozialismus zu Unmenschen erklärt und millionenfach vergast, erschossen oder durch Arbeit vernichtet, andere zu Sklaven degradiert, die dem nordisch-deutschen Herrenvolk zu dienen hatten. »Recht ist, was dem Volk nützt«, lautete die inhumane Parole. »Und wie steht es um die Menschlichkeit heute? Ein großer Arbeiterführer, Lenin, sagte in seiner berühmten Rede an die Jugend am 2. 10. 1920: ›Jede Sittlichkeit, die aus einem übernatürlichen, klassenlosen Begriff abgeleitet wird, lehnen wir ab. Wir sagen, daß das ein Betrug ist, daß das ein Schwindel ist, eine Verkleisterung der Hirne der Arbeiter und Bauern im Interesse der Gutsbesitzer und Kapitalisten. Wir sagen, daß unsere Sittlichkeit den Interessen des proletarischen Klassenkampfes untergeordnet ist. Unsere Sittlichkeit entspringt aus den Interessen des proletarischen Klassenkampfes.‹ Lenin meinte, damit letztlich der wahren Menschlichkeit zu dienen. Die Kirche Christi fragt mit Sorge: ›Geht das wirklich so?‹ Ich sprach mit einem Vertreter dieser Anschauung von der Sorge der Kirche: ›Merken Sie denn gar nicht, wie die Menschlichkeit so in höchste Gefahr kommt?‹ Darauf er: ›Aber Sie müssen doch zugeben, daß unsere Terrormethoden immer milder werden, je mehr wir die Macht in der Hand haben?‹ Er merkte gar nicht, wie sehr seine Antwort der Sorge der Kirche recht gab.« – »Niemand meine indes, die Menschlichkeit sei nur im Osten in Gefahr. Der scharfe Konkurrenzkampf im Westen hat ein Gefälle, das ebenfalls eine starke Bedrohung der Menschlichkeit mit sich bringt. Überall in der Welt besteht in unserem Zeitalter der rasanten Entwicklung von Technik und Industrie die Gefahr der Entmenschlichung durch Ökonomisierung.« Die Kirche aber ist m. E. der einzige Ort in der Welt, wo jeder Mensch als ein Geschöpf Gottes angesehen wird und jeder Mensch als einer, für den Jesus Christus das Kreuz auf sich genommen hat, ob der Betreffende glaubt oder nicht glaubt. »Die Kirche Gottes ist auf Erden der einzige wirkliche Garant der Menschlichkeit.«

Der Vortrag exemplifizierte das Eintreten der Kirche für Menschlichkeit u. a. am Beispiel des 3. Gebotes: ›Du sollst den Feiertag heiligen. Sechs Tage sollst du arbeiten und alle deine Dinge beschicken, aber am siebenten Tag ist der Tag des Herrn, deines Gottes, da sollst du kein Werk tun, noch dein Sohn, noch deine Tochter, noch dein Knecht, noch deine Magd, noch dein Vieh, noch dein Fremdling. der in deinen Toren ist.‹ »Der Mensch ist keine Maschine, kein Automat. Gott gönnt dem Menschen nach sechs Tagen Schuften den Feiertag, auf daß er menschlich bleibe ... Es sollte nicht vergessen werden, daß die Kirche es war, welche in Europa und damit für einen großen Teil der Welt die Sonntags- und Feiertagsheiligung durchgesetzt hat, das war eine soziale Großtat allerersten Ranges.«

Es folgten noch Ausführungen über die Freiheit, die uns die Kirche zu bieten hat. Es ist die Freiheit eines Christenmenschen, die den Gläubigen frei macht vom Schicksal und frei von der Sünde.

Ein vierter Vortrag stand unter der Überschrift: »Der Glaube an Jesus Christus – Opium oder Vitamin?« Er bezeugte, daß der bekannte Satz von Karl Marx, wonach »die Religion«, also auch der christliche Glaube, »das Opium des Volkes« ist, nur scheinbar recht hat, nämlich nur gegenüber einem mißverstandenen bzw. mißbrauchten christlichen Glauben, nicht aber gegenüber dem, was Glaube in der Bibel, zumal im Neuen Testament meint.

Zu diesen Vorträgen wurde die Dölziger Gemeinde eingeladen, insbesondere aber die von uns besuchten Eltern der Christenlehrekinder und der Konfirmanden. An einem weiteren Abend gab der Chor der Studentengemeinde ein Konzert, und an einem anderen Abend spielte unsere Spielschar das Stück von Brochet »Der Wind läßt den Sand tanzen«.

Die Woche sollte mit einem Dorfabend abgeschlossen werden. Da nach den Bestimmungen der Behörde weder wir als Studentengemeinde noch die Kirchgemeinde zu Dölzig berechtigt waren, einen solchen Abend polizeilich genehmigt zu bekommen, sprachen wir mit der im Dorfe vertretenen »Blockpartei« CDU. Sie war bereit, diesen Abend als von ihr veranstaltet zu übernehmen und ihn behördlich anzumelden. Auch die Einladung geschah durch sie. Die Durchführung aber wurde uns anvertraut. Das gelang. Es wurde für die Dölziger und für die

Studentinnen und Studenten ein schöner Abend mit viel gemeinsamem Singen von Kanons, geistlichen und weltlichen Volksliedern, Posaunenmusik, Chorgesang, Rezitationen und kurzen Ansprachen.

Niemand hatte an unserem Besuch und an unserem Wirken in Dölzig Anstoß genommen. Das Vorhaben als ganzes war auch nicht angemeldet worden, denn es handelte sich um eine innerkirchliche Veranstaltung, ähnlich den schon seit jeher üblichen Evangelisationswochen. Das sollte bei einer zweiten Besuchsdienstwoche, zu der uns die evangelisch-lutherische Kirchgemeinde zu Böhlen bei Leipzig dringlich gebeten hatte, ganz anders laufen.

Das war 1 1/4 Jahr später: vom 23. 2. bis 1. 3. 1957. Böhlen, im Volksmund das »rote Böhlen« genannt, war eine ganz von Arbeitern dominierte Gemeinde, inmitten von Braunkohletagebauen gelegen und gänzlich geprägt von dem bekannten Hydrierwerk, das im Zweiten Weltkrieg immer wieder im Bombenregen der britischen und amerikanischen Luftwaffe gestanden hatte. Wir begannen deshalb auch die Woche mit einer Besichtigung des Böhlener Werkes. Unser Besuch hatte aber ein Vorspiel.

In Böhlen sollten dieselben Vorträge gehalten werden wie seinerzeit in Dölzig. Einen Abend sollte wieder unsere Kurrende bestreiten, einen weiteren unsere Spielschar gestalten. Seitens des Pfarramtes Böhlen wurde versucht, in der zuständigen Kreisstadt Borna für diese innerkirchliche Veranstaltung die Druckgenehmigung für Handzettel zu bekommen. Diese Genehmigung wurde nicht erteilt, obwohl tags zuvor fernmündlich fünfhundert Stück zugesagt worden waren. Am Donnerstag, dem 21. 2. 57, erschien vielmehr im Pfarramt Böhlen der Ratsvorsitzende des Kreises Borna und der Leiter der Abteilung »Inneres«. Sie sprachen die Verweigerung der Druckgenehmigung aus. Pastor Oltmanns und einige Kirchenvorsteherinnen und Kirchenvorsteher der einladenden Gemeinde waren zur Stelle.

Das eigentliche Thema des Gespräches betraf aber nicht die Druckgenehmigung als solche, sondern die Inhalte der ganzen Besuchsdienstwoche. Es wurde behauptet, die Studentengemeinde habe zur Vorbereitung »fünf Instrukteure« nach Böhlen geschickt. Das war eine infame Erfindung. Zur Vorbereitung kamen die Studenten zweimal in Leipzig zusammen, das eine Mal mit Pastor Oltmanns, das andere Mal nur mit mir. Die beiden Funktionäre erhoben ferner Vorwürfe gegen mich, den Leipziger Studentenpfarrer. Auch bezeichneten sie das Vorhaben als ein »überkreisliches Treffen«. Der Pastor und die anderen Glieder des Kirchenvorstandes wiesen die Vorwürfe in sachlicher

Weise zurück. Die Bedenken der Gegenseite schienen beschwichtigt, die Druckgenehmigung wurde dennoch nicht erteilt.

An demselben Tage wurde ich selbst zur Bezirksbehörde der Polizei für Donnerstag, den 22. 2. 57, 16 Uhr, zitiert. Schon am Donnerstagmorgen kam dann ein Anruf vom Bezirksamt, Abt. Inneres, Kultfragen, mit dem ich gebeten wurde, noch im Laufe des Vormittags dort vorzusprechen. Ich ging hin. Zwei Herren der Bezirksbehörde führten dieselben nichtigen Argumente auf wie die Funktionäre vom Kreis Borna zur selben Stunde in Böhlen. Es handelte sich um eine konzertierte Aktion von Kreis und Bezirk. Ein »überkreisliches Treffen« unterlag der Anmeldepflicht, dieser sei nicht Folge geleistet worden. Ich machte dagegen geltend, daß es sich um eine rein innerkirchliche Veranstaltung handele, die nicht dem Versammlungsgesetz unterliege bzw. für die eine Pflichtanmeldung eben diesem Gesetz zufolge nicht bestehe. Außerdem handele es sich nicht um ein Treffen, sondern ganz schlicht um den Besuch einer Gemeinde bei einer anderen. Man ließ sich nicht überzeugen. Ich verlangte eine schriftliche Mitteilung mit genauer Angabe der angeblichen Rechtswidrigkeit der Veranstaltung. Dies wurde abgelehnt. Schließlich wurde – gleichsam als letzter Trumpf – auf »fünf Instrukteure« hingewiesen, die angeblich in Böhlen die Evangelisationswoche vorbereitet hätten. Ich wies diese Behauptung als völlig aus der Luft gegriffen zurück. Darüber schien die andere Seite sehr betroffen zu sein.

Zu der nachmittäglichen »Besprechung« bei der Bezirksbehörde der Volkspolizei nahm ich Pastor Oltmanns als Zeugen mit. Wir konnten zunächst über Inhalt und Intention der kirchlichen Woche informieren und klarstellen, daß es sich um eine Veranstaltung der Kirchgemeinde Böhlen handelte. Die beiden Räte hörten sich alles ruhig an. Sie wiesen freilich darauf hin, daß die Arbeiterschaft in Böhlen »eine harte Sprache« zu reden verstünde. Man warnte vor einer Beunruhigung der Böhlener Bevölkerung. Schließlich gab der eine Funktionär zu verstehen, mich einmal kurz unter vier Augen sprechen zu wollen. Um alle Zwielichtigkeit und Mauschelei zu vermeiden, bat ich darum, ruhig alles, was sie vorzubringen hätten, in Gegenwart meines Kollegen auszusprechen. Ich erklärte mich bereit, auf alle konkret vorgebrachten Beschwerden konkret einzugehen. Diese Präzisierung erfolgte nicht. Alle pauschalen Anschuldigungen wies ich guten Gewissens zurück. Ein Verbot der Veranstaltung wurde nicht ausgesprochen. Das Gespräch wurde – so wörtlich – als »freundschaftliche Warnung« bezeichnet. Die Absicht war überdeutlich: Mit dem verbalen Trommelfeuer in

Böhlen und Leipzig wollte man uns bewegen, die Veranstaltung abzusagen. Doch wir wußten das Recht auf unserer Seite. Ein feiger Rückzug wäre uns als Verrat an der Sache, am Evangelium, erschienen.

Am 23. 2. begann die Besuchswoche in Böhlen. An jedem Abend – außer am Sonntag, dem 24. 2. – wurde nach den Vorträgen bzw. Darbietungen in der Kirche eingeladen zu einer Aussprache über das Gehörte im Gemeindesaal des Pfarrhauses. Ein großer Teil der Ortsgemeinde stellte sich dazu ein. Am Abend des ersten Vortrages verlief die Aussprache so, daß an ihrem Ende eine Gebetsgemeinschaft stehen konnte. Beim zweiten Vortrag (»Jesus Christus und die Arbeiter«) waren sowohl in der Kirche als auch bei der Aussprache im Pfarrhaus eine ganze Reihe von marxistischen Arbeitern und Funktionären anwesend. Die Aussprache wurde dadurch sehr stark bestimmt, auch am Dienstag und am Mittwoch. Die Anfragen der Marxisten kreisten immer wieder um das Thema »Christ und Krieg«, »Herr Dibelius und die Militärseelsorge in Westdeutschland«, »Christentum und Haß« u. ä. Es wurde darauf mit großer Geduld und Freundlichkeit sachlich von vielen Teilnehmern – Studenten und Nichtstudenten – sowie vom Diskussionsleiter eingegangen. Die Gesprächsatmosphäre war zwar bisweilen gespannt, blieb aber immer sachlich und ruhig.

Davon machte die Aussprache nach dem Vortrag am Donnerstag, dem 28. 2. 1957 – an dem über »Der christliche Glaube – Opium oder Vitamin« gesprochen worden war –, eine erhebliche Ausnahme. Die Kirche war übervoll. Auch bei der Aussprache konnten die Menschen in den Räumen des Pfarrhauses, die dafür in Frage kamen, kaum untergebracht werden. Viele mußten stehen. Es zeigte sich sehr bald, daß eine große Zahl von Marxisten und Funktionären sich mit im Saal befanden. Noch ehe die Aussprache von mir eröffnet wurde, hatten einige Anwesende Flugzettel folgenden Inhalts verteilt:

Zwei Fragen, Herr Schmutzler!

1. Erinnern Sie sich noch an Ihre reaktionären Ausfälle im November in der Universitätskirche? Was wollten Sie damals bezwecken? Etwa nach der Volkskammersitzung, in der Zeit, als es darum ging, den Frieden nach innen und nach außen zu sichern, Unruhe stiften? Wir sagen: Ja!

Sie haben damals die Interessen der imperialistischen Kriegstreiber vertreten!

2. Wollen Sie heute hier das Gleiche, hier in einem Arbeiterbezirk? Wir sind überzeugt, daß Sie das wollen. Darum fordern wir, daß Sie endlich verschwinden und ehrlicher Arbeit nachgehen.

Studenten der Karl-Marx-Universität.

Es stellte sich heraus, daß unter den Anwesenden sich tatsächlich einige Studenten der Karl-Marx-Universität befanden, die nur wegen dieser Aussprache nach Böhlen gekommen waren und offenbar am Vortrag in der Kirche nicht teilgenommen hatten. Ich begann die Aussprache mit einer Ermahnung an alle Beteiligten zur Sachlichkeit und Besonnenheit und begrenzte infolge der schwierigen Versammlungsverhältnisse die Aussprachedauer so, daß um 21.30 Uhr Schluß gemacht werden solle. Kurz nach Diskussionsbeginn riß ein Teilnehmer ohne Wortmeldung das Wort an sich und griff mich persönlich in scharfen Worten an. Er wurde sofort von anderen marxistischen Teilnehmern unterstützt, so daß es zu einem tumultarischen Zustand kam. Unter diesen Umständen war eine sinnvolle Aussprache nicht mehr möglich. Ich erklärte deshalb sofort die Versammlung für geschlossen und bat alle Anwesenden, den Raum zu verlassen.

Die christlichen Gemeindeglieder folgten auch dieser Weisung und verließen nach und nach zu einem erheblichen Teil den Saal. Ich, meinerseits, wollte ihn auch verlassen, wurde aber daran von den Marxisten physisch gehindert. Durch laute, durcheinanderwirbelnde Rufe wurde mir drohend bedeutet, man wolle mich auf alle Fälle sprechen, ich solle verantwortlich stehen, es sei kein Grund zur Beendigung der Versammlung. Als es nach einer Weile etwas ruhiger wurde, erklärte ich mich bereit, eine zweite Aussprache zu beginnen, bei der die Marxisten Gelegenheit haben sollten, ihre persönlichen Anfragen an mich vorzubringen. Als Bedingung stellte ich: 1. daß die Versammlungsleitung in meiner Hand bleibe, 2. daß niemand das Wort ergreife, der es nicht erteilt bekommen habe, 3. daß unbedingt respektiert werde, daß Pastor Oltmanns der Herr dieses Hauses der Kirche sei.

Die Marxisten brachten nun ihre Dinge vor. Inzwischen hatten sie wieder Flugblätter verteilt. Diesmal handelte es sich um die »Erklärung der SED-Parteileitung an der Karl-Marx-Universität«, in der ich wegen meiner Predigt am 4. 11. 1956 in der Leipziger Universitätskirche heftigst angegriffen worden war. Ein Student machte sich nun zum Sprecher und forderte erneut Rechenschaft von mir wegen meiner Predigt damals. Darauf konnte ich klar und präzis antworten, zumal die Gegenseite nicht imstande war, genaueres Material vorzulegen. Ein zweiter Punkt, der zur Sprache kam, betraf den Vortrag dieses Abends in der Kirche. Ich wurde gebeten zu erklären, was ich mit der Wendung habe sagen wollen, daß der Glaube an Jesus Christus frei mache von dem Wahn, daß wir Menschen auf Erden das Himmelreich bauen könnten. Ich verwies natürlich auf die Heilige Schrift, auf die Wiedertäufer in Münster, auf das »Dritte, das tausendjährige Reich«. Im Fortgang der Diskussion riß plötzlich wieder ein marxistischer Teilnehmer, ohne das Wort erteilt bekommen zu haben, das Wort zu heftigen Ausbrüchen an sich. Er war nicht zur Ruhe zu bewegen. Darauf brach ich die Aussprache ab und erklärte die Versammlung für beendet.

Diesmal konnte ich ungehindert den Saal verlassen. Pastor Oltmanns und die Studenten der Studentengemeinde (wir waren wechselnd zwischen 20 und 25) sorgten dafür, daß die noch hartnäckig verbleibenden Marxisten zunächst aus dem Saal in den Pfarrhof und von dort nach und nach zum Verlassen des Pfarrgrundstückes gebracht wurden. Dabei fand noch eine Reihe von Einzelgesprächen statt. Ein marxistischer Arbeiter, der seine Kollegen zur Ruhe ermahnte, wurde von diesen nicht gehört. Es fielen verschiedentlich, wie die Studenten mir sofort anschließend berichteten, sehr scharfe Worte wie z. B., ich sei ein »Verbrecher«, man »werde uns bis nach Leipzig knüppeln« u. ä.

Für Freitag, den 1. 3., war ein geselliger Abend mit der ganzen Kirchgemeinde vorgesehen. Da diese für eine solche Veranstaltung kaum einen öffentlichen Saal bekommen hätte, der Gemeindesaal dafür aber nicht ausreichend war, erklärte sich die CDU in Böhlen bereit, die Veranstaltung zu übernehmen, die Studenten als Gestalter und die ganze Gemeinde als Gäste einzuladen. Die CDU machte dafür den großen Saal der »Jahnbaude« fest. Noch vor Beginn der Besuchswoche meldete jedoch die FDJ ihr Anrecht auf diesen Saal an. Die CDU mußte zurückweichen. Daraufhin wurde von ihr der Saal der Schrebergartenwirtschaft »Am Streitteich« gewonnen. Noch ehe der Abend polizeilich angemeldet war, wurden Pastor Oltmanns und ich zum Vorstand der CDU Böhlen gebeten. Der Bezirksabgeordnete der CDU erklärte mit Bedauern, die CDU müsse leider auf eine Durchführung des geselligen Abends verzichten, da der 1. 3. der Tag der Nationalen Volksarmee sei und die Durchführung einer parteilichen Sonderveranstaltung an diesem Tag leicht mißverständlich aufgefaßt werden könne.

Pastor Oltmanns und ich kamen deshalb überein, daß ich am 1. 3. noch einen weiteren Evangelisationsvortrag halten sollte mit dem Thema: »Gott will verantwortliche Gemeinden«. Auf Grund der Vorkommnisse vom Vortag beschlossen wir, diesen Abend als Vollgottesdienst mit Abendmahl zu gestalten. Anschließend sollte ein internes Zusammensein der Studenten mit dem Kirchenvorstand und der Helferschaft sein, um den praktischen Ertrag unseres Besuchsdienstes zu besprechen und konkrete Vorschläge und Bitten vorzubringen. Am Nachmittag des 1. 3. wurde Pastor Oltmanns telefonisch zur Volkspolizei bestellt. Dort wurde von ihm eine Liste verlangt mit den Namen der Studenten und ihrer Quartiergeber. Es bestand kein Grund, diese Liste nicht anzufertigen, da ja auf Grund der Eintragung in die Hausbücher die Polizei sowieso ordnungsgemäß Kenntnis von allen Namen hatte.

Eine knappe Stunde vor Gottesdienstbeginn wurden der Ortspfarrer und ich zum Rathaus beschieden. Dort erwarteten uns der Bürgermeister Dziewior, sein Stellvertreter und der Leiter der Abteilung Inneres beim Rat des Kreises. Der Bürgermeister eröffnete uns folgendes: Es sei durch die Anwesenheit der Studenten, insbesondere durch unsere Abendveranstaltungen eine große Unruhe in die Bevölkerung gekommen, dauernd würde telefonisch angefragt, was da eigentlich los sei. In den Vorträgen sowie in den nachfolgenden Aussprachen seien konterrevolutionäre Tendenzen hervorgetreten, die sich gegen die Arbeiter- und Bauernmacht richteten. Zur Aufrechterhaltung der Ruhe und Ordnung sowie um unserer Sicherheit willen müsse er auf Grund des Gesetzes über die Rechte der Gemeindevertretung nach § 1, Abs. 6 bzw. nach § 39 (das Gesetz war im Januar 1957 rechtskräftig geworden) die heutige Abendveranstaltung verbieten.

Wir wiesen die Anschuldigungen ruhig, aber bestimmt zurück. Ich stellte fest, daß sie zweifellos auf falschen bzw. entstellenden Informationen beruhten. Wir teilten nun mit, daß wir von uns aus anstelle des geplanten Vortragsabends einen Gottesdienst halten wollten, in dem Pfarrer Schmutzler die Predigt halten sollte. Der Bürgermeister meinte daraufhin, wenn Pfarrer Schmutzler in dem Gottesdienst als Prediger mitwirke, müsse er gleichwohl auf seinem Verbot bestehen. Er könne sonst nicht für die Sicherheit von Pastor Oltmanns und mir sowie für die Aufrechterhaltung der Ruhe und Ordnung garantieren. Auf unsere weitere Anfrage, ob gegen einen Gottesdienst seinerseits etwas einzuwenden sei, in dem der Ortspfarrer die Predigt halte, teilte er mit, dagegen sei nichts einzuwenden. Im übrigen wies er darauf hin, daß der 1. 3. der Tag der Nationalen Volksarmee und eine Veranstaltung an diesem Tage als Provokation anzusehen sei. Darauf einzugehen erschien uns sinnlos. Wir gaben aber noch der Hoffnung Ausdruck, daß die Polizei des Ortes die Sicherheit der Bürger zu schützen wissen werde. Darauf kam die Antwort, die Polizei habe anderes zu tun, als sich vor der Kirche aufzustellen.

Unter den gegebenen Umständen hielten wir es nicht für richtig, auf unser verfassungsmäßiges Recht ungehinderter Religionsausübung zu pochen. Wir beschlossen, den Sakramentsgottesdienst durchzuführen und Pastor Oltmanns die Predigt halten zu lassen. Der Sache nach wurde der Gemeinde in dieser Predigt das gesagt, was ihr durch meinen Vortrag bzw. meine Predigt auch hätte gesagt werden sollen. Trotz kürzester Vorbereitungszeit konnte ich Pastor Oltmanns den wesentlichen Inhalt meines Predigtvortrags vermitteln. Wir empfanden es als Geschenk des heiligen Geistes, daß es ihm gelang, in eindrucksvoller Weise vor übervoller Kirche die Gemeinde zum allgemeinen Priestertum zu rufen.

Auch diesmal waren zahlreiche Marxisten im Gotteshaus verteilt. Es wurden keinerlei Störversuche unternommen. Während des Gottesdienstes waren vor der Kirche einige Trupps von Arbeitern versammelt. Einer unserer Studenten war Zeuge ihrer Gespräche. Sie sprachen untereinander offen davon, daß sie mich tätlich angreifen würden. Das geschah indes nicht. Nach zweieinhalbstündigem, von der ganzen Gemeinde bis zuletzt mit größter Anteilnahme und Abendmahlsbeteiligung gefeierten Gottesdienst löste sich die gottesdienstliche Versammlung in Ordnung und Ruhe auf. Nicht einmal irgendwelche Anpöbeleien waren zu hören. Der Kirchenvorstand, die ganze Gemeinde sowie die Studenten zeigten bei alledem eine feste und klare Haltung. Niemand ließ sich zu unbesonnenen Äußerungen hinreißen. Im Orte wurden wir vielfach von ganz Unbekannten spontan gegrüßt. Es ist in dieser Woche viel gebetet worden.

Nach diesen dramatischen Vorgängen trat zwar eine Phase der Ruhe ein, so daß ich mich auf eine Dienstreise nach Westdeutschland begab. Doch als ich zurückkehrte (man hatte diese Reise nicht verhindert, vermutlich in der Erwartung, daß ich nicht wiederkommen würde), lag auf meinem Schreibtisch eine Vorladung ins Kulturhaus des Böhlener Kombinates zu einer Versammlung, bei der ich wegen meiner Vorträge öffentlich zur Rechenschaft hatte gezogen werden sollen. Diese Vorladung war fingiert. Man wußte ja, daß ich nicht ortsanwesend war, und wollte offenbar bei den Böhlener Genossen durch mein Nichterscheinen die Atmosphäre gegen mich weiter aufheizen.

Meine Landeskirche erhielt einen ausführlichen Bericht von den Vorgängen in Böhlen, hüllte sich aber in Schweigen.

Die Versammlung in Böhlen am 13. März, zu der mit Flugblättern eingeladen worden war, fand also ohne mich statt. Einige dort anwesende Böhlener Gemeindeglieder machten Aufzeichnungen. Hier einige sprechende Auszüge:

»Herr Mende (von der Nationalen Front) eröffnet die Versammlung ... Die Arbeiterschaft von Böhlen habe Aufklärung über die Person und die Äußerungen des gewissen Herrn Schmutzler gefordert. Alle Fragen sollen deshalb heute abend beantwortet werden ... Dann übergibt er das Wort dem Leiter der Betriebsberufsschule Böhlen, Herrn Joerß.

Sachlich weist er darauf hin, daß in der Ev. Kirche zu Böhlen eine »Evangelienwoche« stattgefunden habe. Diese Versammlung diente zur Pflege des Christentums, deshalb habe man auch nichts dagegen einzuwenden gehabt, denn der Kirche ist ja auf Grund der Verfassung der DDR das Recht auf freie Religionsausübung zugesprochen. Die Kirche (habe jedoch) nicht das Recht, in die politischen und staatlichen Rechte einzugreifen. Staat und Kirche sind getrennt! Die Böhlener Arbeiter sind stolz auf ihre Errungenschaften. Sie würden deshalb nicht dulden, daß da nun einer behauptet, sie würden immer noch ausgebeutet, sie seien Sklaven der Produktion, sie möchten ihren Trieb zur Arbeit und ihren Trieb zum Sport dämmen. Dieser Schmutzler behauptete, allein die Kirche hat große soziale Taten vollbracht, sie hat zum Beispiel die Sonntagsheiligung eingeführt (größte soziale Tat der Kirche!). Schmutzler behauptet, daß man sonntags nicht arbeiten darf, und hetzt die Arbeiter auf, sonntags nicht mehr zu arbeiten und nicht mehr in die Nachtschicht zu gehen. Das sind konterrevolutionäre Ausfälle im höchsten Maße ...

Herr Mende eröffnet die Diskussion. Er beginnt mit dem Hinweis, daß Herr Schmutzler von der NF für diesen Abend eingeladen worden sei. Nachforschungen ergaben, daß dieser Schmutzler weder Studentenpfarrer noch Dozent an der Karl-Marx-Universität sei, ob er überhaupt Pfarrer sei, sei auch nicht klar.

Zwischenruf: ›Ich bitte darum, daß Schmutzler und Oltmanns nach vorn kommen, um sich zu verantworten.‹

Herr Bürgermeister Dziewior meldet sich zu Wort und teilt mit, daß er am Donnerstag, dem 14. 3., ein Schreiben von Herrn Pastor Oltmanns erhalten habe mit der Mitteilung, daß sich Herr Pfr. Dr. Schmutzler auf Dienstreise befände. Ein weiteres Schreiben, etwa eine Stunde vor Versammlungsbeginn erhalten, besagt, daß Herr Pastor Oltmanns heute abend auch nicht kommen würde. (Daraufhin Zwischenrufe, schmutzige Bemerkungen und höhnisches Lachen, z. B. ›Saboteure sind immer Feiglinge‹. ›Wenn sie sich verantworten sollen, zieht man es vor, auf Dienstreise zu sein‹ usw.)

Herr ... beschimpft Pfr. Dr. Schmutzler auf übelste Art und Weise und wiederholt immer wieder: ›Ich wollte ihn ja heute abend fragen, aber er ist ja nicht da!‹

Zwischenrufe: ›Er ist ja auf Dienstreise! Er holt sich wieder Informationen‹ usw.

Herr Hensel: wenn es sich mit diesem Schmutzler so verhielte, wäre es höchste Zeit, daß sich unsere Staatsorgane einmal näher mit ihm befaßten, d. h. sich der Staatssicherheitsdienst seiner annimmt.

Herr Stöcker: verliest eine Resolution, die beinhaltet, daß Pfr. Dr. Schmutzler konterrevolutionäre Ausfälle begangen habe anläßlich seines Besuches in Böhlen. ›Konterrevolutionäre sind Staatsfeinde und gehören auf die Anklagebank.‹ Schmutzler müsse sich für seine Äußerungen vor Gericht verantworten.

Frage von Herrn Mende: ›Hat noch jemand etwas hinzuzufügen oder etwas einzuwenden?‹

Herr Schmiedt: ›Ich fordere, daß die Verhandlung in unserem Klubhaus vor der Böhlener Arbeiterschaft stattfindet!‹

Weitere Einwände unterblieben, deshalb wurde die Resolution für angenommen erklärt.

Dazu verschiedene wörtliche Einzelbemerkungen Böhlener Arbeiter: ›Schmutzler – Schmutzfink!‹ ›Er hat sich geschickt aus der Schlinge gezogen.‹ ›Das sind Arbeiterhände, gucken Sie sich die genau an, im Falle, Sie kommen einmal damit in Berührung.‹ ›Pfr. Schm. soll sich zu seinen Äußerungen stellen!‹ Die Antwort eines Studenten: ›Das wird er gern tun. Wenn es sein muß, sogar in Ihrem Klubhaus in aller Öffentlichkeit.‹ Erwiderung des Arbeiters: ›Da jagen wir ihn aber raus!‹«

Am 30. April 1957 wurde der Böhlener Bürger Albert Wilde, der an einigen meiner Vorträge und Aussprachen teilgenommen hatte, von der Stasi vernommen. Sein Gedächtnisprotokoll vermittelt ein ganz anderes Bild:

Frage: Welchen Eindruck hat Dr. Schmutzler auf Sie gemacht?

Antwort: Einen sehr guten! Vor allem habe ich es an ihm als sehr angenehm empfunden, daß er bei aufkommenden Gegensätzen während der Diskussion immer sehr ausgleichende Worte fand und damit immer wieder beruhigte. Zum zweiten wies Dr. Schmutzler in den von mir besuchten Versammlungen jedesmal wiederholt daraufhin, politische Gespräche bitte zu vermeiden.

Frage: Daß Dr. Schmutzler verhaftet ist, haben Sie wohl gehört?

Antwort: Ja!

Frage: Was ist Ihre Meinung darüber?

Antwort: Das ist mir, nach den von mir besuchten Versammlungen her zu urteilen, vollständig unverständlich. Denn Dr. Schmutzler hat immer versucht, politische Gespräche zu vermeiden und Schwierigkeiten auszugleichen.

Frage: Was war das Thema vom Mittwochabend?

Antwort: Da ich die Versammlung selbst nicht besuchen konnte, weiß ich dies nicht und mußte auch in der Diskussion darauf warten, ob es besonders erwähnt würde, doch geschah dies nicht!

Frage: Sie haben doch auch bei dieser Gelegenheit gesprochen, und was?

Antwort: Jawohl, ich habe auch gesprochen. Es meldete sich ein Herr zu Wort, welcher sich dagegen aussprach, daß die Kirche in Westdeutschland wieder – wie schon bereits zweimal – die Waffen segnet.

Ich antwortete darauf wie folgt: Ich bin sechs Jahre Soldat und fast immer an der Front gewesen und habe somit gar manchen Feldgottesdienst miterlebt. Daß aber ein Pfarrer die Waffen segnet, habe ich nicht erlebt; die Menschen, jawohl, aber keine Waffen!

Ein weiterer Herr meldete sich zu Wort und hob hervor, daß der Kreisvorstand der CDU Dresden gegen Bischof Dibelius Stellung genommen habe. Wie ist dies möglich?

Darauf erwiderte Dr. Schmutzler: Die Kirche ist nicht die CDU, und die CDU ist nicht die Kirche, beide sind Organisationen für sich. Ein weiterer Teilnehmer erzählte, daß in seiner Militärzeit zwei Kameraden als Kriegsdienstverweigerer vom Kriegsgericht verurteilt wurden. Es fand darin eine harte Ungerechtigkeit. Darauf antwortete ein anderer Teilnehmer: Haben diese es aus religiösen oder aus politischen Gründen getan? Wenn es aus religiösen Gründen geschah, dann kann es sich nur um Angehörige der sog ›Ernsten Bibelforscher‹ handeln. Dann ist dies immerhin hoch zu achten. Darauf sprach der vorige Teilnehmer, er habe dies als schweres Unrecht empfunden. Darauf meldete ich mich zu Wort und sagte: Wenn damals unter dem herrschenden Regime Unrecht geschah, so hat sich die Kirche dagegen gewandt. Und wenn unter dem heute herrschenden Regime Unrecht geschieht, so wird sich die Kirche ebenfalls dagegen verwahren.

Darauf sprang der vorige Teilnehmer wütend auf und rief ganz erregt: ›Sie haben meine Partei beleidigt und uns mit dem Faschismus verglichen.‹ Ich antwortete darauf: ›Dies ist nicht meine Absicht gewesen, denn diese beiden politischen Richtungen sind so verschieden in ihrer Art, daß man sie gar nicht vergleichen kann.‹ Nun schaltete sich Dr. Schmutzler ein und bat den vorherigen Sprecher um eine Erklärung der beiden Worte ›herrschen‹ und ›führen‹ nach seiner Meinung. Diese beiden Worte waren in unserer Auseinandersetzung gefallen, und mein Gegenüber hatte daran Anstoß genommen. Dieser erklärte nun: ›Herrschend ist die Arbeiter- und Bauernmacht, führend ist die SED.‹ Ich antwortete darauf: ›Ist dies nicht ein- und dasselbe?‹ Dies waren meine Äußerungen zur Sache an diesem Abend.

Frage: Und was wissen Sie vom Vortrag Dr. Schmutzlers am Donnerstagabend?

Antwort: Ich habe mir von diesem Vortrag eigentlich nur den Anfang gemerkt, weil dieser in seiner Art mich am meisten beeindruckte und zwar so, daß ich ihn fast wörtlich wiederholen kann. Dr. Schmutzler führte dabei folgendes aus: Ein großer Deutscher, Karl Marx, hat das Wort geprägt: »Religion ist Opium fürs Volk.« Nun erklärte Dr. Schmutzler die zerstörenden Folgen des Opiums auf Körper, Seele und Geist. Im Gegensatz dazu sei für den Christen die Religion ein Vitamin. Es folgte nun eine Darstellung der Wichtigkeit der Vitamine im Aufbau von Körper, Seele und Geist.

Frage: Und was hat er sonst noch gesagt?

Antwort: Das andere ist mir unter dem Eindruck des ersteren nicht haften geblieben.

Dauer von 14 bis 15 Uhr am Dienstag, dem 30. 4. 1957.

Was mir auffiel war Folgendes:

Im »Kollektiv« wurde entschieden bestritten, daß Dr. Schmutzler Studentenpfarrer war. In dem mir vorgelegten Protokoll wurde von Studentenpfarrer Dr. Schmutzler gesprochen.

gez. Albert Wilde

In der Mangel der Stasi – ein Tagebuch

Nach Rückkehr von meiner Dienstreise blieben mir noch knapp drei Wochen bis zu meiner Verhaftung am 5. April 1957. Meine Erfahrungen in diesen kritischen Tagen und in meiner fast vierjährigen Haftzeit habe ich unmittelbar nach meiner Entlassung aus dem Strafvollzug tagebuchartig aus dem Gedächtnis niedergeschrieben:

18. März 1957
Heute war Pfarrer Hartmut Bock aus Taucha bei mir. Er berichtete von der Protestversammlung im Kulturhaus des Böhlener Kombinats. Man hatte dort sehr massiv geredet. Das aus B. vorliegende Protokoll machte ja die ernste Atmosphäre schon sichtbar. H. B. bestätigte. Der Beschluß, die Sache der Staatsanwaltschaft und den Sicherheitsorganen zu übergeben, schien nicht nur Drohung zu sein. Also mußte man mit baldiger Verhaftung rechnen.

Ob es richtig war, daß das Landeskirchenamt Bruder Oltmanns untersagte, in der Versammlung zu erscheinen und in meiner Vertretung zu sprechen?

Beschämend die Tatsache, daß im Böhlener Kulturhaus auf die massiven Angriffe hin kein Glied der Kirchgemeinde bzw. des Kirchenvorstandes das Wort für mich ergriff. Doch das ist eben kennzeichnend für die Situation: Man hat Angst, mit gutem Grund. Und dann: Welches einfache Gemeindeglied vermag denn in solcher Atmosphäre besonnen Sachgemäßes öffentlich vorzubringen? Dergleichen muß wohl noch gelernt werden.

20. März 1957
In die Sprechstunde kommt aufgeregt eine junge Ärztin (Frau Dr. S.). Sie teilt mir auf Bitten einer Studentin (Ingrid W.) mit, ich müsse binnen einer Woche ernstlich mit meiner Verhaftung rechnen. Sie hätte es vertraulich von einem ihr persönlich sehr zugetanen SED-Funktionär gehört. Die beiden Mittelspersonen sind unverdächtig, mir beide wohlbekannt. Aber warum kommt Ingrid W. nicht selbst zu mir? Sie hätte sich nicht getraut, mir das zu sagen. Vielleicht hat sie aus Sicherheitsgründen so gehandelt? Ich habe ihr gegenüber ein leicht

bedrücktes Gefühl. Schon mehrfach hat sie angesetzt, mich in einer wichtigen Sache zu sprechen. Damals hatte ich den Eindruck – z. B. zu Anfang des Wintersemesters 1956/57 –, daß es sich um eine sie persönlich betreffende Sache handelt. Womöglich ist es doch anders? Womöglich betraf die Sache meine Person?

Nun, entweder war das eine echte – von den Staatsorganen nicht beabsichtigte – Warnung, oder es war eine gelenkte, die den Zweck hatte, mich zur Republikflucht zu bewegen. Das letztere erschien mir, wenn ich alles Für und Wider bedachte, das Wahrscheinlichste. Doch hatte ich drei zwingende Gründe zu bleiben: 1. habe ich nichts gesagt und getan, wozu ich nicht vom Evangelium und vom Gesetz des Staates her ein gutes Gewissen hätte; ich würde mich ja geradezu selbst ins Unrecht setzen, wenn ich flöhe. 2. Wenn man mich schon mit den Rechtsmitteln des Staates verdrängen will, so soll es in aller Öffentlichkeit geschehen, auf daß alle Welt sieht, welche Art Recht bei uns herrscht. Und schließlich 3. das wichtigste Argument: Der Hirte gehört zu seiner Herde. Verlasse ich die DDR, so beraube ich mich für alle Zukunft der Wirkungsmöglichkeit hier. Aber hier ist meine Heimat. Hier ist meine Aufgabe. Hier hat der Herr mich hingestellt und in Dienst genommen.

Ich habe dem Fräulein Doktor sehr herzlich gedankt für ihre Freundlichkeit (daß man Material gegen mich sammelte, war mir ja schon länger bekannt) und im übrigen gesagt, daß ich nichts Böses getan habe, infolgedessen mit Gleichmut den kommenden Dingen entgegensehe.

21. März 1957

Vortrag von Prof. Aland über Konstantin im Hörsaal in der Härtelstraße. Sehr gut besucht. Die ganze Studentengemeinde war da. Diese Vortragsreihe läuft ja nur nominell auf den Namen »Kirchengeschichtliches Institut«. Initiator und tragendes Auditorium sind wir. So ist es verabredet. So lautet der Tip Seiner Magnifizenz!

26. März 1957

Heute abend referierte der Naumburger Kirchengeschichtler, zugleich Studentenpfarrer des dortigen Katechetischen Oberseminars, über Augustin. Mir fielen die besonders giftige Blicke auf, mit denen einige FDJ'ler mich und meine Frau »begrüßten«, als wir den Hörsaal betraten. Sie hatten es mit Hilfe des Staatssekretariates damals geschafft, uns mit Bibelstunde und Vortrag aus dem Hörsaal der Uni zu vertreiben. Und nun waren wir doch wieder da! Warum suchte man nie mit uns zu sprechen, ja, löste in dieser Richtung gegebene Versprechen nicht ein? – Bei der Diskussion hielt ich mich zurück. Doch war ein Beitrag schließlich nicht zu vermeiden. Geplant war ja für künftig, daß der Veranstalter mir die Leitung der Aussprache übergeben sollte.

27. März 1957

Meiner Frau hatte ich von dem Besuch des Frl. Doktor nichts gesagt, um sie nicht noch mehr zu beunruhigen. Immerhin war ja wahrscheinlich (Besuch Hartmut Bocks!), daß man die Staatsanwaltschaft eingeschaltet hatte. Annes Frage heute war also sehr berechtigt: »Wäre es nicht gut, alles eventuell Anstößige aus der Bibliothek zu entfernen?« Ich konnte mich aber zu einer solchen Aktion nicht aufraffen. Mich ekelte das ganze Vorgehen an. Es war mir klar: Wenn sie entschlossen waren, mich zu bestrafen, so würden sie es tun, ob sie nun wenig oder viel »Material« hätten. Alles Absichern ist dann nichts nütze. Wo anfangen und wo aufhören?

Heute, nach Prozeß und Strafverbüßung ist mir klar, daß man in solcher Situation doch gut beraten ist, wenn man alles beseitigt, was der Kritik, böswilliger Kritiker freilich, billige Ansatzpunkte bietet, etwa bestimmte Bücher, Zeitschriften, Aufzeichnungen, Kalender, Notizbücher usw. Dennoch bin ich überzeugt, daß ich genauso hoch bestraft worden wäre, wenn sie keinerlei »Material« gefunden hätten. Einfach weil alles, was Menschen sagen und tun, unendlich interpretationsfähig ist.

1. April 1957

In die Sprechstunde kommt ein junger Mann, der sich vorstellt und ausweist als fahnenflüchtiger USA-Bürger mit Namen John Reed, Student der Journalistik in Leipzig, verheiratet, mit Kind, natürlich Stipendiat und sonstige staatliche Förderung. Er halte es nicht mehr aus. Er habe sich ganz falsche Vorstellungen gemacht. Der Journalist in der DDR sei nicht frei. Was er tun solle? Mir war nicht ganz wohl bei der Sache. Doch wirkte sein Vorbringen echt. Ich beschloß zu bohren und zu analysieren. Zunächst: Das hätte er wissen und vorher überlegen müssen, daß im Osten andere Vorstellungen von Freiheit, speziell Pressefreiheit, gelten als im Westen. Das sagte ich ihm. Er widersprach nicht und machte einen tatsächlich unglücklichen Eindruck. Ja, was sollte er tun? Ich fragte, ob er denn wisse, welche Strafe ihm drohe, wenn er freiwillig zu seiner Truppe zurückkehre? Ob ich einmal beim USA-Konsulat in Berlin sondieren solle? Ob er nicht wieder zurück wolle und u. U. eine gewisse Strafe auf sich nehmen? Aber siehe da, das wollte er nicht. Warum nicht? Seine Frau sei die Tochter eines politischen Funktionärs. Merkwürdig: auf der einen Seite total unglücklich – »ich halte es nicht mehr aus« –, auf der anderen Seite kein Wille zurück, auch wenn womöglich eine goldene Brücke gebaut würde. Das fiel mir sofort sehr auf. Doch meinte ich noch, der junge Mann habe wohl vor allem Angst vor seinen politischen Verwandten und Förderern und andererseits vor der US Army. Er willigte ein bzw. widersprach nicht, als ich meinte, gelegentlich in seiner Sache – ohne Namensnennung natürlich – zu sondieren. Im übrigen erschien mir die Sache verdächtig, und ich wollte äußerst wachsam sein, beim nächsten Besuch, der vereinbart war, aufs Ganze gehen.

3. April 1957
Nach der Morgenandacht in der Uni-Kirche kommt ein mir gut bekannter Student auf mich zu mit einer wichtigen Nachricht. Er wisse aus sicherer Quelle – von einem serbischen Theologiestudenten, der zum Missionshaus übergewechselt sei und den man versucht hatte, zu Spitzeldiensten zu gewinnen –, daß ein gewisser John Reed auf mich angesetzt sei. So also standen die Dinge. Zunächst war nur eins zu veranlassen: die Nachbarschaft, die ich ermuntert hatte, John Reed einzuladen, mit einem entsprechenden Wink zu versehen. Das geschah.

4. April 1957
Heute abend war im Zuge der kirchengeschichtlichen Vortragsreihe Franz Lau an der Reihe. Aber es kam nicht dazu. Zunächst bat der Rektor, den Vortrag nicht im Hörsaal zu halten. Lau wich in die Universitätskirche aus, wo natürlich keine Aussprache möglich ist. Da wurde ich am Mittag von ihm angerufen, der Rektor habe nochmals interveniert. Sein Justitiar wäre persönlich bei Lau in Markkleeberg erschienen und hätte freundlichst, aber zugleich dringlichst gebeten, die Veranstaltung ganz ausfallen zu lassen. Er sah diesem Vorgehen gegenüber keine Möglichkeit zu widerstehen. So wurden in aller Eile Posten für die Eingänge von St. Pauli gesucht, die die Ankommenden ins Bild bringen sollten und sie nach Hause schicken. Doch konnte ich mich mit einer solchen Totalkapitulation nicht beruhigen. Die Gemeinde mußte ja dadurch noch mehr verwirrt werden. Ich fuhr zu Lau und erklärte ihm meinen Standpunkt. Ich wollte statt des Vortrages in der Uni-Kirche eine Bibelstunde in der Grunerstraße halten, ohne mit einem Wort auf das Ausfallen des Vortrages einzugehen. Lau stimmte

mir zu und gab mir im übrigen zu verstehen, daß, wie man ihn hatte durchblicken lassen, die Operationen von Magnifizenz mit meiner Person zusammenhingen. Zur Vorbereitung blieb mir nur eine knappe Stunde. Die Gemeinde saß still und lauschend wie selten. Wir sangen das Wochenlied »Christe, du Beistand deiner Kreuzgemeinde«. Und jede Strophe war Gebet.

5. April 1957

Heute vormittag meine in St. Petri fällige Predigt für nächsten Sonntag (Judica) abgeschlossen über Joh. 12,46-54, die Perikope, in der Kaiphas vorschlägt, es sei besser, daß einer sterbe für das Volk, denn daß das ganze Volk verderbe. Ihr Thema lautete etwa: »Gott vermag auch die Bosheit der Menschen zum Segen zu wenden.« Ich ahnte noch nicht, wie aktuell dieses Thema schon in den nächsten Stunden für mich sein würde.

Am Nachmittag um 17 Uhr versammelten sich die vier Studentinnen, die Tauf- bzw. Konfirmandenunterricht begehrten. Gegen 18 Uhr erscheint meine Sekretärin in der Wohnzimmertür und meldet, ein Herr wünsche mich dringend zu sprechen. Im Sekretariat traf ich den Herrn. Er kam vom Ministerium für Staatssicherheit (MfS), um mich zu verhaften. Er konnte mir auf Verlangen Ausweis und Haftbefehl vorzeigen. Es war soweit. Jahrelang hatte man das Wild verfolgt – nun führte man es in den Käfig. Es war zu erwarten gewesen. Und dennoch hatte ich's bis zuletzt nicht recht glauben wollen, daß man mich tatsächlich verhaften würde. Die Evangelische Studentengemeinde Leipzig war zahlenmäßig immerhin eine der größten in Deutschland, wenn nicht die größte, ihr Studentenpfarrer weithin in Ost und West bekannt. Der Aufruhr, den das in der gesamten kirchlichen Öffentlichkeit und weit darüber hinaus geben würde, ließ sich voraussehen. Sah man das nicht? Konnte man es nicht sehen? Hatte man wichtige innenpolitische Gründe? Wollte man zu einem großen Schlage gegen die Kirche ausholen? Wie immer es damit stand, jetzt galt es einzulösen, was ich noch vor wenigen Tagen dem Sohn des stellvertretenden Superintendenten von Leipzig-Land sagte: »In der Nachfolge Christi ist das Kreuz mit einkalkuliert.«

Mir wurde eben noch gestattet, mich von Anne zu verabschieden. Sie war in der Küche. Umarmung und Kuß – noch ahnte ich nicht, für wie lange dies zum letzten Mal sein würde. Der Mann vom MfS stand dabei. Eine letzte Bitte: Bete für mich! Dann führten sie mich ab. Unten stand ein großer schwarzer Personenwagen. Auf der Treppe begegneten uns noch einige finstere Gestalten mit grimmigen, verschlossenen Mienen

– das Personal für die Hausdurchsuchung, ging es mir durch den Sinn –, dann fiel die Tür des Wagens ins Schloß. Ich fand mich im hinteren Teil des Wagens zwischen zwei Stasi-Männern eingeklemmt. Wir fuhren zur Dimitroffstraße in die (in der Knastsprache sogenannte) »Wächterburg«, das ehemalige Leipziger Polizeigefängnis, jetzt Untersuchungsgefängnis des »SSD« bzw., wie ich belehrt wurde, richtig zu sagen, des MfS. Es ging eine Treppe hinauf, dann zweimal links. Eine Pforte öffnete sich, und ich war »drin«. Was das heißt, sollte mir bald klar werden.

Die erste Manipulation: Man nimmt mir meine bürgerliche Kleidung einschließlich der Unterwäsche und steckt mich in einen Drillich-Sträflingsanzug! Noch ehe das Urteil des Gerichtes vorliegt, wird mit dem Untersuchungsgefangenen wie mit einem Verurteilten verfahren. Die pedantische Bestandsaufnahme der abgelegten Sachen, einschließlich der sog. »Effekten«, mutet mich dabei an wie ein Hohn. Wo in der zivilisierten Welt werden Menschen in Untersuchungshaft ebenso behandelt?

Übrigens: Vor der Öffentlichkeit tarnt man dies. Man hat also ein schlechtes Gewissen. (Nämlich bei der »Hauptverhandlung« im Gerichtssaal ist wieder bürgerliche Kleidung dran!)

Dann geht es sofort ab in die Vernehmerzelle. Der Feldwebel, der mich »umkleidete« und hinführt, ist ein behäbiger Dicker, der mir leid tut, weil er so unsicher und ungeschickt mit der schriftlichen Fixierung der abgenommen Sachen ist. Er trägt Uniform. Alles in diesem Hause trägt Uniform. Kennzeichnend: die karmesinrote Farbe an den Schulterstücken und vor allem der Kragenspiegel. Von dieser Farbe schreibt sich der Spitzname her für das Aufsichtspersonal: »Rotkehlchen«.

Ich erhalte sofort Anweisung, mich so zu bewegen, wie es einzig und allein einem U-Häftling »in diesem Hause« (das ist der terminus technicus der Vernehmer für das Stasi-Gefängnis) zukommt: nämlich die Hände auf dem Rücken. M. a. W.: Auf Schritt und Tritt habe ich die Haltung des abgeführten Verbrechers einzunehmen. An die Füße bekomme ich Filzschuhe, die beständig auf Zelle und sonst im Hause zu tragen sind. Hier ist alles auf Sicherheit eingestellt. Alles geht auf leisen Sohlen. Kein Rufen. Nur ein Summerton als Signal. Und die Glocke, die zum Niederlegen (um 21 Uhr) und zum Aufstehen (um 5 Uhr) ruft. Aber so weit bin ich ja noch gar nicht. Es wird etwa 18.30 Uhr sein, als ich in die Vernehmerzelle hineingeschoben werde.

Man weist mir gleich bei der Tür rechts in der Ecke einen mit dem Fußboden starr verbundenen Hocker als Sitzmöglichkeit an. An die

Wand lehnen ist verboten. Desgleichen der freie Gebrauch der Hände. Diese haben vielmehr ruhig auf den Knien zu liegen. Kommt jemand zur Tür herein, der bisher noch nicht anwesend war, habe ich aufzustehen und das Gesicht sofort zur Wand zu kehren. Zwei Personen sitzen mir gegenüber, eine in Uniform, eine in Zivil. Der Mann in Zivil mit schwarzer Hornbrille: groß, stattlich, schwarzes Haar, wie ich später erfahre: ein Hauptmann und zwar der Chef der ganzen Vernehmungsabteilung, sitzt auf einem Stuhl genau in der mir entgegengesetzten Ecke, fixiert mich mit verächtlichen Mienen. Dann tönt seine höhnische Stimme mich an: »Na, schöne Uniform, die Sie sich da haben verpassen lassen, was?« Pause. Schweigen. Ich antworte mit keinem Wort, halte seinem Blick ruhig stand. Dann: »So, jetzt haben wir Sie endlich. Wir interessieren uns schon sehr lange für Sie. Jetzt sind Sie dran. Hier sind Sie kein Pfarrer, kein Herr Doktor, hier sind Sie ein ganz gewöhnlicher Schmutzler.« Ein zynischer, gehässiger Ton, ein kaum verhaltener Haß, eine große Genugtuung, all das spritzt diese Stimme wie ein Gift auf mich in der anderen fernen Ecke. Mir zuckt es durch den Kopf: So schadenfroh und beutegierig funkelt und spritzt wohl ein Kanker sein Opfer an, das sich in seinem Netz gefangen hat. Vor dieser Offenbarung des »Humanen« wird mir richtig schwindlig vor Ekel.

Nur Stoßgebete können mir helfen, ruhig und gelassen zu bleiben. Aber der Ekel ist doch sehr groß. Er kam mich ja schon in der Sprechstunde immer wieder an, wenn ich mitanhören mußte, mit welchen Methoden man hier arbeitete. Nun, nachdem er sich am Anblick seines Opfers lange genug geweidet hat, entfernt sich die lange, schwarze Kankergestalt. Als sie an mir vorbeigeht, bemerke ich, daß sie schöne große braune Augen hat und eine edle Stirn. Und doch besteht ihr Geschäft darin, Menschen zu erniedrigen und Willen zu brechen.

Die andere Gestalt saß indessen regungslos hinter dem Schreibtisch. Beide Arme aufgestützt. Den Blick unverwandt starr geradeaus auf mich gerichtet. Der Blick schießt aus einem großen fleischigen Gesicht, das einem bullenmäßigen Typus von Mensch angehört, von dem man den Eindruck hat, wenn er sich erhebt und zuschlägt wächst dort kein Gras mehr. Das ist nun mein Vernehmer! Der Ton ist drohend und unerbittlich. Und haßerfüllt! Seinem Aussehen entspricht sein Vorgehen. Es hagelt massive Vorwürfe: konterrevolutionäre Umtriebe, Aufwiegelung der Arbeiterschaft zum Streik, Hetze gegen den Staat. Das einzelne bezieht sich alles auf die Vortragsreihe, die Aussprachen und den Besuchsdienst der Leipziger Studentengemeinde in Böhlen. Der Vernehmung liegen offenkundig die auf böswilligem Mißverständnis oder absichtlicher Verdrehung und Verfälschung beruhenden Eingaben jener Böhlener Arbeiter zugrunde, die in Böhlen unter meinen Zuhörern waren, aber anstatt die offen angebotene klärende Aussprache zu suchen, offenkundig von Anfang an nur gegen mich Material gesucht, zusammengestellt und dabei willkürlich interpretiert haben. Ich setze mich entschieden zur Wehr, versuche zurechtzustellen, die aus dem Zusammenhang gerissenen Äußerungen aus ihrem Zusammenhang heraus zu erklären. Aber ich kämpfe wie gegen eine Wand an. Im besonderen spielen folgende Anschuldigungen eine wichtige Rolle: meine angebliche Hetze gegen die Bodenreform (so war die bloße erzählende Darbietung des Gleichnisses von den bösen Weingärtnern völlig willkürlich von einigen Arbeitern ausgelegt worden!!), die angebliche Bezeichnung der DDR als »Spitzelstaat«, die angebliche Aufhetzung der Arbeiter zum Streik, die angebliche Inschutznahme der Kriegsverbrecher. Bis um 2 Uhr nachts werde ich vernommen. Ich bin total fertig. Man hat jetzt schon den Eindruck der völligen Aussichtslosigkeit und Sinnlosigkeit der Verteidigung. Doch ich bin entschlossen, mich nicht umwerfen zu lassen. Ich steige zwar völlig erschöpft, aber doch noch auf einen baldigen günstigen Ausgang hoffend, die Treppe hinan, die mich ein Feldwebel führt, die Hände immer auf dem Rücken. Wo wird man mich jetzt hinbringen? Ich hoffe auf etwas zu essen und Schlaf.

Tatsächlich bringt man mich in eine Zelle. Dort steht ein Hocker und ein Tisch, auch ein Bett ist da. Die Lampe gibt einen hellen Schein. Doch das alles sehe ich nur wie im Traum. Man drückt mir einen Fragebogen in die Hand und einen Bleistift. Dazu einen Bogen Papier für einen Lebenslauf. Todmüde und hungrig fülle ich mechanisch die Zeilen. Welche Tätigkeit ich bei der Verbüßung der Strafe (es wird hier also schon fest damit gerechnet) aufnehmen möchte? Ahnungslos schreibe ich hin: das Studium der Barthschen Theologie. Später begriff ich, wie wenig das dem entsprach, was man in dieser Spalte zu lesen wünschte.

Die Schreibzelle war aber nicht die mir zum Aufenthalt bestimmte. In diese wurde ich nun geführt. Sie sah sehr anders aus. Ich erhielt Bettzeug zum Überziehen der zwei Decken. Auch etwas kalten Kaffee und Marmeladenbrot verabreichten mir die »roten Engel«, wie ich die Wachleute hier bei mir nannte. (Obwohl sie natürlich alle gegen mich waren, mußten sie mich doch bedienen.) Als die Tür zuging – es muß gegen 3 Uhr gewesen sein – diese Tür, die keine Klinke kannte, und als das lärmende Rasseln des Schlüssels, der unbarmherzig das Schloß außen zur Verriegelung brachte, verklungen war (ein durch und durch gehendes schreckliches Geräusch, das je länger je mehr bei jedem Gefangenen an den Nerven zerrt), begriff ich ganz, wo ich mich befand.

Das also war meine Zelle. Ein mittelhoher, leicht gewölbter Raum von etwa 22 Kubikmeter. Aber zur Bewegung verblieb nur eine Fläche von etwa vier Quadratmetern. Gut zwei Drittel des Raumes wurden beansprucht von einem die ganze Breite des Raumes bis zur Fensterwand einnehmenden pritschenartigen Bretterverschlag. Kein Tisch, kein Hocker, keine Bank. Nur die Toilette, gleich links vom Eingang. Der Holzverschlag war zugleich Tisch, Stuhl und Bett. Das Fenster war durch Glasbausteine ersetzt worden. Die Glassteinwand – in Höhe des letzten oberen Drittels der Wand – hatte man aber in der Mitte geteilt und Ober- und Unterteil gegeneinander verschoben, so daß nur ein schmaler, mit einer Holzleiste verschließbarer Spalt für die Luftzufuhr blieb. Kein Wunder, daß die Luft hier herinnen dumpfig und verbraucht war. In allen Zellen war das so, denn alle waren von derselben Art und hatten dieselbe mangelhafte Belüftung. Ich begriff nicht gleich den Zweck dieses Systems. Zunächst wagte ich noch nicht einmal, mir an der Entlüftungsklappe zu schaffen zu machen. Allmählich wurde mir alles klar: Mangel an Sauerstoff beeinträchtigt die körperliche, aber auch die geistige Leistungsfähigkeit, befördert die Ermüdbarkeit, hemmt den Kreislauf. Keine Zuchthauszelle – mit Ausnahme der dortigen Arrestzellen – hatte so schlechte Luftverhältnisse wie die Zellen des Untersuchungsgefängnisses beim MfS.

Ich erhielt Laken und Überzug für zwei Decken, ein Kopfpolster und dafür einen Überzug. Ich zog die Decken ein und legte mich auf die dünne Auflagematratze, die ich auf dem Pritschenverschlag vorfand. An der anderen Wand lag noch eine solche Matratze. Die durfte nicht mitbenutzt werden. Ich versuchte zu schlafen, todmüde und gerädert, wie ich war. Aber das war leichter gedacht als vollbracht. Denn meine Zelle lag nach Norden. Am Tage hieß das: Kein einziger Sonnenstrahl würde sich, wenn auch noch so gedämpft, durch die Glasbausteine hereinfinden. Des Nachts aber hieß es: beständig Lärm, und zwar intensiver, heftig anschwellender Lärm, der von den allnächtlich in Abständen angetretenen Motorrädern der Polizeistreifen herrührte. Dazu kam der in sehr kurzen Abständen geräuschvoll von den »Rotkehlchen« bediente »Spion« an der Tür, der, so häufig getätigt, vor allem am Tage ein vortreffliches Marterinstrument abgibt.

Ja, die Entmenschlichung in diesem Hause ist eine wohldurchdachte Kunst, die mit kleinen, unscheinbaren, aber sehr wirksamen Mitteln zu arbeiten versteht. Mittel, die vor allem Menschen beeindrucken müssen, die nicht über das dicke Fell und die stumpfe Kaltblütigkeit von Verbrechern verfügen, sondern differenzierter und sensibler organisiert sind. Kriminellen gegenüber wendete man diese Methode der beinahe ununterbrochenen Beobachtung nicht an. Dabei konnte ich noch von Glück sagen, denn wenige Jahre zuvor wurde der um politischer Verbrechen willen beim MfS in U-Haft Befindliche während der ganzen Nacht unter elektrischem Licht gehalten! Hinzu kam die Vorschrift, beide Hände sichtbar über der Decke zu halten, sommers wie winters. Auch das Gesicht immer so, daß es jederzeit durch den Spion wahrgenommen werden konnte. Die entsprechende Vorschrift hing noch an der Wand! Glücklicherweise wurde sie aber nicht mehr praktiziert. Es langte auch so.

Motorenlärm und das Rasseln des Spions ließen mich nicht einschlafen. Immer wieder wurden die Nerven aufgescheucht. Nach zwei Stunden unruhigen Dahindämmerns erklang die Glocke zum Aufstehen. Es wurde Wasser in einem Blechkrug in die Zelle gegeben, dazu ein Handtuch und Seife. Das Waschbecken befand sich in der Zelle. Auch der Bakelitbecher mit der Zahnbürste. Das Wasser war heiß. Das ist zum Zwecke der Reinigung nicht übel. Aber es bringt natürlich keinerlei Erfrischung. Im Gegenteil. Ich hatte oft – und andere auch – den Eindruck, daß dies Schikane war. Denn mitunter ging es auch anders. Es gab draußen im Gang auch einen Hahn für kaltes Wasser. Aber oft wurde uns gerade im Hochsommer früh zum Waschen kochendheißes Wasser präsentiert, so daß man kaum die Fingerspitzen eintauchen und sich ein ganz klein wenig benetzen konnte. Auf Abkühlung warten ging nicht. Denn bald wurde das Handtuch samt der Wasserkanne wieder herausgenommen. Diese wurde zwar neu gefüllt. Doch das Waschen war jetzt vorüber. Nur das Gesicht konnte man später doch noch mit dem abgekühlten Wasser auch ohne Handtuch erfrischen.

Dann kam heißer Kaffee im Blechtopf – natürlich kein Bohnenkaffee, sondern Malzkaffee, zu sächsisch: »Muckefucke«, mit einigen Schnitten Brot und ein wenig Marmelade. Alles wurde von den Feldwebeln und Unteroffizieren persönlich in die Zellen gegeben, und der Blechtopf wieder herausgenommen. Jeder Kontakt mit anderen U-Häftlingen erwies sich als unmöglich. Überflüssig zu bemerken, daß die Marmelade sehr knapp und von der minderen Qualität war. Was aber mir am meisten zu schaffen machte, war das, was uns als Brot verabreicht wurde: die schlechteste Sorte Brot, die ich während meines ganzen Lebens zu Gesicht bekam, ein unmöglicher Klunsch, der mir – wie anderen – schreckliche Blähungen machte, wodurch die Luftverhältnisse in der Zelle noch weiter verschlechtert wurden. (Aber das weit Ärgere war dies: Durch dieses Brot zog ich mir eine Gastritis zu, die ich während der gesamten Haftzeit nicht wieder los wurde trotz ärztlicher Behandlung. Die Blähungen aber hatten weitere, zunächst von mir wenig beachtete, später aber sehr intensiv und schmerzhaft sich äußernde Reaktionen der Genitalien zur Folge, an denen ich heute noch laboriere. Jeder Kriminelle hatte die Möglichkeit des HO-Zukaufs, womit er Mängel der Anstaltsernährung ausgleichen konnte. Wir »Politischen« nicht.)

Gegen die Zermürbung gibt es wichtige Waffen, geistige und geistliche: Es ist schon wichtig, all die Manipulationen in dieser Anstalt zu durchschauen. Das nimmt ihnen die Spitze. Die Mobilisierung der Willens- und Widerstandreserven erscheint noch wesentlicher. Für mich ist und blieb die entscheidende Waffe von Anfang an: das Gebet. Das ganz persönliche, das Stoßgebet. Aber auch und gerade das formulierte Gebet der Kirche. Es erwies sich als ein ungeheurer Gewinn, daß ich viele Psalmen auswendig kann und im Stundengebet der Kirche seit Jahren zu Hause bin, mir die Komplet zumal ganz zu eigen gemacht habe. So konnte ich lange, im intensiven Gebet versunken, stehend verharren, das Auge auf den matten Lichtglanz geheftet, der durch die Glasbausteine dringt, indes die Wachtmeister unablässig durch den Spion spähten und nur meinen Rücken zu sehen bekamen. Ein Unterleutnant fuhr mich eines Tages an, ich stünde in der Zelle »wie ein Ölgötze«. Der Arme, er wußte nichts und wollte auch nichts wissen von dem, was sich da vollzieht, wo ein Mensch, der aller menschlichen Hilfe beraubt ist, sich ganz und gar in die Arme des lebendigen Gottes wirft – ein Atmen der Seele in der Freiheit des Daheimseins bei Gott.

6. April 1957

Das Brot habe ich heute gleich aufgegessen. Einfach weil ich Hunger hatte. Dann aber auch, weil ich befürchten mußte, daß das Aufheben von Brot, das ja dann frei in der Zelle, auf dem »Bett« oder auf der Pritsche läge, nicht geduldet würde. Zusätzliches Gezänk und überflüssige Reiberei gilt es zu vermeiden. Es genügt, was bei den Vernehmungen durchzustehen ist.

Gegen 9 Uhr – auf dem Flur ist eine Uhr – werde ich wieder geholt. Ich versuche, im Gebet mich zu sammeln auf die bevorstehenden Dinge. Immer wieder bete ich: »Herr, in deine Hände befehle ich meinen Geist. Du hast mich erlöst, Herr, du treuer Gott.«

Nun stehen wir vor der Zelle 15, der Vernehmerzelle, in der ich letzte

Nacht schon war. Ich bin noch furchtbar müde. Aber das Tauziehen mit dem bulligen Leutnant geht nun weiter. Noch wochenlang wird es weitergehen. Was komprimiert in der letzten Nacht auf mich losgelassen wurde, wird nun im einzelnen durchgezogen und protokolliert. Dabei geht es hart zu. Alles, was die Arbeiter in die Vorträge in Böhlen hineingehört haben, und alles, was kritisch bei den Aussprachen im Pfarrhaus meinerseits und von seiten Bruder Oltmanns' und der Studenten ausgesagt wurde, kommt dran. Auch dies, daß ich den Militärseelsorgevertrag als eine Sache bezeichnete, die keineswegs ein Ja der Kirche zu Atomwaffen, zum Atomkrieg und dgl. bedeutete. Daß ich geäußert habe, wer sich umfassend (über die Kirche in der DDR und in der Bundesrepublik) informieren will, könne nicht nur das »Neue Deutschland« und die sozialistische Presse lesen; dies aber sei de facto ein Aufruf zum Abhören des Rias gewesen! Daß ich geäußert habe, das ZK sei undemokratischer als die Kirche, die Synode. (In Wahrheit hatte ich gesagt, bekanntlich gebe es auch im ZK nicht immer nur eine Meinung; so sei es auch in der Kirche, nur daß hier der Mann mit der anderen Meinung brüderlich ertragen und getragen würde, während das im ZK nicht immer der Fall sei.) Daß ich für Bonn und für Pankow gebetet habe, eine Ortsbezeichnung, bei der ich mir wahrhaftig nichts weiter gedacht hatte, am allerwenigsten damit aber habe hetzen wollen. Daß ich nicht einfach alle Soldaten, die gegen die Sowjetunion im Felde standen, als Kriegsverbrecher bezeichnen könne. Das hatte ich wirklich gesagt. Angeblich aber hatte ich die Kriegsverbrecher in Schutz genommen. Gefordert hatte ich als Christ lediglich: die Unterscheidung von Sünde und Sünder. Der Letztere könne von Christen nie aufgegeben werden, was aber strenge Bestrafung keineswegs ausschließe.

In einer Bibelstunde sollte ich behauptet haben, die Kriegsverbrecher seien in Nürnberg zu Unrecht verurteilt worden, da das Gericht nicht zuständig gewesen sei. Der wahre Tatbestand: Nach einer Bibelstunde hatte ich einer Studentin, von ihr befragt, erklärt, daß es allerdings Juristen gebe, die diesen Standpunkt einnehmen, dies aber nicht mein Standpunkt sei. Allerdings könne man fragen, ob es nicht besser gewesen wäre – damit nicht Kläger und Richter in einer Person fungierten –, das Gericht über die Angeklagten in Nürnberg Richtern aus neutralen Ländern zu übertragen. Ein weiterer Vorwurf: Ich hätte gegen die Sonntagsarbeit gehetzt.

Um solche und ähnliche Punkte ging das tägliche Tauziehen. Nach einer kurzen Vernehmung wurde ich gegenüber in eine Leerzelle gesperrt, bis der Vernehmer das Protokoll verfaßt hatte, handschriftlich! Dann wurde ich zur Unterschrift zitiert. Es erwies sich jedesmal, daß meine Aussagen übersteigert oder gänzlich verfälscht waren. Harte Kämpfe und Auseinandersetzungen um jedes Wort. Änderungen.

Einer der Hauptpunkte: Meine Einstellung zur DDR. Man unterstellte mir völlige Staatsfeindschaft. Ich beharrte dabei, wohl kritisch eingestellt zu sein, im ganzen aber loyal, ablehnend jedoch gegenüber dem militanten Atheismus und allen aus ihm entspringenden Praktiken. Speziell gegenüber der Entwicklung zu sozialistischen Wirtschaftsformen bestünden, betonte ich, keine theologischen Bedenken.

Mittags wurde ich zur Aufenthaltszelle gebracht, erhielt eine Blechschüssel voll Suppe. Kaum eine halbe Stunde danach geht die Vernehmung schon weiter. Erst am Abend bekomme ich einigermaßen Ruhe, wenigsten äußerlich. Denn die Gedanken arbeiten unaufhaltsam fieberhaft fort, denken die Vernehmung durch, versuchen vorauszuerwägen, was möglicherweise kommen könnte.

Die Zelle ist schlecht geheizt. Es ist noch April. Der Raum liegt nach Norden. Ein mäßig warmes Rohr geht in einer Ecke vom Boden bis zur Decke hindurch. Die Gefangenenuniform besteht nur aus Drillichzeug. Ich stecke die Hände in den jeweils anderen Ärmel. Sitzen kann man nur kurze Zeit, weil es einfach zu kühl ist. Doch auch das Sitzen ist noch erschwert. Man darf nur auf der Kante sitzen, sich nicht anlehnen, muß sich schön gerade halten. Und alle zwei bis drei Minuten wird man durch den »Spion« kontrolliert. Ferner: Der Pritschenverschlag hat eine Höhe, daß ein normal großer Mann nicht mit Aufstellen der Beine bzw. Füße sitzen kann. Diese hängen vielmehr ein ganzes Stück über dem steinigen Fußboden der Zelle, so daß die Holzkante der Pritsche einem ins Fleisch des Oberschenkels schneidet. Es bleibt einem nichts übrig als, einem Raubtier gleich, den knapp vier Quadratmeter großen Raum entweder diagonal im Pendelgang zu durchmessen oder die Seiten abzuschreiten. Am bequemsten sitzt man auf der Toilette. Wenn man den Deckel hochklappt, hat man sogar eine gewisse Rückenlehne. Dort hocke ich am liebsten und gehe meinen Gedanken nach. Bis jetzt ist ja nichts verloren, und es könnte noch alles gutgehen, oder doch jedenfalls bald vorübergehen.

7. April 1957

Nachts war wieder toller Krach, so daß an festen Schlaf nicht zu denken war. Heute ist Sonntag Judica! Ob man mich heute weiter vernehmen wird? Nun, der Beginn ist ganz verheißungsvoll. Man weckt eine Stunde später. Ja, und ich traue meinen Augen nicht: zum Kaffee gibt es heute zwei Brötchen mit Butter! Ich staune. Der Sonntag als die gute, von Gott dem Menschen gegönnte Pause zum Ruhen erweist seine Kraft auch hier!

Die Rüste auf den Sonntag beginnt übrigens schon am Sonnabend. Ein Eimer scharfes Wasser, ein Wischlappen und eine Bürste werden plötzlich in die Zelle gegeben. Und es ist eine Wonne, allen angesammelten Grimm an den Brettern, den Wänden, dem Steinfußboden mit Wasser, Bürste und Lappen auszulassen.

Nun ist also der Sonntag da. Auf meinem Schreibtisch daheim liegt fertig die Predigt für den Gottesdienst in St. Petri. Den muß nun ein anderer Amtsbruder halten. Oder ob man meine Ausarbeitung als Lesepredigt verwenden wird? Wohl kaum. Jedenfalls aber ist Sonntag heute auch hier. Denn als die Zeit heran ist, werde ich nicht zur Vernehmung geholt. Auch andere Türen werden nicht geschlossen. Nur von Zeit zu Zeit, und dann gleich mehrere nacheinander. Doch das betrifft den inneren Dienst. Er kommt auch zu mir. Ich erhalte Spiegel, Pinsel und Rasierapparat samt warmem Wasser zum Rasieren. Damit es aber den Gefangenen nicht zu wohl werde, ist die Klinge eher einer Sense zu vergleichen. Die Rasur wird eine wahre Tortur, zumal mein Bart sehr hart ist. Immerhin, es ist etwas Sonntägliches.

Doch die eigentliche Wohltat ist dies: endlich einmal nicht unter höchstem Druck und unter stärkster seelischer Spannung stehen, endlich einmal nicht der quälenden Befragung und Beschuldigung ausgesetzt sein, den zwei Augen, die einen hart und böse anstarren, dem unerträglichen blöden Ringen um jedes Wort im Protokoll. Endlich aufatmen dürfen und wirklich still werden können.

Und nun, was für eine Freude, jetzt höre ich durch den schmalen Spalt, der mit der Außenwelt verbindet, die Glocken, die zum Gottesdienst rufen. So gibt es doch Gottesboten, die durch die Mauern und Gitter hindurch dringen. Es sind wohl die Glocken der Thomaskirche und der Peterskirche. Ich kann, wenn schon getrennt, doch im Geist zur gleichen Stunde mit der betenden und hörenden Gemeinde versammelt sein. Das ist ein großes Geschenk in dieser Stunde, zumal mir gewiß ist, daß die Gedanken vieler Glieder am Leibe Christi in Leipzig und im Lande am heutige Tage auch mit mir einswerden. Wie gut, daß man die Liturgie auswendig – by heart – kennt. So halte ich, ganz leise singend, Judica-Gottesdienst, meditiere die Lesetexte und den Predigttext, bete: »Du hast mich in diese Lage gebracht, in diese Tiefe geführt, und weißt warum. Du weißt, daß ich in meinem Amt nach deinem Willen getrachtet und mich bemüht habe, den Dienst eines evangelischen Predigers und Seelsorgers in diesem Lande an Studenten und anderen in der heutigen Situation recht auszurichten. Aber ich weiß auch, daß mir dieser Weg nicht nur um deiner Kirche willen verordnet ist, sondern auch um meiner Buße und Rettung willen. Ich bitte dich: Laß mich nicht zuschanden werden, gib Kraft und Weisheit und führe mich in dieser Tiefe so, daß es deiner Gemeinde und mir zum Segen werde.« Und ich bete den Psalm dieser Judica-Woche, der sich wie ein Vorzeichen vor den ganzen Prozeß schaltet, den 43., dessen Anfang jenes »Judica« ist: »Richte mich, Gott, und führe meine Sache wider das unheilige Volk. Errette mich vor den falschen und bösen Leuten. Du bist der Gott meiner Stärke. Warum lässest du mich so ferne gehen, da mich mein Feind drängt ... Was betrübst du dich, meine Seele, und bist so unruhig in mir. Harre auf Gott, denn ich werde ihm noch danken, daß er mir hilft mit seinem Angesicht.«

8. April 1957
Wieder das häßliche Gefechte und Tauziehen. Auf der Zelle oben dazu noch ein weiteres. Plötzlich wird die Tür geschlossen. Ich stehe mit den Händen auf dem Rücken, das Gesicht der Tür abgewandt. Merke, daß jemand die Zelle betritt. Kein Befehl »Drehn Se sich um«, »Gomm Se«. Der Mann geht einen Schritt nach rechts, dann nach links. Dort befindet sich die Toilette. Schweigen. In der Ecke bei der Toilette steht der Becher mit der Zahnbürste, und dort liegt mein Kamm, das einzige Stück persönlichen Eigentums, das man mir gelassen hat, ein hübscher kleiner Zelluloidkamm, den ich mir im Westerwald in einem Friseurladen gekauft habe. Ach, wie weit ist man jetzt von alledem getrennt! Plötzlich ertönt eine kratzige, bärbeißige, vulgär-sächsische Stimme: »Guggen Se ma her! wasn das?« Ich drehe mich um. Vor mir stand ein kleiner Mann mit hohen Stiefeln, angetan mit einem weißen Kittel, auf dem Kopfe die Offiziersmütze der Stasi. Er hielt mir den kleinen Kamm unter die Nase. Ich trug ihn schon längere Zeit bei mir. Zwischen den einzelnen Zinken war deutlich zu erkennen, daß sich Kopfschuppen angekämmt hatten. Meine Frau pflegte ihn automatisch von Zeit zu Zeit einer Reinigungsprozedur zu unterziehen. In der Dunkelheit der Zelle hatte ich bisher darauf überhaupt nicht geachtet, und es war ja auch nicht sehr arg. Doch der Mann in Weiß war da ganz anderer Meinung. Ich antwortete auf sein Frage nicht, was sollte ich schon sagen? Darauf er, plötzlich laut brüllend, und mich haßerfüllt durch seine Brille anfunkelnd: »Wer so e Kamm hat, das is e Schwein, merken Se sich das.«

Die Sache hatte ja nun etwas unendlich Komisches. Als solches wäre sie einem zweifellos beim Kommiß erschienen. An einen bösartigen »Spieß« erinnerte die Gestalt da vor mir sowieso. Aber es sah und hörte sich hier doch anders an. So feindselig war mir vom Wachpersonal (nicht vom Vernehmungspersonal) noch keiner begegnet. Offensichtlich war er von vornherein in die Zelle gekommen, um irgendeinen mehr oder weniger nichtigen Anlaß zu finden, auf Grund dessen er mir das Wort »Schwein« ins Gesicht zu schleudern sich berechtigt fühlte. Darauf allein war es ihm angekommen. Denn alsbald verließ er die Zelle, und der Schließer, an der Tür stehend, schloß wieder.

Wer aber war jener Mann in Weiß? Ich erfuhr es nach und nach. Ein Unterleutnant, der die Funktion des Sanitäters ausübte. Zu diesem Zweck führte er Zellenkontrollen durch. Er hatte die »hyginische« (das e sprach er nicht) Inspektion, er war der Sani. Mit einer Taschenlampe bewaffnet, sah ich ihn später noch oft die Zelle betreten. Mit ihr leuchtete er alle dunklen Winkel aus, kratzte dann womöglich mit einem langen Messer den dort angeschwemmten Schmutz heraus, den man mit keinem anderen Instrument hätte erwischen können. So demonstrierte er mir und anderen, was wir für Dreckskerle seien. Dann sprang er plötzlich auf den Pritschenverschlag mit seiner Taschenlampe und leuchtete die Kante an der Wand ab, die zwischen Ölsockel und Kalkwand gezogen war. Ursprünglich hielt ich ihm zugute, er suche dort Ungeziefer. Aber man klärte mich auf. Er vermutete dort Kritzeleien irgendwelcher Art, von denen ja alle Wände im Knast voll sind. Der Gefangene, zumal der in U-Haft bei der Stasi, nimmt mangels Papier jede Gelegenheit zum Schreiben und Kritzeln wahr. Das besondere Augenmerk des Hyginikers galt dem Bettenbau – auch das eine »Spieß«-Spezialität –, was ihm bei den Gefangenen den Ehrentitel »Bettenbauingenieur« eingebracht hatte.

Er war mir feindlich, solange ich mit ihm zu tun hatte. Noch ahnte ich nicht, wie lange das sein würde. Auch im Bad, das sich unten im Keller in Gestalt von zwei Duschen befand und in das man jeden Sonnabend geführt wurde, übte er gern Aufsicht. Während wir uns unter der Dusche wuschen – das Baden geschah zellenweise bzw. einzeln –, durchwühlte er sämtliche Taschen in Hosen und Jacken und fingerte alles nach Verbotenem ab. In meiner Tasche fand er einmal einen Rest einer trockenen Schnitte Brot, die ich mir für die lange Zeit zwischen dem Frühkaffee und dem Mittagessen aufbewahrt hatte und mit ihrem Verzehr nicht ganz fertig werden konnte, als ich in der Wartezelle eingesperrt war. »Was hamsn in dr Tasche?« Ich: »Etwas Brot.« Antwort: »Sie sind ein Schwein. Brot schteckt mr nich so in de Tasche. Wenn Se das als Indellijenzler nich wissn, da miss mir Werktätjn Ihn äm das beibringn.« Ich wagte einzuwenden, daß es ja keine Gelegenheit gäbe, Brot sachgemäß aufzuheben, um es später als ganz früh zu essen. Der dabei stehende Feldwebel aber erklärte mir, es sei ja Klo-Papier auf Zelle.

9. April 1957

Wieder den ganzen Tag Vernehmung und Protokoll. Ich habe den Eindruck, daß man mich in möglichster Kürze k. o. schlagen will. Der Vernehmer ist furchtbar zornig und wütend, wohl einfach auch deshalb, weil er so schlecht mit mir vorankommt. Doch ich wache über den Worten, die zu »Protokoll« verarbeitet werden.

10. April 1957

Heute hatte ich in der Hauptsache sämtlichen Briefwechsel von mir und die Akten der Gemeinde, die ebenfalls vollständig beschlagnahmt wurden, zu registrieren, d. h. die Seiten durchzunumerieren. Auch Bücher hat man beschlagnahmt. Warum man mich das machen läßt. Vielleicht weil man ordnungsgemäß verfahren will? Vielleicht weil man mich psychisch beeinflussen will in der Meinung, es handele sich um belastendes Material, das mich womöglich »geschmeidiger« macht? Ich weiß es nicht, denke auch gar nicht sehr darüber nach. Ich spüre mit jedem Blatt, das ich in die Hand nehme und mit raschem Blick streife, das Stück Leben, das damit für mich und für die Gemeinde verbunden ist. Belastendes kann ich dabei nicht im mindesten entdecken oder gar empfinden.

Übrigens: Die zwei Stasi-Männer vom »Außendienst«, mit denen ich auf diese Weise in Berührung komme – sie sind es offenbar, die die zwei Sack Material »sichergestellt« haben –, haben mir gegenüber ganz andere Umgangsformen als die Vernehmer. Der jüngere bietet mir eine Zigarette an, übrigens ein schmucker intelligenter Kerl. Schade. Er sagt: »Denken könn Se, was Se wolln, aber sachn dürfses nich«. Der andere, der ältere (wohl über fünfzig), redet mich sogar mit »Herr Doktor« an. Wie soll ich mir das deuten? Mit diesen Registrierarbeiten gehen nach ein paar Tage hin. Man nimmt sich also Zeit. Man hat hier viel Zeit. Mehr und mehr werde ich das merken.

Nach dem Abendbrot werde ich unerwartet wieder aus der Zelle geholt. Ich werde dem Arzt vorgeführt. In Gegenwart des Hyginikers. In der Anamnese bringe ich meine Spondylose und Tbc in Erinnerung und bitte entsprechend den mir »draußen« von den Ärzten gegebenen Verhaltensmaßregeln um Liegeerlaubnis beim Aufenthalt auf Zelle.

Der Arzt ordnet röntgenologische Untersuchung an und setzt eine Liegeerlaubnis von 12 bis 14 Uhr fest, gerade das, was ich brauche. Der Arzt hier ist ein freundlicher sachlicher Polizeiarzt. Dem Hyginiker bleibt die Luft weg. Der Arzt ist eine weitere Insel der Menschlichkeit in diesem Hause.

11. April 1957

Am nächsten Mittag probiere ich gleich die Sache aus. Ich lege die Uniform ab und lege mich auf die Pritsche decke mich mit der Decke zu. Es dauert nicht lange, da wird die Tür aufgeschlossen. Entrüstet fragt der Feldwebel: »Was fällt Ihnen ein, sich hinzulegen?« Antwort: »Ich habe vom Arzt Liegeerlaubnis«. Zwei Augen starren mich an: »Das werden wir überprüfen«. Nun, die Überprüfung bestätigte meine Angabe. Vor der Tür tuschelten Feldwebel und Unteroffiziere. Sie konnten es nicht fassen, daß so einer wie ich eine solche Erlaubnis bekam. Einmal hörte ich: »Da kann mr ebn sehn, die haltn doch alle zusamm.« Offensichtlich war die Intelligenz gemeint.

Das Liegendürfen mittags war wirklich eine Erleichterung. Der Nachmittag würde nun nicht mehr eine so arge Quälerei wie bisher sein. Freilich, wenn ich gehofft hatte, bis 14 Uhr liegen zu können, so wurde daraus nichts. Denn nicht lange nach dem Essen rasselte das Schloß. Und mit »Gomm se« ging es ab zur Vernehmung.

An dem Abend, als ich dem Arzt vorgestellt wurde, hatte ich noch ein besonderes Erlebnis. Ich hatte meine Schnitten hinuntergewürgt, und das graue Elend der düsteren Zelle mit den dicken Wänden und dem erbärmlichen Licht (15-Watt Birne hoch oben) wollte mich gerade überfallen. Da, ich traue meinen Ohren nicht, das sind doch Posaunen! Und wie nahe! Es klingt ja geradezu, als bliesen sie innen im Hause. Deutlich höre ich den Passionschoral: »Herzliebster Jesu, was hast du verbrochen, daß man ein solch hart Urteil hat gesprochen? Was ist der Grund, in was für Missetaten bist du geraten?« Strophe um Strophe. Kein Lied hätte besser in die Situation gepaßt. Plötzlich weiß ich, wer da bläst und wo es ist: Das sind meine Studenten mit ihren Posaunen! Sie grüßen ihren gefangenen Pfarrer! Und sie haben sich überlegt, wie das am besten zu machen sei. Sicher blasen sie in einem der Räume der Theologischen Fakultät, die keine fünfzig Meter von hier im rechten Winkel zum U-Gefängnis des MfS sich befindet, und zwar bei geöffnetem Fenster, sonst könnte man es nicht so laut und deutlich hören. Ich bin überwältigt und gehe augenblicklich auf die Knie in Dankbarkeit für dieses mutige Zeichen der Treue und der Verbundenheit im Glauben. Es zeigt mir auch an: Sie sind nicht einfach in die Mauselöcher gekrochen, und sie werden es nicht. Diese Verhaftung wird viele und vieles in Bewegung bringen!

Noch oft seitdem tönen mir die Posaunen zu Trost und Zuversicht. Jede Woche. Zunächst bleiben sie ganz nahe, also offenbar in den Räumen der Fakultät. Einmal vernehme ich sogar das häuslich vereinbarte Pfeifsignal des Kanons: »Tatü tatatüdeldumdei. dudeldätsch, so ruft die Schalmei ...«, geblasen von den Posaunen. Es ist toll. Ich könnte rasend werden vor Freude. Später grüßen die Posaunenklänge aus etwas größerer Ferne. Aber immer noch sehr gut hörbar. Es ist nicht schwer zu erraten, wo sie sich aufgestellt haben: auf dem Turm der Peterskirche! Jeden Donnerstag zur Bibelstundenzeit lassen sie sich dort hören. Ich kann jede Woche mit Sicherheit darauf rechnen; nur in den Semesterferien setzt eine Pause ein. Sie blasen das Wochenlied, dann einen oder zwei andere Choräle und schließen mit einem Abendlied. So besteht in aller Getrenntheit eine geradezu ›materielle‹ Verbindung zwischen der Gemeinde und mir! Und im Geiste bin ich mitten unter ihnen, wenn sie sich unter Gebet und Lied um das Wort Gottes sammeln.

Mehrere Male war von der Fakultät her auch Gesang zu hören. Eines Nachmittags, als ich auf Grund der Vernehmung besonders deprimiert und »down« war, öffnete der Vernehmer plötzlich – er rauchte wie ein Schlot – die Fenster. Da vernahm ich wie Klänge aus einer anderen Welt – und in der Tat, es ist eine andere Welt, eine wirklich andere Welt, aus der solche Töne kommen – den Gesang von gemischten Stimmen: »Du, meine Seele, singe, wohlauf und singe schön«. Sie sangen alle Strophen durch und kamen auch auf die, die mir schon in der Kriegsgefangenschaft so wichtig geworden war: »Er weiß viel tausend Weisen zu retten aus dem Tod, er nährt und gibet Speisen zur Zeit der Hungersnot, macht schöne rote Wangen oft bei geringem Mahl, und die da sind gefangen, die reißt er aus der Qual.« Alle Müdigkeit war weg und alle Depressionen, mochten sie im übrigen bei diesem Prozeß mit mir machen, was sie wollten.

12. April 1957

Nun wollen sie mich auch noch zum »Militaristen« machen. Da haben sie ein Buch bei mir zu Hause gefunden, »Unter Stahlhelm und Fliegerhaube« von Gezork, in dem ein Flieger des Ersten Weltkrieges berichtet, wie er das Schwere und Gefährliche des soldatischen Schicksals vom Glauben her bewältigt hat. Vielleicht ist bei dem Schreiber auch ein bißchen Kriegsromantik mit eingeflossen. Ich las das Buch vor zwanzig Jahren. Seitdem steht es unbenutzt im Regal. Das soll also ein faschistisches Buch sein! Und wer so etwas besitzt, ist ein Faschist? O, wie dürftig ist das Material. auf das ihr euch stützt! Wie krampfhaft eure Bemühung der Anklage! Wie billig und hilflos ist das alles! Und wie versucht ihr, einem das Wort im Munde herumzudrehen! Wen ihr erledigen wollt, den erledigt ihr, wie auch immer. Das ist mir nie zweifelhaft gewesen. Darum habe ich alle überängstliche Vorsicht stets für überflüssig gehalten.

12. April 1957

Die Sache fängt an, einen zu zermürben. Nachts fast ohne Schlaf wegen des Lärms. Einmal schrie eine Frau schrecklich: »Laßt mich los! Ich habe nichts getan!« Sie wurde offensichtlich nachts eingeliefert, und ihr hilfloses, verzweifeltes Geschrei drang einem durch und durch, daß man nur immer wieder rufen konnte: »Herr, erbarme dich ihrer und hilf ihr!« Endlich verebbte das Schreien wie in weiter Ferne und verstummte. Was sich wohl in »diesem Hause« alles abspielen mag an echten und unechten Tragödien!

Wie ein Tier im Käfig rennt man von Wand zu Wand, auf einer Fläche von vier Quadratmetern. Kein Tageslicht. Kein Sonnenstrahl. Eine stickige, dumpfe Luft. Kein menschliches Du. Nur die »Rotkehlchen«, die »roten Engel«. Und immer und immer wieder ihr Gaffen durch den Spion, wenn sie draußen von Tür zu Tür schleichen. Nicht einmal die Augen schließen darf man, Das gilt als Schlafen. Wird man erwischt, wenn man mit geschlossenen Augen dasitzt, so schlägt der Schleicher vor der Tür den Eisenriegel, der nur nachts vorgelegt wird, mit plötzlichem gewaltigem Krach gegen die Tür, daß man unwillkürlich zusammenzuckt. Ich blicke auf. Durch den Spion funkelt gehässig und schadenfroh ein Auge. Eine Stimme knurrt mich an von jenseits der Tür: »Schlafen Se nich!« »Ich schlafe doch gar nicht!« »Dann lassn Se gefälligst de Oochn uff.« Ja, es ist schon ein Jammer. Dabei sind die Menschen, die man lieb hat, so nah. Nur ein paar Minuten von hier. Wie ich später erfahre, hat meine Frau sich täglich um das Häuserviereck bewegt, worin sich »dieses Haus« befindet. Und die Studenten sitzen ja keine hundert Meter weit entfernt in den Vorlesungs- und Seminarräumen. Doch die Wände sind dick, und unerbittlich schnappt rasselnd beim Schließen die klinkenlose Tür ins Schloß.

Unaufhörlich bewegen sich im Kopfe die Gedanken. Die Beine aber umkreisen immer wieder die steinerne Fläche von vier Quadratmetern, vorbei an der Wand, an der Tür, am Klo, an dem Pritschenverschlag und wieder an der Wand ... Endlich sinke ich müde und erschöpft auf die Bretter. Sich auf den Bettrand zu setzen ist verboten. Ich starre auf die grauen Steine zu meinen Füßen und komme mir namenlos verlassen vor. Aber da begibt sich etwas, das ich mir nie hätte träumen lassen:

Aus dem Gewirr der Linien im Steinfußboden hebt sich ein Antlitz mir entgegen – ein Frauenangesicht, das Antlitz einer Mutter. Voll Trauer ist ihr Blick, und um den Mund zuckt tiefer Gram. Ich wage meinen Sinnen nicht zu trauen, und wieder schaue ich hin und, siehe, das Angesicht ist verwandelt, der Blick voll Mut und Zuversicht. Und ich begreife: O Gott, selbst den Steinen gibst du Befehl zu schreien, daß du bist. Und deine Stimme spricht: Wie einen seine Mutter tröstet, so will ich dich trösten.

15. April 1957

Als ich mittags von der Vernehmung komme, liegt auf den Brettern der Pritsche ein Umschlag mit einem Schreiben der Staatsanwaltschaft. Es ist die Antwort auf meinen Antrag auf Haftentlassung. Schon am 6. 4. mittags wurde ich dem Haftrichter vorgeführt, bei dem ich sofort Protest einlegte. Er teilte mit, daß ich binnen vierzehn Tagen einen Antrag stellen könne. Das Papier dazu hatte ich mir vom Vernehmer am 9. 4. erbeten und in seiner Gegenwart den Antrag gestellt mit der Begründung, es handele sich bei der ganzen Sache, die zur Verhandlung anstünde (in der Hauptsache »Böhlen«) um Mißverständnisse.

Wie würde die Antwort aussehen, die ich jetzt in Händen hielt? Ich las hastig. Es war eine glatte Ablehnung. Grund: es sei unmöglich, daß sich so viele fortschrittliche Menschen in bezug auf meine Äußerungen so täuschen könnten. Keineswegs handele es sich um bloße Mißverständnisse. Es sei vielmehr mit einer Freiheitsstrafe nicht unter zwei Jahren zu rechnen. Deshalb läge Fluchtverdacht nahe, und eine Haftentlassung käme nicht in Frage. Unterschrieben von drei Personen, also einem ganzen Kollektiv. Da stand es schwarz auf weiß: sie waren entschlossen, mich zu bestrafen, die Frage war nur noch, wie hoch. Verflogen waren die Illusionen, die Sache könne am Ende doch noch gut ausgehen. Das war ein harter Schlag. Noch keine vierzehn Tage befand ich mich in »diesem Hause«, und der Ekel stand mir schon bis an den Hals. Nun tat sich eine Perspektive von zwei Jahren und mehr auf – es ließ sich nicht fassen. In solchen Augenblicken lernt man das Beten ex profundis.

Übrigens: Es war Passionswoche. Was ist das Leid hier gegen jenes, das dort und damals für uns alle und auch für mich am Kreuz getragen wurde. Es bestand trotz allem kein letzter Anlaß zur Klage. »Haben sie mich gehaßt, so werden sie euch auch hassen. Haben sie mich verfolgt, so werden sie euch auch verfolgen«, spricht der Herr. »Der Jünger ist nicht über seinen Meister«. Nur, daß der Jünger immer sündiger

Mensch ist und seine Nachfolge nie rein. So ergeht alle Not und alles Leid immer auch als Gericht und ruft uns zur Buße. Sie sind niemals *nur* Auswirkung der Christusfeindschaft der Welt.

16. April 1957

Heute zum ersten Mal »Hofgang«. Wieder unter freiem Himmel! Wenn es auch nur ein Himmelsausschnitt ist, den man in dem kleinen Steinkäfig zu sehen bekommt. Es ist doch frische Luft. Man kann tief atmen. Wolken ziehen dahin. Die Luft ist feucht und frühlingsschwer. Hier ist freilich nichts, gar nichts Grünes. Kein Baum. Kein Strauch. Zwischen den Pflastersteinen drängt sich nur winziges Unkraut hindurch. Mein Blick verweilt auf ihm wie auf einem Heiligtum. Und draußen ist Frühling, grünt und blüht es. Hier aber ist alles grau in grau. Gibt es gar kein Frühlingszeichen für den Gefangenen? Ist ihm keinerlei Anteil an der fröhlichsten Zeit des Jahres von seinen Kerkermeistern gegönnt? Ist er ganz ausgeschlossen aus dem Garten der Schöpfung Gottes? Fast will es so scheinen.

Doch da singt von irgendeinem Dachfirst, von mir ungesehen, die Amsel. Und in ihrem süßen, quellenden, schwermütigen Lied ist die ganze Wonne und das ganze Weh auch des werdenden Frühlings. Es ist, als ob sie allen Männern und Frauen hinter den Mauern hier und drüben in der Beethovenstraße es ins Herz singen will: Mögen euch die Menschen hinter graue trostlose Mauern pferchen, Gott hat auch an euch gedacht. Wer Ohren hat zu hören, der hört es. Und noch einen anderen Sänger mache ich aus: den Hausrotschwanz! Jeden Morgen und Abend bietet er auf dem Dach im Hof, nach dem mein Fenster geht, seine einfache Strophe dar. Nie habe ich ihn gesehen. Durch Glasbausteine hat man keine Sicht. Aber wie beinahe brüderlich empfinde ich seine Nähe und die Innigkeit seines lieblichen und zugleich herben Liedchens! Diese Kreatur Gottes ist mir näher als die menschlichen Wesen, die ich in »diesem Hause« mir gegenüber habe.

Übrigens: Noch eine andere Freude gewährte mir der Aufenthalt in einem der Steinkäfige im Hofe, wenn er auch nur knappe zehn Minuten dauerte. Über dem Rand der Mauer erblickte ich nach Osten zu das Gebäude der Theologischen Fakultät in den Räumen des ehemaligen Leipziger Amtsgerichtes! Dort drüben hatte ich noch vor wenigen Jahren als Assistent bei Prof. Sommerlath im Seminar für systematischen Theologie gesessen und mit Büchern hantiert und über Büchern gearbeitet. Innig umfaßte mein Blick, wenn ich mich auf die Zehenspitzen stellte, auf der Seite, wo der Mann mit der Maschinenpistole, der von seiner Kanzel über mich (und die anderen in den Käfigen) wacht, mich nicht einsehen kann, die Gebäude jenseits der Mauer, und ich spähe nach den Menschen, um einen Menschen zu erkennen. Doch wenn das auch nie gelingt, ist es doch eine freundliche Empfindung, viele Menschen in dem Hause da drüben zu wissen, mit denen ich zutiefst verbunden bin und die wohl oft zu mir hin denken.

(Lange genug hatte man mir die zehn Minuten frische Luft vorenthalten! Umso dumpfer empfinde ich freilich danach die Luft in diesem Hause und noch mehr in meiner so schlecht belüfteten Zelle! Doch keineswegs komme ich nun etwa jeden Tag in den Käfig im Hof! Immer wieder gibt es Pausen von mehreren Tagen. Und sonntags gibt es grundsätzlich keinen »Hofgang«. Immer mehr erkenne ich, daß das dauernde Beäugen der Gefangenen durch den Spion auch das Ziel verfolgt, zu verhindern, daß die Inhaftierten sich ein Leid antun. Das nämlich wäre sehr unangenehm, weil es ja doch so oder so an die Öffentlichkeit käme. Und daran hat man in »diesem Hause« aus begreiflichen Image-Gründen kein Interesse.)

19. April (Karfreitag) 1957

Heute ist Karfreitag, ein staatlich geschützter Feiertag. Doch das Ministerium schert sich darum nicht. Schlag 9 Uhr werde ich zur Vernehmung geführt. Während des Tauziehens auf der Vernehmerzelle läuten drüben die Glocken von St. Petri. Karfreitag – damals führten sie einen zum Schandpfahl. Den hatten sie auch vorher vernommen. Und wie sie ihn vernommen hatten! Ach, was ist das alles hier dagegen für ein Kinderspiel!

20. April 1957

Es ist herrlich. Ich werde nicht zur Vernehmung geführt! Mein Vernehmer ist zweifellos schon zum Osterurlaub abgereist. Er scheint aus der Torgauer Gegend zu stammen. Ich erkenne es an der Aussprache und noch mehr an der Sprechmelodie. Neulich sprach ich ihn daraufhin an. Da war er ziemlich baff. Übrigens scheint er zu bezweifeln, daß die Pfarrer das glauben, was sie verkündigen. Es blieb freilich unausgemacht, ob das eigene »Erkenntnis« ist oder ab man's ihm wie so vielen anderen in der Schulung beigebracht hat.

21. April 1957

Ostertag. Schon früh um 8 Uhr rufen die Glocken über die Dächer der Stadt hin bis in meine Zelle hinein: Christ ist erstanden. In der Thomaskirche versammelt sich um diese Zeit die Junge Gemeinde Leipzigs zum Ostergottesdienst. Da gedenke ich der vorigen Zeiten und verbinde mich im Geiste mit den dort Versammelten. Wie gut, daß einem die Ostertexte, die Osterliturgie und vor allem die Osterlieder geläufig sind! Sie können einem Christen die äußere Freiheit nehmen, doch Ostern nicht.

Auch hier ist der Tag immerhin äußerlich als Feiertag markiert: Keine Vernehmung, hingegen Rasieren, mittags kein Eintopf, sondern ein Fleischgericht.

23. April 1957

Das Tauziehen geht weiter, nur daß am Ende des Taues eine Macht sitzt, die deshalb recht hat, weil sie die Macht hat. Heute begegnet zum ersten Male der Name John Reed. Ich werde beschuldigt, daß ich diesen Studenten zur Republikflucht habe verleiten wollen, außerdem hätte ich ihn gegen die DDR aufgehetzt. Es stimmt also: Der saubere John Reed war, was mir ja geflüstert worden war, tatsächlich ein »Geschickter«. Nur daß sein Bericht, den er dem MfS geliefert hat, den Tatsachen nicht entspricht. Nicht ich habe ihm beigebracht, daß in der DDR keine Pressefreiheit im Sinne westlicher Demokratie herrscht, sondern er selbst kam mit diesem Lamento. Und was die Republikflucht angeht, so kann von einem Verleiten nicht die Rede sein, wenn ein Mann kommt, der spricht: »Ich halte es hier nicht mehr aus.« Außerdem: Zwischen John Reed und mir war alles in der Schwebe. Nichts Definitives war gesagt und abgesprochen worden. Es muß schwach um das Anklagematerial stehen, wenn man zu solchen Tricks und gefälschten Spitzelberichten greifen muß.

Als ich mittags auf meine Zelle geführt werde, traue ich meinen Augen nicht: Es liegt wieder ein Brief auf der Pritsche! Ob die Staatsanwaltschaft noch ein zweites Mal geschrieben hat? Ich öffne und kann es nicht fassen: Ein Gruß von draußen! Ein Ostergruß! Ein gesegnetes Osterfest »unserem verehrten Studentenpfarrer«. Von wem? Von Prof. Kähler, Professor der Mathematik an der Karl-Marx-Universität Leipzig. Ich kann mich vor Freude kaum halten. Ja, er ist ein außerordentlicher Mann und ein wirklicher Christ. Erst in der Kriegsgefangenschaft mit dem Evangelium konfrontiert, studierte er noch im reifen Alter Theologie. Wir saßen zusammen vor allem bei Albrecht Alt im Hörsaal, er, der Professor, ich, der ehemalige Lehrer. Doch machten wir damals keine nähere Bekanntschaft. Später, als Studentenpfarrer hatte ich die große Freude, ihn mit seiner ganzen Familie regelmäßig unter meiner

Kanzel in der Universitätskirche zu haben. Noch vor drei Wochen war er bei der Freizeit unseres naturwissenschaftlichen Kleinkreises in Leisnig als Referent und hatte uns einen überzeugenden Bericht von seinem Weg zum Christusglauben und zur Kirche gegeben. Anschließend hatte ich ein treffliches Gespräch mit ihm, als ich ihn zum Bahnhof begleitete.

Den Ostergruß mit dem Bild des auferstandenen Christus, der eben aus der Gefangenschaft des Grabes steigt, werde ich nie vergessen können. Lieber Professor und Bruder Kähler, wenn Sie wüßten, was so eine Karte in »diesem Hause« bedeutet! Dem Wachpersonal muß wohl auch die Luft vor Staunen fast weggeblieben sein. Und ihre Wut kann man sich vorstellen. Doch der Osterbrief trägt den Genehmigungsvermerk der Staatsanwaltschaft. Kähler hat einen Sondervertrag. Man muß Rücksicht auf ihn nehmen. Aber das andere ist ja eben das Entscheidende: Er, der prominente Laie, hat den Glaubensmut, sich mit dem angeblichen »Staatsfeind« und »Verbrecher« Schmutzler zu solidarisieren.

Das Bild dieses Mannes in dieser Hinsicht wird vollständig, als ich später erfahre, wie er und seine Frau sich meiner Frau angenommen haben: Ich war kaum verhaftet, da erhielt meine Frau eine Einladung zu Kählers. Und noch mehr erfahre ich später: Am Tage der sog. »Hauptverhandlung«, zu der auch seine Magnifizenz geladen ist, tritt plötzlich vor dem Eingang zum Gerichtsgebäude Professor Kähler auf Magnifizenz zu und überreicht ihr seinen Antrag auf Entlassung. Grund: Die Tatsache, daß ein Prozeß wie dieser vom Stapel gelassen wird. So sehen mündige Christen aus! Er wußte, was er sagte, als er seinerzeit in Leisnig ganz schlicht und nüchtern aussprach: »Ich weiß, daß man mit diesem Glauben zwischen die Mühlsteine der Weltgeschichte geraten kann. Doch dieses Risiko gilt es einfach auf sich zu nehmen in der Nachfolge Christi.«

24. April 1957

Es ist nun schon das dritte oder vierte Mal, daß ich mit dem Protokoll nicht einverstanden sein kann. Der Vernehmer fertigt es, wie gesagt, nach der Vernehmung an und legt es mir fix und fertig zur Unterschrift vor. In der Zwischenzeit werde ich in den sog. »Futterkasten« eingesperrt, die Zelle mit dem großen Eisenring für Schwerstverbrecher aus früherer Zeit. Im »Protokoll« wird meine Aussage bei der Vernehmung in ein ganz anderes Deutsch, nämlich in den Jargon des Vernehmers bzw. des MfS »übersetzt« und die Sache selber dabei verschoben und verfälscht. Manchmal geht es nur um einen Punkt. Da läßt sich dann, wenn ich hartnäckig beharre, die Korrektur darüberschreiben. Aber nun war schon mehrmals das ganze »Protokoll« inakzeptabel. Da hat er dann ein neues gemacht, das einigermaßen zutreffend den Inhalt der Aussagen bei der Vernehmung wiedergab.

Heute setzt er mir wieder ein unmögliches »Protokoll« vor. Ich hatte in der Vernehmung von einer Möglichkeit gesprochen, nicht von einer Tatsache. Er hatte daraus im »Protokoll« einen Fakt gemacht. Ich verweigere die Unterschrift. Er wird wütend und schreit: »Warum?« »Weil es nicht stimmt, was da steht.« Er stiert mich an und drückt auf den Knopf, der an seinem Schreibtisch angebracht ist. »Wenn Sie nicht wollen, wir haben noch andere Methoden«, droht er. Es summt. Bald klopft es. Der »Läufer« erscheint in der Tür. »Abführen!« donnert der Leutnant, und der Läufer bringt mich auf die Zelle hoch.

So also ist das. Man hat »noch andere Möglichkeiten«. Ich gewinne immer stärker den Eindruck, sie wollen mich auf alle Fälle verurteilen und einsperren, mit welchen Methoden auch immer. Es scheint genau so zu sein, wie man sich's – wenn auch nur in schattenhaftem Umriß – vorgestellt hatte.

25. April 1957

Heute überhaupt nichts. Keine Vernehmung. Man läßt mich »schmoren«. Auf diese Weise kann man den Menschen nach und nach doch »kleinkriegen«. Man gibt dann eben einfach nach, bestätigt in etwa die Beschuldigung, nur damit der Prozeß vorankommt und endlich der Tag der »Hauptverhandlung« herannaht, nach dem man dieser Hölle hier entrinnen wird. Denn für den noch nicht Abgebrühten, für den, der erstmalig mit »diesem Hause«, seinen Menschen und Einrichtungen Bekanntschaft macht, ist das hier eine Hölle, in der früher oder später der Widerstandswille zerbrochen wird. Es kommt der Augenblick, wo einem der Ekel so in der Kehle sitzt, daß man die Dinge einfach laufen läßt und sich nur noch der Barmherzigkeit Gottes anbefiehlt.

Mit mir ist es noch nicht so weit. Im Gegenteil, ich hoffe noch sehr. Schon mehrfach habe ich mich auf meine schriftlichen Aufzeichnungen berufen, auf Grund deren ich meine Böhlener Vorträge hielt. Ich hatte sie mit auf der Kanzel und beständig vor mir. Ich forderte, man solle sie herholen, dann werde man ja sehen, daß die Böhlener Arbeiter Dinge in die Vorträge hineingehört und dazugetan haben, die dem, was wirklich gesagt wurde, nicht entsprechen. Und würde denn meine Kirchenleitung, die ja über die Situation der Leipziger Studentengemeinde unterrichtet war, nicht intervenieren?

26. April 1957

Ich werde wieder geholt. Ruhiger Ton. Vermahnung: Ich solle mir's überlegen: »Entweder die Wahrheit sagen, oder es würde eben noch Monate dauern.« Aber eben, weil das Protokoll der Wahrheit nicht entspricht, unterschreibe ich nicht. »Nun, wie Sie wollen, aber ich sage Ihnen, es wird nun noch Monate dauern, ehe Sie hier wieder rauskommen, ehe es überhaupt zum Prozeß kommt.«

Wieder berufe ich mich auf meine Aufzeichnungen. Sie sind ein authentischer Wahrheitsbeweis. Neues Protokoll über die Frage, warum ich das letzte Protokoll nicht unterschreiben wolle. Ich wiederhole das früher Gesagte. Das wird nun zu Papier genommen und auch mein Antrag auf Zuziehung meiner Ausarbeitungen für die Böhlen-Vorträge.

Als ich abgeführt werde, erfahre ich noch, daß ich in Zukunft nicht mehr mit dem bisherigen Vernehmer, sondern mit seinem Kollegen zu tun haben werde. Wer wird dieser Kollege sein?

27. April 1957

Ratsch, ratsch – meine Zelle wird aufgeschlossen: »Nehm Se Ihr Bettzeuch, ihr Zahnputzzeuch un gomm Se.« Ich werde in eine andere Zelle verlegt. Dieselbe Etage. Aber nicht mehr nach Norden, nicht mehr in einen Raum, in den überhaupt kein Sonnenstrahl dringt. Nicht mehr dorthin, wo jede Nacht ohrenbetäubender Motorenkrach tobt. Und nicht mehr allein.

»Die Einsamkeit ist not, doch sei nur nicht gemein, so kannst du überall in einer Wüste sein«, sagt Angelus Silesius, der Cherubinische Wandersmann aus Schlesien. Doch Einsamkeit in »diesem Hause« ist ein eigen Ding. Die menschliche Atmosphäre hier ist die einer seelischen Tiefgefrierhalle. Ohne das große Gegenüber, dessen wir uns im Gebet versichern und gewiß sind, wäre es kaum zu ertragen. Es ist ohne weiteres begreiflich, wenn empfindliche Menschen hier die Verzweiflung packt und sie Hand an sich legen. Dennoch macht sich gerade auch infolge der nervlichen und seelischen Hochspannung, in der man hier existiert, je länger desto mehr der Hunger nach konkreten Menschen bemerkbar, mit denen man einigermaßen offen sprechen, denen man inmitten dieser Welt des vollständigen Mißtrauens Vertrauen schenken, mit denen man sich austauschen und beraten kann.

Es ist seltsam: Nie war mir ernstlich der Gedanke gekommen, daß die Mitgefangenen in der Zelle, die ja auch alle angeklagt waren und in der Tinte saßen, Spitzel und Zuträger sein könnten. Nun, da hatte ich noch sehr zu lernen.

Wir waren zu dritt in der jetzigen Südzelle. Wir hatten schnell Kontakt: Der Gastwirt Hans P. von der »Scharnhorst-Quelle« und der Fernfahrer Fritz B. aus dem Leipziger Osten. Es ging sehr bald per Du. Der über sechzigjährige Kneiper fiel mir schon beim dritten Satz mit »Sie« ins Wort und bat ums Du. Nun ja, vom Kommiß her, weiß man's im Volk nicht anders. Und es ist in dem allseitigen Du eine große und tiefe Wahrheit: die von der geschwisterlichen Verbundenheit aller Menschen auf Erden, zu der wir geboren und zu der wir berufen sind.

Der Kneiper hatte Steuerhinterziehungen und Schwarzhandel auf dem Gewissen. Doch deshalb saß er nicht hier. Bei ihm handelte es sich um den Verdacht der aktiven Mitarbeit für die »Sureté«, den französischen Geheimdienst. Er war schon etwas länger da als ich, aber mit den Nerven bereits völlig fertig. Die Vernehmungen hatten ihm so zugesetzt, daß er – und man spürte seiner gequälten Stimme die Echtheit an – nicht mehr verläßlich sagen konnte: Habe ich nun ein Dokument für die »Sureté« unterzeichnet – in seinem Lokal verkehrte ein Agent dieser Firma – oder nicht? »Wenn ich mein waches Bewußtsein frage, so muß ich mit aller Entschiedenheit verneinen. Aber dann kommen mir im Dämmer- oder Halbschlaf doch Bilder vor die Seele, als hätte ich tatsächlich eine solche Karteikarte unterschrieben. Was soll ich nur machen?« fragte er mich. Ich sagte ihm: dem Vernehmer einfach diesen Tatbestand mitteilen. Etwas anderes ist nicht möglich, sonst zerreißt es dich. Vor jeder Vernehmung bekundete er ein großes Grauen. »Jedes Mal, wenn der mit seinen Fragen kommt, zittere ich und weiß nicht aus noch ein.«

Der andere, jüngere, war aus einem etwas härteren Holze. Er hatte für viele Leute mit seinem LKW Pakete und andere Dinge mit nach West-Berlin genommen, leider auch Pakete mit richtigen sowjetischen Uniformen. »Mein Grundsatz war, das fünfte Rad – bekanntlich das Reserve-Rad – rollt für mich.« Sein Fall war klar. Es ging nur noch um einzelnes. Aber menschlich war er doch sehr angeschlagen. Denn seine Frau hatte ihm vor kurzem ein zweites Kind geboren. Man hatte ihm erst vierzehn Tage später davon Mitteilung gemacht. Doch noch immer wußte er nicht, wie es Mutter und Kind geht.

Es war klar: Hier hatte ich nicht nur meinen eigenen »Rucksack«, hier mußte ich versuchen, den der anderen mitzutragen. Vor allem durfte man nicht »durchdrehen«.

Es erwies sich, daß der Gastwirt schon nach dem Ersten Weltkrieg aus der Kirche ausgetreten war und auch zuvor trotz Teilnahme am

Religionsunterricht nie gläubig gewesen war. Der andere war für die Kirche aufgeschlossen. Er war jedenfalls noch drin, war auch getraut und hatte sein erstes Kind taufen lassen. Auch das zweite sollte getauft werden. Ich sagte zu beiden: »Mag es mit unserer politischen Schuld wie immer stehen: Die Situation, in der wir uns befinden, stellt uns mit unserem ganzen Leben vor Gott und fordert uns zu aufrichtiger Rechenschaftslegung heraus. Die Frage, der wir nicht ausweichen dürfen, heißt: Was will Gott von mir, daß er mich in diese Tiefe führt? Wo bin ich angesichts der Menschen, die mir anvertraut sind, angesichts seiner Gebote, vor ihm in Schuld?« Merkwürdigerweise ging dies gar nicht über die Köpfe hinweg. Jeder gab zu, wie er z. B. – jeder auf seine Weise – an seiner Frau schuldig geworden war und wie die Gier nach Gewinn oft die Oberhand behalten, das Leben voll Unruhe und Angst gemacht und doch ohne eigentlichen Gewinn gelassen hatte. Daß man sich ändern müsse.

28. April 1957

Heute ist Sonntag. Ich schlage vor, daß wir einen Gottesdienst halten. Sie sind beide einverstanden, vielleicht schon um der Abwechslung willen, um auf andere Gedanken zu kommen, vielleicht auch, weil sie irgendwie ein hilfreiches Wort erwarten. Leise singe ich Lieder und Liturgie. Dann versuche ich eine kurze Predigt. Ich glaube, es war der Wochenspruch der ersten Woche nach Ostern, den ich zugrundelegte: »Gelobt sei Gott, der Vater unseres Herrn Jesus Christus, der uns nach seiner großen Barmherzigkeit wiedergeboren hat zu einer lebendigen Hoffnung durch die Auferstehung Jesu Christi von den Toten.« (1. Petr. 1,3)

Das war zunächst freilich ein Monolog. Aber die Zeit würde hoffentlich nach und nach den Dialog bringen. Während unseres Zellen-Gottesdienstes saß ich auf dem Deckel der Toilette und meine beiden Kumpels auf der Pritsche, so daß ich sie vor mir hatte und ihnen offen ins Auge schauen konnte. Ich merkte, wie es sie doch bewegte. Nach meiner Auslegung des Bibeltextes hatte ich frei gebetet – auch für Frau und Kinder, zumal auch für die des Fritz B. – und dann das Vaterunser. Darauf kam der Gastwirt sehr bald zurück und bat mich, ihm das Vaterunser beizubringen. Er hatte es freilich vor sehr langer Zeit schon einmal gelernt, aber inzwischen längst vergessen, weil nicht gebraucht. Er sagte spontan, das sei etwas, das wolle er können. So sprach ich ihm Bitte um Bitte das Vaterunser vor, und er sprach es nach und lernte es. Ich ließ es bei kurzen Erläuterungen bewenden.

29. April 1957

Wir wiederholen in den Vernehmungspausen – vor allem früh und abends – das Vaterunser, und ich fange an, die Zehn Gebote mit Luthers Erklärungen auszulegen. Dabei sitze ich wieder auf dem Klosettsitz, so daß ich nicht Richtung Tür, sondern Richtung Fenster spreche. Doch kann es bei der Intensität und den so kurzen Intervallen der Spion-Beobachtung durch die »Rotkehlchen« nicht ausbleiben, daß sie herausbekommen, was hier »getrieben« wird.

30. April 1957

Der Ergebnis: Ich komme in eine andere Zelle. Diesmal zu einem Kfz-Ingenieur aus Zwickau. Mein neuer Kumpel scheint ein ebenso begeisterter Soldat wie Hitleranhänger gewesen zu sein. Seiner militaristisch-nazistischen Begeisterung setze ich kräftige Dämpfer auf. Er erzählt, daß sie bei der Vernehmung immer aus neue in seiner militärischen Vergangenheit herumwühlen.

Mit Interesse läßt er sich vom bisherigen Prozeßverlauf in meiner Sache berichten. Staunt, als ich ihm ein Bild von der Arbeit der Evangelischen Studentengemeinde gebe. Hat mit der Kirche keinen Kontakt, ist aber noch Glied. Seine Kinder, an denen er sehr hängt – mindestens ebenso wie an seiner Couch-Bar –, sind noch getauft worden. Er begreift, so scheint es, als ich versuche, ihm die geistige Situation zu erläutern, worum es heute letztlich geht und daß das Getauftsein seiner Kinder Konsequenzen hat für ihn als Vater und Ehemann wie für seine Kinder. Er will, sobald er dieser Hölle hier entronnen ist, mit Ernst einen neuen Anfang machen. Sehr interessiert ihn, von den Evangelischen Akademien zu hören. L. ist ein leidenschaftlicher Autofahrer (»Mercedes«, er braucht etwas »Starkes«). Verbringt seinen Urlaub ausschließlich in der Bundesrepublik bzw. im westlichen Ausland.

1. Mai 1957

Der internationale Feiertag der Werktätigen ist angebrochen. Ich muß an die Sozialakademie Friedewald denken, als ich dort im Januar einen Tag mit den evangelischen Sozialpfarrern West-Deutschlands zusammen war. Einmütig waren wir davon überzeugt, daß die Ev. Kirche an diesem Tage das Evangelium nicht verschweigen dürfe, sondern Gottesdienst halten müsse – um des Arbeiters, um der Gemeinde, um ihres Auftrages willen, auch um der Versäumnisse in der Vergangenheit willen. Doch wie gering ist die Bereitschaft der Pfarrerschaft und der Gemeinden in Ost und West, das sozialethische und sozialpolitische

Schuldkonto der Vergangenheit zu übernehmen und zu erstatten, ein Konto, das zuletzt ja ein Versagen im Glauben belegt! Daß Gottes Gericht heute über seine verbürgerlichte, verkleinbürgerlichte, zur sog. religiösen Bedürfnisanstalt herabgesunkene Kirche uns doch endlich wacher machte! Daß wir wieder Leib Christi würden, wo alle Glieder leiden, wenn ein Glied leidet!

In »diesem Hause« wird der 1. Mai ernstgenommen wie sonst kein Feiertag: natürlich keine Vernehmung, im Mittelgang, d. h. auf der Brücke von der Nord- zur Südseite des Knasts prangt ein Maienstrauß (o, wie mag die grüne und bunte Frühlingswelt draußen jetzt leuchten!); wir sehen ihn beim Gang in die Hofzelle. Zum Frühstück bekommen wir vier (4!) buttergeschmierte Brötchen, es ist nicht auszudenken. Am Mittag: Braten mit Kompott!

4. Mai 1957

Seit dem 30. April habe ich nun schon den neuen Vernehmer. Ein junger Hauptmann, mittelgroß, volles, gewelltes, nach hinten gekämmtes dunkles Haar, ebenmäßiges, nicht unsympathisches Gesicht, kluge, aber meist sehr kalte stahlgraue Augen. Ein ausgesprochen »hübscher« Typ. Man würde »draußen« als Laie nie vermuten, daß so eine Mensch den Handlanger macht bei einem so unerfreulichen Geschäft. Und dieses Geschäft versteht er. Nachdem man einen »Boxer« gegen mich angesetzt hatte, der mich mit kurzen harten Stößen k. o. schlagen sollte, dem das aber nicht gelungen war, ließ man nun den anscheinend besten Mann vom Vernehmerkollektiv auf mich los, den Herrn »Referatsleiter«.

Es begann sehr sachlich und ruhig und mit dem Anschein der Objektivität. (Wochenlang wird es nun um die genaue Festlegung des Wortlautes meiner Vorträge in Böhlen gehen. Zu diesem Zwecke bekomme ich dann und wann sogar meine Karteikarten mit dem handschriftlichen Konzept in die Hand.)

Doch geht das Tauziehen sehr bald wieder los. Der Vernehmer bestreitet, daß ich mich beim Vortrag wörtlich ans Konzept gehalten habe, um so die Böhlener Arbeiter mit ihren z. T. völlig abwegigen Angaben ins Recht zu setzen: »Sie sind Akademiker, haben zweimal studiert (wie oft werde ich das noch zu hören kriegen); Sie mußten wissen, wen Sie in Böhlen vor sich hatten und daß man das und das so und nicht anders verstehen mußte.« Ich entgegnete: »Ich kann nur immer wieder sagen: Dies wurde von mir auf gar keinen Fall gesagt« (z. B. »Hetze« gegen die Bodenreform, Verweigerung der Sonntagsarbeit, Sabotage der Nachtschicht, die DDR sei ein »Spitzelstaat«). Antwort des Vernehmers: »Das interessiert uns nicht. Sie sehen eben: Sie haben so gesprochen, daß der Arbeiter es so verstanden *hat*.«

Was sollte ich dagegen noch sagen? Natürlich hätte ich auf die Motive der Besucher meiner Vorträge hinweisen können, deren Aussagen mich so belasteten. Nicht nur nach meinem Eindruck waren sie ja nicht aus Interesse an Sachfragen und an einem sachlichen Gespräch mit kirchlichen Leuten erschienen, sondern weil sie einen Auftrag hatten, mit hoher Wahrscheinlichkeit einen Parteiauftrag, hinzugehen, um Material gegen mich zu sammeln. Mit anderen Worten: sie waren von vornherein negativ programmiert. Damit entfällt die Unvoreingenommenheit und Glaubwürdigkeit ihrer Aussagen. Nur – einen handfesten Beweis dafür konnte man nicht führen, so bemerkenswert auch die Tatsache ist, daß die Gelegenheit zur Klärung anstößiger Aussagen im Nachgespräch in keinem Falle wahrgenommen wurde! Die Stasi hätte mit Sicherheit gekontert: das sei erneut krasse verleumderische Hetze gegen die Arbeiter und gegen die Partei. Und es wäre aus der Sicht der Stasi nur noch weiteres Material gegen mich auf dem Tisch gewesen.

8. Mai 1957

Es fällt auf, daß dieser Tag, der »Tag der Befreiung« bei weitem nicht den Akzent in diesem Hause erhält wie der 1. Mai. So ist es ja auch »draußen«. Man weiß wohl sehr genau, wie wenig populär dieser Tag bei sehr vielen DDR-Bürgern ist. Aber auch der 8. Mai ist theologisch von Bedeutung, wenn er als Tag der Buße und der ernsten Besinnung begangen wird. Man muß ja sehen: Das Datum 8. Mai 1945 hat seine Wurzel in einem anderen Datum, dem 30. Januar 1933 und noch früher. Nachdem Gott so unübersehbar Nein gesagt hat zu den immer neuen Versuchen unseres Volkes bzw. seiner Regierenden, auch mit dem Segen der Kirche, auf dem Wege der Gewalt, der militärischen Stärke die Höhen der Weltgeschichte zu erobern, muß eine Neubesinnung einsetzen. U. a. stellen sich diese Fragen: Wie ist das weithin negative Verhältnis der Kirche zur Weimarer Demokratie einzuschätzen? Kann der klassische Obrigkeitsbegriff (Obrigkeit = ererbte Feudalherrschaft) festgehalten werden? Muß er nicht durch einen demokratisch-dynamischen ersetzt werden? Was ist theologisch zu den Ergebnissen der Französischen Revolution zu sagen? Sind sie weiterhin einfach als negativ zu beurteilen? Christen sind zweifellos nicht von Gott ermächtigt, blutige Revolutionen zu starten. Doch müssen sie sich nicht ggf. für gewaltlose Umwälzungen einsetzen? Revolutionen sind selbst nach Luther jederzeit Möglichkeiten Gottes, um den Ungehorsam zu strafen und neuen Lebensraum zu eröffnen. Sind unter diesem Gesichtspunkt nicht der Bauernkrieg, die Französische Revolution, 1848, 1917/1918 neu zu bewerten – konkret-kritisch, aber nicht von vornherein negativ?

Ein Tag mit strahlendem Sonnenschein. Keine Vernehmung heute. In der Zelle wird es immer schwüler. Ich bin allein und habe Zeit, meinen Gedanken nachzugehen. Mein Kumpel wurde schon am Morgen geholt. Nicht zur Vernehmung, sondern um eine schwierige Autoreparatur vorzunehmen. Mich nimmt man leider nicht mit. Doch ist das Alleinsein auch wieder eine Wohltat. Man hat mehr Zeit zur Besinnung und zum Gebet. Abends kommt der Ingenieur, ganz sonnengebräunt, zurück und berichtet hochbeglückt: »Es war mir eine Genugtuung, diesen dummen Fratzen, die um mich herumstanden und – selber technisch ahnungslos – mein Tun überwachten, vorzuführen, was ein richtiger Ingenieur hinkriegt!« Er rühmte das Essen, die milde Behandlung und vor allem – es gab Zigaretten.

9. Mai 1957

Nach der Vernehmung bekomme ich auf Zelle die Aufforderung, meine Sachen zu nehmen. Man führt mich auf eine neue Zelle. Glücklicherweise wieder im Süden, so daß doch wenigstens der Krach des Nachts wegfällt. Auch daß ich allein bin, weiß ich zu schätzen. Die Zellengenossen erwiesen sich zwar als nette, sympathische Leute. Aber des Nachts litt ich doch sehr unter ihrem Schnarchen. Nur gut, daß ich mittags noch ein wenig liegen kann, sonst weiß ich nicht, wie ich mit meinen Nerven durchhalten soll.

10. Mai 1957

Heute kam der Hyginiker in meine Zelle und rief mich triumphierend von hinten an: »Daß Se's wissn, Ihre Liejeerlobnis is abgelofn, ab morjen gibts nischt mehr.« Ich schwieg. Schon das Hören dieser Stimme war ekelerregend. Hier waren unzweifelhaft Intrigen im Spiel. Der Röntgenbefund, der mir ja von draußen nur allzugut bekannt war, konnte die ärztliche Anordnung nicht umgestoßen haben, sonst wäre sie auch schon eher zurückgenommen worden. Eine Begründung wurde nicht gegeben. Vom Arzt war nicht die Rede. Zweifellos eine Eigenmächtigkeit. Ich ließ die Sache zunächst auf sich beruhen und quälte mich wieder durch die Tage, immer noch hoffend, daß die Zeit der U-Haft bald zu Ende und ein günstiges Ergebnis zu erwarten sei. Das erwies sich freilich bald als trügerisch. Nun versuchte ich, erneut zum Arzt zu gelangen. Zu diesem Zwecke meldete ich mich beim »Sani«. Doch ohne Erfolg. Schließlich wandte ich mich an den Vernehmer, setzte ihm alles auseinander und bat zu intervenieren, sagte ihm vor allem von meinen Kopfschmerzen und meiner Müdigkeit nachmittags ohne Mittagsliegepause. Er versprach, etwas zu veranlassen. Der Erfolg: Am nächsten Morgen wieder die höhnische, zynische, gehässige, ekelerregende Stimme in meinem Rücken: »Sie wolln schon vormittags wissn, daß Se nachmitttags Kopschmerzn ham. E Klaps ham Se, daß Se's wissn.« Da war es wieder, das »harte«, aber »gerechte« Urteil der »Werktätigen«. Es war sinnlos, gegen diese Wand von Haß und Brutalität anzugehen. Der Ekel verschloß mir den Mund und würgte in der Kehle. Lieber dulden und leiden als mit einem solchen Wesen sich weiter einzulassen.

Ich erfuhr später, daß dieser Mann lange im Konzentrationslager bei den Nazis war. Sicher hat er dort viel durchgemacht. Nur schlimm, daß er daraus nichts gelernt hat, sondern ein guter Schüler der erlittenen Schikanerie geworden ist, der sie nun seinerseits meisterhaft an anderen handhabte. Aber in »diesem Hause« ist solch ein Mann geradezu erwünscht, ja unentbehrlich.

Zweifellos liegt eine Willkürentscheidung vor, die nicht vom Arzt kommt. Doch was tun? Warten wir ab. Die Vernehmung läuft jetzt in einigermaßen ruhigen Bahnen. Ich habe noch Hoffnung auf einen baldigen Abschluß der Beweisaufnahme. Es lohnt darum wohl auch nicht, sich mit den Menschen »dieses Hauses« herumzustreiten.

Zunächst helfe ich mir nun mittags so, daß ich den Deckel des Klo herumklappe, mich auf die Toilette setze und den Deckel als Rückenlehne benutze. Auf diese Weise kann man sich doch ein wenig entspannen. Freilich, je wärmer es wird, je weiter die Jahreszeit fortschreitet, desto weniger angenehm sind die Gerüche, die aus dem Klo kommen. (Sehr bald muß ich diesen Horizontalen-Ersatz aufgeben, weil ich nicht mehr allein bin.)

16. Mai 1957

Der Vernehmer kaut nun Vortrag um Vortrag mit mir durch. Wunderlicherweise begnügt er sich aber nicht mit der Feststellung des tatsächlichen Wortlauts im Konzept. Er fertigt darüber hinaus noch mit eigenen Worten Inhaltsangaben an, in die Zitate eingestreut sind, etwa so, wie ein Parteireporter von einem Vortrag vom Standpunkt seiner Partei aus berichtet, mit einer Akzentsetzung, die den Interessen der Partei entspricht, aber am tatsächlichen Sachverhalt vorübergeht. Ich sehe zunächst noch nicht, daß dies schwerwiegende Folgen haben kann. Die Protokolle sind trotz allem noch einigermaßen sachlich, und ich unterschreibe, irregeführt und beruhigt von dem im ganzen maßvollen und sachlichen Ton der Vernehmung durch den Hauptmann.

23. Mai 1957
Es ist vorbei mit dem Alleinsein. Ein aufgeweckter junger Bursche, wird zu mir in die Zelle getan. Von Haus aus Katholik, im Grunde Atheist. Es kam mit ihm zu vielen und ausführlichen Gesprächen. Bald merkte ich: Hier hast du einen fixen Jungen vor dir, der sich in den Monaten und Jahren, die er in Ost und West bereits hinter Gittern verbrachte, eine ganz beträchtliche Ganovenpsychologie angeeignet hat, die er nicht nur theoretisch beherrschte, sondern auch praktiziert. Er war auch sonst recht beschlagen. Kannte sich aus. Verstand, politisch zu argumentieren. Seine FDJ-Vergangenheit schimmerte überall durch. Er distanzierte sich zwar von FDJ, Partei usw., wollte aber Sozialist und fortschrittlich sein. Damit operierte er auch vor Gericht.

Ich legte ihm Teile meiner Vorträge vor und bat ihn, mir zu sagen, was wohl der »fortschrittliche Arbeiter« daran aussetzen würde. Es war verblüffend zu sehen, wie genau er sich auf diese Mentalität verstand und ähnliche Kritik vorbrachte, wie sie Böhlener Arbeiter und wie sie die Vernehmung übten. Ich machte hier wie auch bei den Vernehmungen die Erfahrung, daß mir offenbar durch den dauernden Umgang mit Studenten und Akademikern christlicher Provenienz das Organ für die Mentalität »sozialistischer Parteilichkeit« mit ihren Künsten der Verdrehung und Unterstellung abhanden gekommen war. Ich kannte ja an sich diese Mentalität gut genug. Warum hatte ich eigentlich in Leipzig die »Leipziger Volkszeitung« nicht gelesen? Weil mir seit je der Jargon und die Gesinnung dieser Zeitung zuwider waren, weil sie mich anekelten. Ich las mit Interesse das »Neue Deutschland«. Doch der Ton, der einem dort begegnete, war bei aller Entschiedenheit geradezu vornehm und zurückhaltend gegenüber dem, was einem in der LVZ vorgesetzt wurde, was mir in Böhlen entgegentrat, dann in den ersten Wochen der Vernehmung und was mir ferner noch zu Ohren kommen sollte im Laufe dieses Prozesses, bei der sog. Hauptverhandlung und selbst noch im Vollzug. Hier dieser Mann war auf diese Mentalität geeicht.

Interessant war auch, mit ihm über Glaubensfragen zu diskutieren. Er blieb immer sachlich. Glaubte eben nicht, ohne indes anderen ihren Glauben streitig machen zu wollen. Von seiner Frau wußte er, daß sie glaubte. Ja, er wolle auch, daß sein Kind getauft werde. Seltsamer Widerspruch. Ja, er erzählte offenherzig, wie er im Lager in Berlin katholischen Glaubenseifer vorgetäuscht habe, um den katholischen Lagerpfarrer, der großen Einfluß auf das Mädchen hatte, das dann seine Frau geworden war und seinen Überredungskünsten damals noch widerstand, für sich einzunehmen und sich auch so die Gunst des Mädchens zu verschaffen. Er berichtete bis in die Einzelheiten, wie er das anstellte und wie es ihm schließlich gelang. Wie gesagt, ein »fixer« Junge, der sich auf jede Art von Theater glänzend versteht.

Mit ihm sonntags Gottesdienst zu halten war natürlich unmöglich. Doch machte ich ihm klar, daß ich, sobald die Glocken läuteten, mich mit der Gemeinde zusammenschlösse und mit ihr im Geiste am Gottesdienst teilnähme. Er verstand und respektierte das und hielt tatsächlich eine volle Stunde wirklich still, was ihm schwer genug fiel. Ansonsten hielt sein Wortfluß beinahe ununterbrochen an.

Warum hatte man ihn mit mir zusammengelegt? Damals hielt ich das alles für mehr oder weniger Zufall. Aber das war ein großer Irrtum. Wenn man Interesse daran hatte, mich mit einem zusammenzulegen, der für Glaubensbeeinflussung so gut wie taub war, wenn man ferner daran interessiert war, mich in der Zeit außerhalb der Vernehmung möglichst nicht zur Stille und Sammlung kommen zu lassen, sondern mich ununterbrochen durch einen nie endenden Redeeifer von dem Nachdenken über den Prozeß abzulenken, so konnte man kaum einen geeigneteren finden als ihn. Zufall konnte es auch unmöglich sein, daß ausgerechnet er noch Wochen und Monate nach seiner Verurteilung bei mir auf der Zelle blieb! Ein völlig unnormaler Zustand. Er fragte auch immer wieder nach seiner Verlegung, wurde aber von Mal zu Mal »vertröstet«.

25. Mai 1957

Heute ist Büchertausch. Jetzt nach sechs Wochen Haft bin ich endlich in die »Vergünstigung« gekommen, auch lesen zu dürfen. Gierig griff ich nach dem ersten Buch.

Freilich, Einfluß auf die Auswahl des Lesestoffes hatte man hier nicht. Der »Läufer« gab einem irgendein Buch herein. Zwei Mann auf Zelle bedeutete zwei Bücher, drei Mann drei; das war natürlich ein Vorteil. Aber der Inhalt der Bücher blieb sich sehr gleich. Der Löwenanteil bestand in sowjetischer, ideologiebefrachteter Romanliteratur. Ich habe diese Bücher mit Interesse gelesen. Draußen hatte ich für solche Dinge ja gar keine Zeit gehabt. Jetzt sah ich, wie tatsächlich der Sowjetstaat die gesamte Literatur als ein Instrument zur Durchsetzung seiner Ideologie und seiner Wirtschafts- und Arbeitsformen handhabte. Hier sah ich den »Ingenieur der Seele«, wie Stalin den Schriftsteller genannt hatte, am Werke. Die gesamte Literatur ist pädagogische Literatur. Ihr Schematismus ist freilich groß und geht einem sehr bald auf die Nerven. Doch blieb noch in jedem Buche etwas Menschliches übrig, das mich ansprach.

Und: In dieser sowjetischen Romanliteratur wird durchweg flott erzählt, und durch all diese Bücher, gleich welcher literarischen Qualität spürt man den starken Atem eines gigantischen Unternehmens, das seit Jahrzehnten im Osten mit unerhörter Zähigkeit, Willenskraft und Zielstrebigkeit ins Werk gesetzt wird, allem ideologischen, militärischen und wirtschaftlichen Widerstand der westlichen Welt zum Trotz. Man wird die Wirklichkeit, die heute Sowjetunion, Volkschina, sozialistisches Lager heißt, früher oder später als eine nicht wieder wegzuschaffende, im ganzen stabile, wenn auch im einzelnen variable und revidierbare Größe zur Kenntnis zu nehmen und mit ihr für alle menschliche Zukunft zu rechen haben.

8. Juni 1957

Pfingstsonnabend. Wir werden in eine andere Zelle gebracht, in der sich schon ein Mann befindet. Mit der Ruhe dürfte es somit ziemlich vorbei sein. Doch wird es ja hoffentlich auch Lesestunden geben, wo man nur zum Schein liest, in Wirklichkeit aber sinnt und betet. Ich halte mich immer an der Ordnung des Stundengebetes fest, früh, mittags, abends; verstumme plötzlich stur, um mich ganz zu konzentrieren. Freilich, das Jammergeschrei, das bittende, manchmal hündische Flehen des anderen zwingt dann wieder, mich dem Nächsten zuzuwenden.

Wer ist der neue Mann, unser dritter? Mittelgroß, blond, rasche Bewegungen. Sehr auffallend: sein Blick immer schräg aufwärts gewendet (Gefangene pflegen sonst immer den Kopf »in den Dreck« zu stecken, d. h. die Augen am Boden zu haben), die Augen in beständiger nervöser Unruhe auf- und zugehend, kräftige Nase, durch die er häufig stark und ruckhaft die Luft hochzieht. Ich habe den Eindruck: Dieser Mann ist nur mehr ein zuckendes Nervenbündel. Dabei läuft er wie aufgezogen ohne Rast und Ruhe vor allem in der Diagonale unseres kleinen Bewegungsraumes auf und ab, vier Schritte hin, vier zurück, hin und her, hin und her.

Er berichtet nicht fließend, aber nach und nach läßt er sich etwas abkaufen. Er hat schon fast fünf Jahre hinter sich. Er sei hauptamtlicher Mitarbeiter des CIC* gewesen. Dieses Jahr hoffte er, vor Ablauf der Zeit entlassen zu werden. Nun sitze er wieder hier in der U-Haft, um als Zeuge vernommen zu werden in einem Prozeß, der mit dem seinigen nicht direkt zusammenhinge, aber von dem er u. U. neues belastendes Material gegen sich befürchten müsse. Das kann einem schon leid tun. Von Geburt sei er Holländer, habe im Kriege für westliche Geheimdienste – ursprünglich den englischen, dann für den amerikanischen –

* Counter Intelligence Corps = Nachrichten- und Abwehrdienst der US-Armee

gegen Deutschland gearbeitet. Von Beruf sei er Techniker, dann aber Pilot geworden und für KLM geflogen. Er weiß über alles so genau und konkret zu berichten, daß Zweifel nicht aufkommen. Hat eine ausgedehnte mehrjährige Häftlingspraxis, kennt die Knaste der DDR teils aus eigener Anschauung, teils durch Berichte ziemlich genau, hat hunderte von »Fällen« genau im Kopfe, die er beständig memoriert, um sie parat zu haben, wenn er entlassen wird; spricht tatsächlich holländisch, erzählt erstaunliche Einzelheiten über ein Häftlings-Arbeitslager, in dem er zuletzt war und wo man alles hatte – bis auf Frauen. Er berichtet aus dem Prozeß, zu dem er jetzt in »diesem Hause« vernommen wird, genau und konkret, mit Namen und Orten. Hier bin ich also anscheinend mit einem Geheimdienstexperten zusammen.

10. Juni 1957
Mit der Ruhe in der Zelle ist es jetzt vollends vorbei. Das ist einerseits positiv. Man erfährt von den »alten Hasen« viel Interessantes und Wichtiges über das sog. »U-Boot«, die U-Haft bei der Stasi in früheren Jahren, den Strafvollzug u. a. m. Andererseits fehlt nun noch mehr als zuvor die Möglichkeit, sich zu sammeln und sich auf die Vernehmung zu konzentrieren. Nur die Gottesdienstpausen werden eingehalten. Und ruhig wird es auch, wenn wir alle drei lesen.

12. Juni 1957
Heute war wieder der lange Schwarzhaarige mit der dunklen Hornbrille bei der Vernehmung, offensichtlich der Chef der Vernehmer. Derselbe, der mich gleich in den ersten Stunden so zynisch verhöhnt hatte. Er hat große braune Augen. Man möchte ihm Sympathie entgegenbringen. Aber seine Stimme ist unausstehlich gehässig und gemein: »Denken Sie ja nicht, daß das hier so schön ruhig und gemütlich weitergeht wie bisher. Jetzt gehts rund. Machen Sie sich auf Härte gefaßt. Und bilden Sie sich ja nicht etwa ein, daß wir Sie wieder rauslassen. Sie spekulieren vielleicht auf Intervention der Kirche und baldige Entlassung. Daraus wird nichts, gar nichts. Lassen Sie sich das gesagt sein!« Das war deutlich. Nun konnte ich mich also auf einiges gefaßt machen. Auf die Kunst der Einschüchterung versteht man sich in »diesem Hause«, und sie ist wirksam.

14. Juni 1957
Ich bin völlig fertig. Nach, nein, beim Abendbrot haben sie mich wieder runtergeholt. Es war ein zweiter da. Was bedeutet das? Und ich bin so

müde. Vormittags Vernehmung, nachmittags Protokoll, keine Möglichkeit mich zu legen, immer auf dem Hocker hockend, ohne Lehne. Da ist man froh, wenn sie einen abends endlich in Ruhe lassen. In diesem Zustand ist man mürbe genug, um fertiggemacht zu werden. Abwechselnd werde ich angeschrien, bedroht, dann wieder redet man sanft und süßlich. Abwechselnd droht man und lockt. Wie damals beim Bezirksratsvorsitzenden.

Es geht um meine Einstellung zur sozialistischen Entwicklung in der DDR. Ich wiederhole, daß meine Haltung kritisch-loyal ist: Die DDR ist mir von Gott gegebene Obrigkeit, das schließt eine kritische Einstellung im einzelnen, z. B. zum staatlich geförderten und propagierten Atheismus ein. Man erwidert: Das sei Gerede, ich sei ein Feind der DDR, die Vorträge bewiesen es; mit den Rechtsverhältnissen sei ich nicht einverstanden, mit der Schule nicht, mit den Verhältnissen an den Unis und Hochschulen nicht; ich hätte keinerlei Beteiligung an Massenorganisationen aufzuweisen, mein Austritt aus der CDU sei bezeichnend für meine negative Entwicklung, in der Nationalen Front hätte ich keinen Finger gerührt; verbotene Hetzliteratur wie Orwell, 1984, würde ich illegal importieren und für meine Arbeit verwenden. Das nennte ich positiv-kritisch, loyal-kritisch. Aber das sei keine Kritik, das sei Feindschaft.

Man behauptet nun, meine Äußerungen hätten nichts mit Theologie bzw. der Theologie der Kirche zu tun. Das sei die Theologie der Evangelischen Akademien Westdeutschlands. Der Gast donnert mich an, voll Haß.

Ich widerspreche: Evangelische Akademien sind eine Sache der Landeskirchen, eine ›Theologie der Evangelischen Akademien‹ gibt es nicht. Was meine eigene Theologie angeht, so ist es die Theologie der lutherischen Kirche. Ich habe sie fünfzig Meter von hier dort drüben in den Hörsälen und Seminarräumen des Alten Amtsgerichts gehört. Der Schwarzhaarige starrt auf die Konzepte meiner Vorträge, die vor ihm liegen! Er liest halblaut für sich und murmelt hörbar: »Geschickt, geschickt«. Dann lauter: »Gott ist der Schöpfer und Baumeister der Welt. Der Christ hat von daher ein von vornherein positives Verhältnis zum Schaffen, zur Arbeit. Denn vor ihm steht Gott, das Urbild des Schaffenden schlechthin, das Urbild des Arbeiters, auch wenn Sein Schaffen von schlechthin einmaliger Qualität ist.« So ungefähr der vorgelesene Text. Dazu sein Kommentar: »So ein Mist. So ein Saft. Und das soll Theologie sein. Das hat mit Theologie nischt zu tun. Garnischt. Kein Mensch, kein Pfarrer sagt so was, bloß Sie.« Drohender Ton.

Dann wieder sachlich: »Ich werde also an ihren Bischof schreiben. Da kann ich also schreiben, daß das, was in Ihren Vorträgen steht, die Theologie der Kirche ist?« Lauernder Blick. Ich: »So ist es. Was ich in Böhlen gesagt habe, kann ich Satz für Satz theologisch verantworten. Es entspricht voll und ganz der Lehre der Kirche und ihren öffentlichen Verlautbarungen, Bischofsworten und Synodalbeschlüssen. Höchstens in Einzelformulierungen wäre denkbar, daß der Bischof und andere Männer der Kirche meine Ausführungen nicht akzeptieren.« Er: »So, das kann ich also schreiben.«

So geht es noch lange, lange hin und her. Also ein neuer Einschüchterungsversuch. Vor allem aber: eine groteske Ahnungslosigkeit, was Theologie und Kirche angeht. Ich spüre die Unsicherheit, die Verlegenheit, die dahinter steht. Aber auch die harte Entschlossenheit, nicht zurückzuweichen, sondern ein Exempel zu statuieren.

Ob denn von draußen gar nichts passiert? Immer wieder frage ich mich das. Die Erwähnung des Bischofs und eines (wohl fiktiven) Briefes an den Bischof sind vielleicht ein Hinweis darauf. Dem steht freilich ein Diktum des Schwarzhaarigen entgegen, der mir sagte: »Rechnen Sie nicht auf Ihre Kirche, die hat Sie fallen gelassen.«

15. Juni 1957

Die wenigen Nachtstunden, die mir nach der nächtlichen Vernehmung noch blieben, vergingen ohne Schlaf. Am Morgen der bisher so ruhige und verhältnismäßig sachliche Vernehmer eisenhart und schroff: »So, Ihre ›kritische Loyalität‹ haben wir Ihnen gestern abend gründlich zerschlagen. Jetzt wird ein neues Protokoll gemacht über Ihre Einstellung zur sozialistischen Entwicklung. Nichts, nichts Positives haben Sie aufzuweisen.« Ich spürte: Hier müßtest du hart bleiben. Aber vermag ich's? Wie lange soll das noch gehen? Immer wieder heißt es: »*Wir* haben Zeit. Unsere Nerven kostet das nicht. Uns ist es gleich, ob die Hauptverhandlung dieses Jahr oder nächstes Jahr ist.«

In dem neuen Protokoll wird festgestellt, daß ich »eine vorwiegend negative Einstellung zur DDR« habe. Es ist schwer, das mit für die Stasi überzeugenden Argumenten zu bestreiten. Sie nehmen es nicht ab. Und im übrigen: »*Wir* haben Zeit.«

Mit diesem Protokoll wurde die Weiche gestellt. Jetzt bin ich nach ihrer Meinung endgültig als »Staatsfeind« »entlarvt«. Jetzt werden sie alle Äußerungen und Handlungen, die ihnen nicht passen, als staatsfeindlich interpretieren.

18. Juni 1957

Plötzlich ein Protokoll über Wolfgang Wohllebe, Andreas Jentsch und Hanno Schmidt, drei Theologiestudenten, aktive Glieder der Leipziger Studentengemeinde. Die beiden erstgenanntem waren an den Resolutionen in der Theologischen Fakultät im vorigen Jahr beteiligt. Unbegreiflich, daß diese Resolutionen den Ermittlern so schwer im Magen liegen. Sollte es daran liegen, daß alles so ruhig und sachlich verlief, keinerlei Allotria getrieben wurde?

Hanno Schmidt hatte ein Buch von Hamburg mitgebracht: Leonhardt, »Die Revolution entläßt ihre Kinder«. Ich kenne es nicht, nur den Titel. Sollte man ihn um des Besitzes des Buches willen bestrafen? Dann müßte zumindest nachgewiesen werden, daß er es weiterverliehen hat. Bei Wolfgang Wohllebe haben sie Haussuchung gemacht und »negativen Briefwechsel« sowie »illegale Literatur« gefunden. Ein Trost, daß die drei gesundheitlich stabil sind.

Noch ahne ich nicht, daß die drei verhaftet sind. Nach und nach wird es mir zur Gewißheit. Die armen Kerle. Das ist ein schwerer Schlag, mit dem wohl keiner von ihnen gerechnet hat. Täglich werde ich nun fürbittend mich im Geiste mit ihnen zusammenschließen.

19. Juni 1957

Das Protokollieren nimmt kein Ende. Nun kommt der sozialethische Arbeitskreis dran. Mich erschüttert immer wieder, daß der Vernehmer mir bestimmte Äußerungen, die in diesem Kreise so oder ähnlich gefallen sein mögen, vorhält, ohne zu fragen, unter welchem Aspekt und mit welcher Bewertung das geschah: z. B. über die DDR als »Totalstaat« (das ist er doch nach seinem eigenen Verständnis!), über den 17. Juni 1953, über die unmögliche Möglichkeit eines Generalstreiks.

Immer wieder stehe ich unter dem Eindruck, daß eine Fülle von Studenten vernommen worden ist und noch vernommen wird: ganz gewiß die am Besuchsdienst in Böhlen Beteiligten, aber auch die aus dem sozialethischen Arbeitskreis. Ich werde mich bemühen, keine Aussagen zu machen, die noch weitere Studenten in den Prozeß verwickeln könnten. Andererseits bin ich erschüttert über manche Aussagen, die sich anscheinend Studenten haben abpressen lassen, Aussagen, die mich schwer belasten mußten. Später wird sich herausstellen, daß das gar nicht stimmt. Das meiste der mir angedichteten Einzeläußerungen stammte von »Gewährsleuten«, also von Spitzeln.

Vernehmungen folgen, insbesondere mit dem »Schwarzen«, die an Obszönität, Gemeinheit und Ekelhaftigkeit alles Vorstellbare und Darstellbare übersteigen. Sie wollen bestimmte Aussagen erpressen, für die sie keinerlei Beweismaterial haben. Sie gehen so weit, offen mit Menschenraub für eine Gegenüberstellung zu drohen. Ich bin dermaßen außer mir, daß ich mir Aussagen aufsuggerieren lasse, die gar nicht den Tatsachen entsprechen. Man droht: »Sie werden so lange keine Ruhe haben, bis Sie aussagen. Immer wieder kommen wir darauf zurück!«

20. Juni 1957

»Und was wurde noch gesprochen? Los! Los! Gomm Se! Gomm Se!«: Der Krauskopf wandert ärschelnd im Raume hin und her, unausgesetzt Zigaretten rauchend. Geht plötzlich, Hände auf dem Rücken, mir starkem Schritt auf sein Opfer zu und drängt auf Aussagen. Schreckliche Lage. Das Gedächtnis gibt tatsächlich oft nichts her. Und nun wird gedrückt und gequetscht. Abends kommt man sich vor wie eine ganz und gar ausgesogene Zitrone. Die Nerven vibrieren in dauernder Hochspannung.

Dazu ist es toll warm. Eine drückende Atmosphäre in der Zelle. Beim Vernehmer in der anderen Zelle steht das Fenster zwar ein Stück weit offen. Aber bis in meine Ecke dringt keine frische Luft. Dann holt der Herr Hauptmann seine Thermosflasche heraus und gießt sich kühlen Tee ein. Oder er hat sich eine Flasche Bier besorgt und genießt sie Zug um Zug. Inzwischen heißt es weiter: »Und was wurde noch gesprochen? Gomm Se! Gomm Se! Sie geben nur zu, was wir schon wissen. Alles andere behalten Sie für sich. Nu, mir ham Zeit. Unsre Nervn kostets nich. Ich gomme frih un gehe amds. Sie aber bleim hier. Wie lange wolln Se das Katz-un-Mausspiel noch fortsetzn? Nur, daß Se's wissn: mir sin nich die Maus.«

25. Juni 1957

Vernommenwerden, das ist wie in einem Dampfkessel sieden, der unter Hochdruck steht. Kommt man auf die Zelle, wo man haust, ist man froh, den Dampf für einige Zeit ablassen zu können. S. M. hat schon sein Urteil. Trotzdem bleibt er noch (Soll er wohl mich und den anderen beobachten?). Aber W. P. und ich, wir tauschen unsere Vernehmungserfahrungen aus. Ich bekomme Einblick in den Prozeß, in dem er als Zeuge aussagen muß, wo er nach Personen des CIC* gefragt wird, mit Fotos konfrontiert wird, auch mit Personen. Vielleicht war das alles

* Counter Intelligence Corps = Nachrichten- und Abwehrdienst der US-Armee

Gaukelspiel. Dann allerdings war es sehr gekonnt. Vielleicht haben die recht, die mir sagten, er sei ein Gewährsmann und nichts weiter. Ich, meinerseits, habe noch keine Anhaltspunkte für Mißtrauen.

Manchmal fasse ich mich an den Kopf und sage: »Was ich heute unterschrieben habe, stimmt nicht. Es ist alles verfälscht und verdreht. Was soll ich nur machen?« Dann tröstet er und sagt: »Du mußt nicht vergessen, daß du einen Anwalt haben wirst. Dem mußt du die Punkte gleich sagen. Der Anwalt kann vieles zurecht biegen.« Und begeistert berichtete er von seiner Berliner Anwältin, die fest und herzhaft dem Staatsanwalt in die Kandare gefallen sei. Er gibt mir Ratschläge, die vernünftig und einleuchtend sind. Es fällt mir schwer, auf Fragen des Vernehmers nicht alsbald eine – wenn auch ihn meist keineswegs befriedigende – Antwort zu geben. Er aber rät: »Du mußt nie gleich antworten. Du mußt die Worte genau abwägen. Und nur genau auf das eingehen, was gefragt ist. Nichts weiter, gar nichts. Ganz stur. Er scheint vom Counter Intelligence Corps her darin geschult zu sein. Ich aber habe es nicht leicht damit. Und dann diese elende Müdigkeit, der miserable Schlaf, keine Liegeerlaubnis mehr, Rückenschmerzen und Kopfschmerzen.

5. Juli 1957

S. M. ist nun nicht mehr in unserer Zelle. Sie haben ihn endlich geholt. Nun allein mit W. P.! Wird es gut gehen? Der Mann ist sehr, sehr nervös. So sieht man also nach fünf Jahren Zuchthaus aus, ein Bild zuckenden Schreckens. Bald kommt es zum ersten Zusammenstoß. Infolge einer Nasenoperation ist er besonders geruchsempfindlich. Es ist schrecklich heiß in der Zelle. Wir ziehen die Strümpfe aus und laufen barfuß. Doch die Ansicht meiner nackten Füße erweckt in ihm die Assoziation von Schweißgeruch, denn tatsächlich vorhanden ist keiner, ich habe wahrlich auch eine gute Nase. Und schon braust er los.

Früher gab er zu erkennen, daß er an christlichen Fragestellungen interessiert sei, z. B. daran, ob mit dem Tode alles aus ist. Bis jetzt hörte er, bei aller Gleichgültigkeit und Ahnungslosigkeit sonst, in dieser Sache hin. Jetzt kann ich ihm damit nicht mehr kommen. Er wird sofort »sauer«.

Solange S. M. noch auf Zelle war, habe ich W. P. nicht oft widersprochen, um weiteren Streit auf Zelle zu vermeiden. Jetzt tu ich's. Doch nicht lange. Denn schnell bricht er los. Beschwert sich über mein Widersprechen. Schimpft. Droht. In der Zelle ist plötzlich und unerwartet eine Atmosphäre der Entfremdung und der Feindseligkeit. Am schlimmsten wird es, als ich ihn eines Tages frage, warum er so intensiv an der Zellentür lauschte. Er wolle gern die Namen der Rotkehlchen erhaschen, und wenn es nur die Vornamen wären. »Wozu?« Nun, es käme die Stunde der Abrechnung. Dann würde er dafür sorgen, daß jeder sein Teil abbekäme. Für viele wisse er schon genau, wieviele Jahre sie bekämen.

Ich berief mich darauf, daß er bekannt habe, sich noch zu den Christen zu rechnen. Als Christ aber könne man so nicht denken. Er sei allein vom Drang nach Rache und Vergeltung bestimmt. Ich freute mich auch nicht über den Ton, die Umgangsweise, die Beschimpfung, die unausgesetzte Bedienung des »Spions« Tag und Nacht. Aber Haß, Rache, Vergeltung ließe ich nicht hochkommen, und wenn sie mich ankämen, würde ich dem nicht nachgeben. Als Christen sei uns etwas ganz anderes aufgetragen: täglich für diese Menschen da vor unserer Tür zu beten und für die Vernehmer und für alle, die mit Gefangenen zu tun haben.

Da bricht es aus ihm heraus: Dann geschehe mir recht. Dann hätte ich nichts anderes verdient, als hier zu schmachten und verurteilt zu werden. Das sei eine völlig falsche, ja, widerliche Einstellung. Er kann sich gar nicht wieder beruhigen.

»Im Grunde«, sage ich, »müssen einem die armen Menschen leid tun. Sie kennen nichts anderes als Haß und Härte. Sie sitzen eingemauert in dem Betonbunker ihrer dürftigen Weltanschauung und kommen nicht heraus. Man kann sie nur herausbeten und herauslieben.«

Doch davon will er gar nichts wissen und ist nun anscheinend endgültig fertig mit mir. Die kleinsten Dinge versteinern ihn und lassen ihn tagelang verstummen. Eine unerträglich dicke Luft ist in der Zelle: äußerlich und innerlich.

Schließlich breche ich das bedrückende Schweigen. Eines Tages sage ich ihm, das könne so nicht weitergehen: »Ich weiß, daß ich wohl auch manchmal recht gereizt bin und dir nicht in der richtigen Art begegne. Ich bitte dich, verzeihe mir. Du kannst es mir glauben, ich bin dir nicht böse und wollte dich mit nichts beleidigen.« Da geschieht das Überraschende: Er reicht mir die Hand und bedauert das Gesagte und Geschehene. So finden wir wieder einen modus vivendi.

Er tut mir sehr leid, weil ihm die Haare in Büscheln ausgehen und eine elende schmerzhafte Hämorrhoidenbildung ihm schwer zu schaffen macht. Die Betreuung durch den »Hyginiker« ist natürlich wieder eine Tragödie.

19. Juli 1957

Bei den Vernehmungen fallen recht offene Bemerkungen: »Wir wissen, es laufen draußen noch sehr viele herum, die so denken wie Sie. Aber Sie waren der aktivste, darum sitzen Sie hier.« »Warum haben denn die anderen Pfarrer nicht geredet und gehandelt wie Sie?« – Schweigen. – »Die haben gewußt, was ihnen blüht, Sie aber sind mit dem Kopf durch die Wand gerannt.« »Der Bezirksratsvorsitzende, die Bezirksvolkspolizei hatte Sie gewarnt. Aber Sie haben nicht gehört. Nun müssen Sie fühlen.«

Hier ist der Nerv der Sache. »Hätte die Volkspolizei oder eine andere Stelle mich gebeten, nicht nach Böhlen zu gehen, ich hätte diesen Willen als den Willen meiner Obrigkeit respektiert. Doch so ist man nicht verfahren. Sondern so, daß mir gar nichts anderes übrigblieb, denn ich hatte ein gutes Gewissen und das Verfassungsrecht auf meiner Seite.«

»Sie merken wohl nun, es liegt allerhand gegen Sie vor. Wir haben Fakte, auf Grund deren wir Ihnen auf alle Fälle ein bißchen auf die Finger klopfen werden. Aber Sie wollen anscheinend mit aller Gewalt mit einer möglichst hohen Strafe in die christliche Märtyrergeschichte eingehen. Wie Sie wollen. Reden Sie. Gestehen Sie. Bestraft werden Sie auf alle Fälle. Aber es bleibt Ihnen noch zu retten, was zu retten ist.«

Nun, es war nicht viel »zu retten«. Denn das gesamte Vortragsmaterial, der gesamte dienstliche und private (!) Schriftverkehr, samt allen persönlichen Aufzeichnungen, Merkheften usw. war beschlagnahmt. Und seine Interpretation war ja nicht mehr meine Sache, sondern ausschließlich Sache der Sicherheitsorgane. Ein Beispiel für die Transformation meiner Aussage in den »Jargon« (so der Vernehmer) der Stasi:

Ich: »Die Evangelischen Akademien sind Stätten der Begegnung der Kirche mit allen Berufsgruppen und allen Richtungen des geistigen und religiösen Lebens. Es findet in manchen Evangelischen Akademien auch gelegentlich eine Tagung über Christentum und Marxismus statt.«

Protokoll: »Evangelische Akademien sind Einrichtungen der Kirche, die von einem antikommunistischen Geist beherrscht sind. Zu diesem Zwecke finden an ihnen neben anderen Tagungen und Schulungen solche gegen den Marxismus-Lininismus statt, um ihn angeblich zu ›widerlegen‹.«

Auf meine Einwände hin wurde entgegnet: »Das ist nun mal unser Jargon. Daran müssen Sie sich gewöhnen.« Man wundert sich nur, daß sich ein Mensch mit gesunden Sinnen, wie der junge Hauptmann da vor mir, an solche Verdrehungen gewöhnen kann und sich dafür gut bezahlen läßt. Es ist das alles so schrecklich ekelhaft.

»Sie sind ein Christusfanatiker!« Wieso? »Ihre Vorträge und Predigten zeigen das ohne weiteres. Das hat Sie hierhergebracht.« »Sie irren, ich bin kein Fanatiker. Zum Fanatiker gehört etwas, was ich als Christ nicht habe.« »Was denn?« »Der Haß. Christus und Haß, das geht nicht zusammen. Ich bin wohl gegen eine ganze Reihe von Punkten Ihrer Weltanschauung, insbesondere den Atheismus, und gegen die daraus resultierende Praxis, aber ich hasse keine Kommunisten. Ich bin kein Feind.« »Was sind Sie dann?« »Höchstens ein Gegner, ein weltanschaulicher Gegner, der versucht mit den Mitteln, die ihm der Staat läßt, seine Überzeugung zur Geltung zu bringen. Glauben Sie im Ernst, daß ein kleiner Studentenpfarrer das Gefüge der DDR ins Wanken bringen könnte?« »Sie alleine nicht. Niemals. Aber wenn alle Pfarrer so geredet hätten und so vorgegangen wären wie Sie, was denken Sie denn, was da losgewesen wäre? Sie haben ja nicht nur ideologisch gekämpft, sondern sind ja aktiv gegen uns vorgegangen!«

Wahr ist: Ich habe trotz Ungarn und Polen nie für möglich gehalten, daß nach dem 17. Juni 1953 in der DDR etwas ähnliches geschehen könne, geschweige denn, daß es ernstlich anzustreben sei (denn es beschwor die Gefahr eines neuen Weltkrieges herauf). Angesichts solcher Vernehmungen beginne ich fast, an meiner Überzeugung irre zu werden. Auf was für tönernen Füßen steht doch alle Menschenmacht!

3. August 1957

Immer noch Vernehmungen. Doch gibt es jetzt längere Pausen. Der Vernehmer geht wohl auf Urlaub. Wenn nur endlich bald die Hauptverhandlung käme, die Ungewißheit ein Ende hätte und man unter bessere Lebensbedingungen käme! Gott nimmt mich in eine harte Schule. Aber ich will ihm stillhalten.

Nun sind auch die Studenten in den Ferien. Die Posaunen sind nicht mehr zu hören.

10. September 1957

Noch immer Vernehmungen. Es sind nun fast zweitausend Seiten »Protokoll«. Der Hauptmann meint, er hätte noch für zwei bis drei Jahre Material zum Vernehmen.

Ab und zu erfahre ich auch ein wenig von der Weltgeschichte draußen. Zunächst vom Sport. Doch auch von dem Beschluß der Dekane der Theologischen Fakultäten der DDR gegen Atomrüstung und Massenvernichtungswaffen. Vom Verbot für alle Studenten und Schüler, nach Westdeutschland zu fahren.

Man macht sich schwer eine Vorstellung, was es für einen an vielem interessierten Menschen bedeutet, von dem allen abgeschnitten zu sein. Wie habe ich schon draußen gelitten unter der Nachrichtenzensur und -sperre, unter dem Abgesperrtsein vom gemeinsamen deutschen Geistesleben durch die Zonengrenze!

25. September 1957
Die Protokolle werden nun offensichtlich abgeschlossen. Heute war eine Staatsanwältin da, charmant, überlegen, Zigarette rauchend. Ob ich schlecht behandelt worden sei? Ob die »Protokolle« objektiv gewesen seien? Doch was heißt »schlecht behandeln«? »Haben wir Ihnen etwa Daumenschrauben angesetzt? Sind Sie geschlagen worden!« Das ist also der Maßstab. Und was heißt »objektiv«? Doch das, was den Interessen der DDR nützt.

Es hat keinen Sinn, sich bei dieser Justiz aufs Differenzieren einzulassen. Klar ist, wenn ich jetzt »Schwierigkeiten« mache, dann ist die »Hauptverhandlung« in noch weiterer Ferne, auch etwas normalere Lebensbedingungen. W. P. liegt mir immer wieder im Ohr: »Überall im Knast hast du es besser als hier. Stasi-U-Haft ist das Schlimmste von allem.« Er war damals – im »U-Boot« – so weit, das er sich die Pulsadern aufschnitt. Er zeigte mir noch die Narbe. Seitdem darf er nicht mehr in Einzelhaft sein. – Nun, ich mache also keine »Schwierigkeiten«.

Endlich darf ich nun auch den ersten Brief schreiben. Vier lange Seiten. Erste Ermahnung: Nichts Religiöses. »Warum? Es besteht doch freie Religionsausübung?« »Wir haben die Erfahrung gemacht, daß solche Briefe zu religiöser Propaganda mißbraucht werden.« Zweite Ermahnung: Nur Persönliches, nur auf die Familie Bezogenes schreiben. Die Tragödie des Briefschreibens beginnt. Sie wird erst mit dem Tage der Entlassung enden. Natürlich muß ich den ersten Brief gleich noch einmal schreiben. Der Vernehmer besteht darauf zu erfahren, wer »Onkel Erich« ist, den ich meine Frau bitte zu grüßen. Ja, das ist ein »Nenn-Onkel«. Also noch einmal schreiben.

Ein späterer zweiter Brief aus der U-Haft wird, ohne mein Wissen, gar nicht abgesandt. Grund: Er enthält einige ganz anspruchslose Reime für meine liebe Mutter anläßlich ihres 77. Geburtstages.

Zum Abschluß der »Protokolle« noch ein Wort zur Methode dieser Wahrheitsfindung: Mit der Wahrheit nimmt man's dabei nicht zu genau. Jeder Bluff ist recht und jede provozierte Angst des anständigen Angeklagten davor, noch andere Personen zu belasten: »Von Ihrer Frau wissen wir aber ...« »Ihre Sekretärin hat uns da aber etwas ganz anderes gesagt ...« »Der Zeuge J. R. sagte aus ... Vor Gericht wird das ein interessantes Gespräch geben.« »Wissen Sie, daß sich Ihr Landesbischof, Ihre Kirche gänzlich von Ihnen – sachlich und persönlich – distanziert haben?« Das ist mir unbegreiflich. »Das ist Ihnen unbegreiflich. Es ist aber so. Die werden schon wissen, warum.«

Noch vor der Hauptverhandlung wird faustdick gelogen und danach getan, als sei nichts gewesen:

»Ihr Bischof ist geladen. Wird aber nicht kommen. Sie sind sich im klaren, was das bedeutet.«

Nein, mit den Methoden ist man nicht wählerisch. Man begnügt sich, stolz darauf zu sein, nicht zu schlagen.

3. Oktober 1957

Der erste Brief von Anne. Ich zittere vor Aufregung. Er quillt über von Liebe und Freundlichkeit. Jeden Tag macht meine Frau die Runde um die »Wächterburg«. Es ist zum Heulen. Aber noch mehr zum Freuen. Der Brief ist auch voll Zuversicht. Voll ahnungsloser Zuversicht. Man ahnt draußen nichts von den zweitausend Seiten »Protokoll« und was sie alles bergen.

10. Oktober 1957

Der »Hyginiker« kommt, holt mich zur »Beethoven-Diele«, wo die kriminellen U-Häftlinge hausen (ihnen geht's besser als uns: dreißig Minuten Freistunde, Einkauf, Zigaretten, Zeitungen, mehr Schlaf, besseres Essen), dann zur Beethovenstraße. Das bedeutet Besuch. Anne ist da! Ach, was für ein Wiedersehen. Ich in Häftlingskleidern. Wir dürfen uns einen Kuß geben. Sie berichtet, bringt Grüße über Grüße. »Alle sind für dich«, sagt sie. Und fügt hinzu: »Ich verstehe dich jetzt ganz.« Ach, das tut wohl, ein Mensch, Liebe, Wärme, Herzlichkeit, leuchtende Augen, wenn auch umschattet. Es ist eine Oase in der Wüste. Eine Oase der Menschlichkeit, der Liebe. Der Hyginiker bewacht uns. Er hat mich dreimal mit »Schwein« tituliert. Doch er mischt sich jetzt nicht ein, unterbricht nicht, macht keine Schwierigkeiten. Aber nach fünfzehn Minuten bricht er stur ab. Wann werde ich Anne wiedersehen, zur »Hauptverhandlung«?

Lange geht mir alles nach, was Anne mir in der kurzen Zeit an Worten, Nachrichten, Liebe und Güte zugewendet hat. Am meisten das »Ich verstehe dich jetzt ganz.« O, das wäre gut. Wie lange leiden wir schon an unserem Nichtverstehen, am Aneinandervorbeigehen ... Möge Gottes Barmherzigkeit nicht von uns weichen!

26./27. Oktober 1957

Ein Brief. Von der Anwältin (Marianne Brendel). Ich freue mich. Also rollt die Sache doch nun zur Entscheidung. Aber der Brief hat nichts damit zu tun. Ich kann es nicht fassen. Aber es steht da, unbarmherzig, schwarz auf weiß, wenn auch in sehr freundlich-behutsame Worte eingewickelt: Ich werde meine Mutter nicht mehr unter den Lebenden sehen. Sie ist tot. Ich werde noch lange brauchen, um das zu verkraften.

Ich melde mich zum Chef der Vernehmer-Abteilung, daß er mir die Teilnahme an der Beerdigung ermögliche. Er lehnt ab. Ich weise darauf hin, daß Jupp Angenfort, Kommunist in der Bundesrepublik, dem man dort den Prozeß machte, laut »Junge Welt«, Organ der FDJ, am Begräbnis seiner Mutter teilnehmen durfte. »Das geschah in Westdeutschland. Und Sie erlauben das nicht? Ist das Ihr letztes Wort?« »Es ist mein letztes.«

Bis zur Zelle gelingt es mir, mich zu beherrschen. Dann aber bricht es aus mir heraus. Ich muß solche Unbarmherzigkeit und schreiende Unmenschlichkeit hinausschreien. Mag W. P. denken, was er will. Mögen die Rotkehlchen denken, was sie wollen. Doch es ändert sich nichts. Der Sonnabend vergeht, der Sonntag. Nichts. O Gott, du bist hart. Stundenlang verharre ich im Gebet. Vor meinen Augen rollt wie ein Film das Leben meiner Mutter ab. Alles, was sie mir war und ist, steht mir vor Augen.

28. Oktober 1957

Der Montag kommt. Es rührt sich nichts. Da, plötzlich, um 11 Uhr, wird geschlossen. »Drehn Se sich rum. Gomm Se.« In einer anderen Zelle empfing ich meine Zivilkleidung. Dann fuhr ich im Auto, links und rechts von Ledermantelträgern beschirmt, nach dem Südfriedhof. Träume ich? Da war der Leuschnerplatz, der Bayrische Bahnhof, das Völkerschlachtdenkmal. Sonnenschein. Buntes Laub an den Bäumen. Welche Wendung! Ich bin trotz aller Trauer ein wenig froh. Gott gibt mir ein Zeichen, daß er nicht mehr auferlegt, als ich tragen kann.

Nie im Leben werde ich diese Fahrt zum Südfriedhof und den Gang zur Leichenhalle dort vergessen können, rechts und links von den Ledermantel- und Pistolenträgern flankiert, vom Luisenhaus die breite Pappelallee entlang hin zum Krematorium. Dort empfängt mich Anne, bleich und verhärmt, schmal, doch ungebrochen, mir innig zunickend, mich begrüßend. Anne war von bewundernswerter Freundlichkeit gegenüber den Stasileuten, der eine übrigens der stellvertretende Chef, der jetzt als Chef fungierte; der Chef selbst hätte es wohl nie erlaubt.

Und nun konnte ich hintreten, die aufgebahrte Mutter zum letzten Male zu sehen. Nicht teilnehmen darf ich an dem Gottesdienst für die Hinterbliebenen, den Superintendent Stiehl halten wird. Nicht darf ich ihr das Grabgeleit geben. Nicht den Wurf Erde auf ihren Sarg geben. Das wäre schon zuviel. Schon das hier, das Abschiednehmenkönnen, ist äußerste Gnade.

Unterwegs, noch auf der breiten Zufahrtsstraße zum Krematorium fährt langsam Superintendent Stiehl mit Frau im Wagen vorbei. Es gelingt mir, eben noch die Hand zum Gruße zu erheben. Er erkennt mich und grüßt zurück. Ich bin ihm sehr dankbar. Für mich wird darin zum ersten Mal sichtbar, daß die Kirche doch wie erwartet zu mir steht.

Mein Zellengenosse staunt. Das hatte er trotz seiner fünfjährigen Erfahrung nicht für möglich gehalten. Er weiß von vielen Kumpeln zu berichten, die Todesfälle in der allernächsten Verwandtschaft hatten. Aber die Teilnahme irgendwelcher Art an der Beerdigung war nirgends vorgekommen.

4. November 1957

Endlich kann ich mit meiner Anwältin sprechen. Marianne Brendel ist eine sympathische, helle, offene Persönlichkeit, schlagfertig, schnell reagierend, aber warmherzig. Sie ist bewußte Christin, so viel ich weiß, in der reformierten Kirche. Ich hoffe, daß sie genügend Kontakt mit der Kirchenleitung hat, um ausreichend im Bild zu sein. Sie ist freilich nicht erfahren in Strafsachen. Sie hat wohl 1953 die Gemeindehelferin der Paul-Gerhardt-Gemeinde vertreten und losbekommen. Aber sonst ist sie Anwältin in Ehesachen. Die Vernehmer wollten erreichen, daß ich mich für einen anderen Anwalt entschließe. Auch W. P. riet mir zu einem anderen bekannten Leipziger Strafverteidiger. Doch mir war entscheidend, daß die christliche Bindung Frau Brendels guten Kontakt mit der Kirche versprach. Außerdem hatte Anne sehr stark auf ihr bestanden.

Frau Brendel war hinsichtlich des Prozesses voll Zuversicht. Sie sei schon mit manchem Freispruch nach Hause gegangen. Ich hatte sofort den Eindruck, daß sie von großartiger Ahnungslosigkeit zu sein schien, und sagte ihr von den massiven Dingen, die in den »Protokollen« stünden. Zweitausend Seiten! Sie meinte, das seien ja alles Vorverhandlungen, Vorerörterungen, entscheidend sei nach der Strafprozeßordnung die Hauptverhandlung. Sie konnte sich noch kein Bild machen. Sie mußte aus allen Wolken fallen, sobald sie die »Protokolle« lesen konnte. Vorläufig aber war daran noch nicht zu denken. Es lag noch nicht einmal die Anklageschrift vor.

Voll trüber Ahnungen in bezug auf den Prozeß ging ich aus der ersten Sprechstunde mit Frau Brendel.

(Ein grotesker Zustand in einem modernen Kulturstaat: Es gibt Rechtsanwälte, weil der normale Bürger sich in dem Dickicht der Gesetze und Rechtsbestimmungen nicht mehr auskennen kann und also Rechtsberatung und -beistand in Anspruch nehmen kann. Gerade der politisch Angeklagte bekommt für die ganze Dauer der U-Haft keine Möglichkeit der Rechtsberatung! Nicht einmal das Strafgesetzbuch oder die Strafprozeßordnung darf er einsehen! Er ist ganz und gar der Willkür der Vernehmungsorgane ausgeliefert, sofern er sich nicht selbst in der Materie auskennt. Wenn ihm dann – kurz vor der »Hauptverhandlung« – der Anwalt bewilligt wird, sind die Würfel schon gefallen. Was in der »Hauptverhandlung« passiert, ist nur die tragikomische Inszenierung eines Rollenbuches, das schon längst genauestens fertig ist.)

15. November 1957

Endlich die Anklageschrift. Einige dreißig Seiten lang. Voller »dicker Hunde«. Also wegen Boykotthetze im Dienste der Nato will man mich verdonnern. Die Anklagekonstruktion ist ebenso ungeheuerlich wie durchsichtig: Ich sei ein Staatsfeind, der die Evangelische Studentengemeinde als illegale Organisation aufgezogen und in seinen Dienst gestellt habe. In den westlichen Evangelischen Akademien säßen meine Auftraggeber. Dorthin, wie in die westlichen Patengemeinden habe ich viele Studenten zur Schulung und Beeinflussung gesandt. Um mir eine Massenbasis zu verschaffen, ging ich in die Arbeiterorte Dölzig und Böhlen. In der Evangelischen Akademikerschaft habe ich die Intelligenz für meine Absichten zu gewinnen versucht usw. usw. Auch die Ohrfeigen von Panitzsch, die Eingabe an den Zentralrat der FDJ wegen des neuen Status (nicht von mir verfaßt, im übrigen landeskirchlich ausdrücklich bejaht und begrüßt) kommen mit vor.

Ich erhalte Papier und Bleistift, um mir Notizen für die Verteidigung zu machen. Das nützt zwar nicht viel, immerhin dient es der gedanklichen Selbstklärung. Natürlich sind nur Stichworte möglich, da ich die Notizen jeweils wieder abgeben muß. Noch immer setze ich ein wenig Hoffnung auf die Hilfe der Anwältin und die Möglichkeiten der Verteidigung.

16. November 1957

Man führt mich im Anwaltszimmer Frau Brendel vor. Wir sitzen vor der

Telefondose. Ich kann ihr die Anklageschrift geben. Aber sie darf sie nicht zum genaueren Studium mitnehmen. Sie muß sie hier lesen und kann sich nur Notizen machen. Ein tolles juristisches Theater! Zweitausend Seiten »Protokoll« sind zu bewältigen. Doch sie stehen der Anwältin nicht allein zur Verfügung. Ein einziges Exemplar ist vorhanden für die Richter, die Schöffen und den Anwalt! Das ist in den wenigen Tagen bis zur »Hauptverhandlung« gar nicht zu schaffen. Die »Hauptverhandlung« ist für den 25. November vorgesehen. Dazwischen liegt noch der Bußtag als staatlicher Feiertag. Natürlich bekommt die Anwältin die »Protokolle« nicht mit, sondern muß sie an Ort und Stelle lesen. Eine unerträgliche Zumutung! So soll eine sachgemäße Vorbereitung der Verteidigung möglich sein? Wir erwägen sofort die Hinzuziehung eines zweiten Anwaltes. Ich stimme zu.

Frau Brendel ist trotz allem noch eitel Zuversicht und Hoffnung. Meinen Hinweis auf die »Protokolle« scheint sie fast zu überhören. Ich sei wegen »ideologischer Aufweichung« angeklagt. Sie hat sich einiges Grundsätzliche zu diesem Punkt zurechtgelegt. »Auch sonst haben wie nicht geschlafen«. Vor allem Leumundszeugnisse sind beschafft: von den Professoren und Dozenten Sommerlath, Leipoldt (nichtssagend), G. Voigt (klug abwägend, sachlich), Kähler (eine klare Solidaritätserklärung, die man um seinetwillen so nicht verwenden will!), Morenz, Lau (sein – auf westliche Zeugen gestütztes – Zeugnis bewirkt, daß man die Anklagepunkte bzw. das Beweismaterial, das sich auf meine Vortragstätigkeit in Emmendingen bezieht, fallen läßt). Besonders wichtig für mich persönlich sind die Voten, die Frau Brendel über meine Vorträge in Böhlen eingeholt hat von Prof. Heinrich Vogel und vom Landeskirchenamt. In diesen Gutachten steht sonnenklar: Meine Verkündigung ist nicht Boykotthetze, sondern Christusverkündigung, hinter der voll und ganz die Kirche steht. Etwas anderes habe ich auch nie erwartet. Man kann gespannt sein, wie das Gericht darauf reagiert. Einen Verteidigungsplan mit Frau Brendel abzusprechen ist heute noch nicht möglich. Ich bitte sie dringend, Thomas Manns »Zauberberg« nachzuschlagen (eine Stelle über die moderne Arbeiterbewegung) und die Dokumentation der Beschlüsse der Ökumenischen Vollversammlung von Evanston über das Thema »Christus, die Hoffnung der Welt« zu besorgen und zu studieren.

19. November 1957

Völlig unerwartet erscheint heute Frau Brendel. Sie ist außer sich. Das machen die »Protokolle«. Die ersten seien vorzüglich. Aber dann. Ich hätte mich in grotesker Weise selbst bezichtigt. Die Hauptlast der Anklage ruhe auf meinen eigenen Aussagen. Alles, was andere dagegen gesagt hätten, sei vergleichsweise harmlos. Ob ich tatsächlich der sei, der da zum Vorschein komme? Ob ich etwa das Landeskirchenamt und alle zum Narren gehalten hätte? Ob ich falsche Angaben gemacht hätte, weil ich mir in der Rolle gefiele, aus Angeberei?

O, die Ahnungslose! Sie hat offensichtlich von der Problematik Kirche/Staat in der DDR wenig Ahnung. Vor allem: sie scheint über die Art des Zustandekommens von »Protokollen« keine deutliche Vorstellung zu haben. Sie ist, das sehe ich jetzt ganz klar, in politischen Strafsachen wenig erfahren und mit diesem Prozeß total überfordert. Ich bin recht deprimiert. Ich spüre: Bei der »Hauptverhandlung« werde ich ganz allein sein. Ich versuche, ihr das Nötigste zu erklären. Langsam begreift sie. Doch ihre Zuversicht ist entscheidend gebrochen. Als zweiten Verteidiger will sie Rechtsanwalt Tittel bitten. Er habe Hanno Schmidt gut verteidigt.

21. November 1957

Plötzlich werde ich wieder zu Vernehmungen geholt. Schon seit einigen Tagen. In der Hauptsache ging es um ein »Protokoll« über Äußerungen im März 1957 in der Evangelischen Akademie Berlin (West), wo ich von der »Fratze des Kommunismus« gesprochen hätte, der wir eben ins Angesicht geblickt haben. Dann über die letzte Studentenpfarrerkonferenz im November 1956 in Berlin (West), wo ich geäußert haben soll, ich hasse den Kommunismus, aber ich liebe die Kommunisten.

Woher hatten sie dergleichen? Was sie mir vorhielten, war, wie üblich, übel verzerrt. Ich mußte es richtigstellen. Trotzdem mußte es vor der Instanz revolutionärer sozialistischer Gesetzlichkeit sehr belastend sein. (Die beiden »Protokolle« erschienen übrigens dann nicht in der »Hauptverhandlung«, auch nicht in der »Urteilsbegründung«. Wollte man sie in Reserve halten?)

Dann erfolgte ein systematisches Wiederkäuen der alten »Protokolle«. Man wollte sich anscheinend vergewissern, wie ich in der »Hauptverhandlung« aussagen würde. »Nach bestem Wissen und Gewissen natürlich«. Nun wurden mir die »Protokolle« präsentiert als die Kette, mit der man mich an den Felsen geschmiedet hatte. Hatte man Angst, daß ich das ganze Gebäude der Anklage zum Einsturz bringen würde? Immer wieder kam die drohende Mahnung, ich möge ja bei den Aussagen des »Protokolls« bleiben, sonst würde ich der Lüge überführt, die Strafe entsprechend höher.

22. November 1957
Meine Erwartung, daß Frau Brendel heute, wie vereinbart, zu einer letzten Besprechung kommt, wird enttäuscht. Sie kommt nicht. Das Lesen der »Protokolle« erscheint ihr wichtiger. So läßt sich kein Plan für die Verteidigung entwerfen. Meiner Ansicht nach hätte man von »Christus, die Hoffnung der Welt« her die ganze Anklage aus den Angeln heben können, zumindest in wichtigen Partien. Das war nun leider nicht möglich.

Anstelle von Frau Brendel kam Rechtsanwalt Tittel. Ein sehr kluger, sympathischer Mann. Hatte auch etwas Schokolade und Dextropur mit, war also nicht überängstlich. Er hatte nur ein knappes Drittel der »Protokolle« lesen können. Aber er war im Bilde. Er stellte nur eine Frage: »Sind Sie nun ein Staatsfeind oder sind Sie es nicht?« Antwort: »Nein, ich bin es nicht. Bei aller Kritik im einzelnen, war für mich nie im Zweifel: die DDR ist mir von Gott gesetzte Obrigkeit.« Er fragte noch: »Wie kam es zu den ›Protokollen‹? Hatten die Böhlener Zeugen nach Ihrem Eindruck Parteiauftrag oder dergleichen?« Er stellte in Aussicht, in der Hauptversammlung das Problem des Zustandekommens der »Protokolle« grundsätzlich zu stellen. Damit war er am Nerv der Sache. Ich beginne wieder ein wenig aufzuatmen.

23. November 1957
In der Vernehmerzelle sitzen zwei Herren: die beiden (!) Staatsanwälte, mit denen ich's zu tun haben werde. Der Anklagevertreter Staatsanwalt Müller, Leipzig, und ein weiterer Herr aus Berlin. Der Zweck ihres Kommens wurde schnell deutlich: massive Bedrohung des Angeklagten. »Sie haben gemerkt: Wir fackeln nicht. Wir haben die Macht. Und wir schlagen unbarmherzig zu. Das wissen Sie nun. Wir raten Ihnen: Provozieren Sie uns nicht bei der ›Hauptverhandlung‹! Die Folgen für Sie würden fürchterlich sein. Überlegen Sie sich das. Zweifeln Sie nicht daran. Ich gebe Ihnen den wohlgemeinten Rat.« Das war's. Alles andere war dagegen unwichtig. Und es wurde mir klar: Wenn das »Protokoll« entscheidend umgeworfen würde, wenn etwa widerrufen würde, dann wäre nichts anderes als ein astronomisches Urteil zu erwarten.

W. P. hatte mir schon gesagt: »Nichts, nichts bringt sie mehr zur Raserei als Widerruf«. Und er meinte zu wissen, bei jedem Prozeß habe das Kollektiv der Staatsanwälte drei verschieden hohe Urteile bereit, je nach dem Verhalten des Angeklagten.

Was sollte ich tun? Die »Hauptversammlung« würde vor »geladenen Gästen« stattfinden (Arbeiter von Dölzig, Böhlen, Bleichert, einzelne Studenten, Professoren, Bischof Noth, Superintendent Stiehl, Dr. Harzer als Präsident des Landeskirchenamtes, die Journalisten). Das heißt: ohne wirkliche Öffentlichkeit. Denn die Journalisten dürfen nur schreiben, was ihnen vorgekaut wird. Die anderen sind Genossen der führenden Partei bzw. deren Parteigänger. Bis auf die Männer der Kirche. Doch mit welcher Zurückhaltung hatte sie bis jetzt agiert!

Nun einfach Ja und Amen zu sagen konnte aber erst recht nicht in Frage kommen. Mein Bischof – aber er hatte ja angeblich abgesagt! – sollte sich wenigstens ein Bild machen können. Ich würde aussagen nach bestem Wissen und Gewissen, ganz einfältig. Und alles andere Gott überlassen.

Noch eine Vernehmung fand statt, über deren Sinn ich zunächst keine Klarheit gewinnen konnte. Es handelte sich um eine bestimmte Art der Zusammenfassung von »Protokollen«. Lückenlos wurden die aus den Zusammenhängen gerissenen Äußerungen aneinandergereiht und daran die Frage geschlossen: »Haben Sie das gesagt?« »Doch wozu das noch einmal?«, wollte ich vom Vernehmer wissen. »Ach, das ist bloß eine Zusammenfassung. Das hat nichts zu sagen.« Ich kam nicht dahinter.

Erst bei der »Hauptverhandlung« wurde deutlich: Auf diese Weise konnte man bei naiven, unwissenden und voreingenommenen Hörern sehr billig den Eindruck massiver Hetze hervorrufen, zumal wenn man den rechten Zeitpunkt für die Frage zu wählen verstand. Und das verstand man.

24. November 1957

Es ist nicht zu glauben: Heute habe ich eine halbe Stunde »Spaziergang« in der Hofzelle. Eine halbe Stunde frische Luft. Ja, man ist »human«. Man will sich nichts nachsagen lassen.

25. November 1957

Endlich ist der Tag da, der zwar nicht das Urteil, aber doch die Entscheidung bringt, d. h. sie nach außen sichtbar macht. Denn die Entscheidung, daß ich auf alle Fälle mit einer nicht zu kleinen Strafe bedacht werde, ist ja längst gefallen.

Psychologisch versteht man die Sache meisterlich zu inszenieren:

1. Ich trage plötzlich Zivil. Alle Anwesenden haben dadurch die Suggestion: Der Angeklagte ist vorerst noch ein freier Bürger und kann sich frei verteidigen. Nur der Angeklagte weiß, daß das Theater und ein Irrtum ist;

2. meine Frau darf am ersten Tag der »Hauptverhandlung« nicht zugegen sein, weil sie am zweiten Tag – was sachlich völlig belanglos ist – als Zeugin vernommen wird. Damit ist mir eine wichtige menschliche Hilfe genommen. Am zweiten Tage zeigt sich das sehr deutlich, als ich von Anfang an mit meiner Frau Augenkontakt habe;

3. man bringt mich in Handschellen zum Gerichtssaal. Das ist auf mich gezielt. Man will den Delinquenten, ungeachtet seiner Zivilkleidung, ganz klein machen. Damit es aber die Zuschauer nicht sehen und der Anblick sie erbarmt, werden die Handschellen im Vorzimmer abgenommen;

4. man stellt mich ins grelle, blendende Licht der Jupiterlampen der Reporter, was natürlich vexierend wirken muß;

5. man verbietet mir, in den Gerichtssaal zu sehen, also die Menschen anzusehen, die als Zeugen dieser Tragikomödie zugegen sind;

6. man stellt mir und den beiden Anwälten – deren Zweizahl ja aus der künstlich erzeugten Zeitnot resultiert! – zwei Oberrichter mit den Schöffen und zwei Staatsanwälte entgegen. Da aber die beiden Anwälte praktisch kaum in Erscheinung treten können, ist das Verhältnis 1 : 4. Vier Menschen reden pausenlos, unterbrochen von den kurzen Antworten des Angeklagten, auf mich ein. Ist der eine Oberrichter ermüdet, spricht der andere weiter. Versiegt dem einen Staatsanwalt der Strom der Worte, so springt sofort der andere auf.

Indessen steht der Angeklagte, die Hände fest um eine Stuhllehne vor ihm gelegt, angespannt lauschend, denkend, Antwort gebend, aber immer müder werdend und oft die Stimme des Redenden nur noch wie aus weiter Ferne vernehmend, und wartet sehnlichst auf den Augenblick, wo das ganze Theater überstanden sein wird. Dabei ist das Tempo der »Verhandlung« überaus flott, so daß man wirklich Mühe hat nachzukommen. Wegen Erschöpfung des Angeklagten muß mehrere Male unterbrochen werden.

Für immer wird sich mir einprägen der Satz, der in großen Lettern über dem apsisartigen Halbrund prangt zu Häupten des Hohen Strafsenats:

NEUE MACHT SCHAFFT NEUE GESETZLICHKEIT

Ja, so ist es. Und die letzten sieben Monate waren ein Sonderkurs für mich in »neuer Gesetzlichkeit«. Tatsächlich handelt es sich um »Gesetzlichkeit«, mit welchem Wort – die Sprache, der »Jargon« (Stasi) ist immer verräterisch – das Unbestimmte, Verschwommene, Dehnbare, Ungefähre des neuen ius sich unbewußt kundgibt. Die neue Gesetzlichkeit ist die sozialistische Gesetzlichkeit, welche »progressiv« ist, »dynamisch«, »revolutionär«. Ich kann es nicht bestreiten, denn ich spüre ihre »Dynamik« an Leib, Seele und Geist. Sie kann sich übrigens auf Lenin berufen.

Doch ich weiß auch, daß hier einer seine Hände im Spiel hat, von dem die Herren Staatsanwälte, Richter und Schöffen meinen, er sei nicht existent. Wer in diesem Gerichtssaal Ohren hat zu hören, der muß merken, was los ist.

Es beginnt mit den Fragen zur Person. Die Naivität meiner aufrechten Anwältin ist rührend: Sie hatte gemeint, mich darauf vorbereiten zu sollen, wie ich wohl zum christlichen Glauben gekommen bin bzw. zur Theologie, da ich doch von Haus aus Lehrer war. Dafür interessierten sich jedoch Anklage und Gericht überhaupt nicht, wie es auch nie Gegenstand der Vernehmung gewesen war. Wenn ein Staat schon Angst hat vor dem Namen Gottes in einem Brief an meine Frau, dann wird er erst recht kein Interesse an einem Christuszeugnis im Gerichtssaal haben.

Dann also laufen die Dinge ab: Panitzsch, Lückendorf, sozialethischer Kleinkreis usw. usw.

Besonders wird herumgetrommelt auf zweien meiner Berichte an das Landeskirchenamt: der eine über Unregelmäßigkeiten bei der Wahl 1954, der andere über die Vernehmung von Fräulein v. M. durch die Stasi, die darin – optima fide! – als illegale Einrichtung bezeichnet ist.

Auf dem Richtertisch liegen die Bücher, die nach Auffassung der Stasi als Hetzliteratur von mir illegal eingeführt und benutzt wurden: Orwell, 1984; Wetter, Der dialektische und historische Materialismus; Bochenski, Dialektischer Materialismus; ein Vortrag aus der Evangelischen Akademie Bad Boll von R. W. Leonhardt über die Entwicklung in der Sowjetunion. Dazu natürlich: H.-D. Wendland, Die Kirche in der modernen Gesellschaft.

Tatsache ist, daß die Schriften – mit sehr seltenen Ausnahmen – nur der eigenen Information gedient hatten, also nicht ausgeliehen worden waren. Wendland war zwar Grundlage für meine Referate im sozialethischen Arbeitskreis, aber seine wissenschaftliche Sprache blieb den meisten unverständlich, es mußte alles erst in verständliches Laiendeutsch übersetzt werden.

Nun hatte ich die Schriften im Regal verkehrt herum gestellt gehabt, um unbequemen Bitten um Ausleihe von vornherein aus dem Wege zu gehen; die Bücher sollten nicht ausgeliehen werden. Wetter und Bochenski waren völlig neu und noch nicht einmal durchgeblättert!

Schlußfolgerung des Gerichts: Der Angeklagte habe um die Staatsfeindlichkeit dieser Bücher gewußt und sie deshalb abgesichert.

Das ist »dialektische« Justiz. Da kann man halt nichts machen. – Hier springt mir immerhin Frau Brendel bei, die dem Gericht zu bedenken gibt, daß die Tatsache, daß die drei Bochenski neu und ungelesen in meiner Wohnung beieinanderstehen, doch wohl nicht darauf hindeutet, daß ich sie habe verbreiten wollen. Tittel bricht eine Lanze für Orwell. Der Verfasser sei Mitglied der Labour Party und Spanienkämpfer gegen Franco. Das Buch sage mit keinem Worte, daß es ein gegen die Sowjetunion gerichtetes Buch sei oder gar sein wolle.

Da kommt er beim Staatsanwalt natürlich schön an. Wie von der Tarantel gestochen, springt der Berliner Kollege von Staatsanwalt Müller auf und donnert los. Dann sei Herr Orwell eben ein Verräter. Vom Staatsoberhaupt sei dort die Rede als von einem »Genossen«. Das beweise doch eindeutig (!), daß nach Moskau gezielt werde. Das Ganze sei im übrigen Gesudel wie aus der Goebbelsschen Propagandaküche. Es ist das einzige Mal, daß die Arbeiter im Saale einer rhetorischen Leistung der Staatsanwälte oder Richter Beifall spenden.

Nicht weniger als achtunddreißigmal werde ich von Richter und Staatsanwalt ermahnt, bei der Wahrheit zu bleiben, d. h. meine Aussagen »protokollgemäß« zu machen und Formulierungen nicht in Frage zu stellen. »Verhandlung« in dem Begriff »Hauptverhandlung« bedeutet lediglich, die erpreßten Aussagen des »Protokolls« zu wiederholen. Die Wahrheit ist nicht zu ermitteln, sondern liegt längst vor aller Verhandlung fest.

Bei dem Besuch der Staatsanwälte in der »Wächterburg« hatte ich gefragt, welchen Sinn eigentlich die Verteidigung hat, wenn durch das »Protokoll« alles schon festliegt. Antwort: sie habe zur Wahrheitsfindung insofern beizutragen – und das sei sehr wichtig –, als sie die Dinge »in einem anderen Lichte« erscheinen lasse. Wohl wahr. Das Dialektische ist nur dies: Wagt die Verteidigung sich bis zu diesem Punkt vor, dann wird sie (siehe oben: Einwand Tittels zu Orwell) zusammengedonnert. Kein Wunder, daß Rechtsanwalt Tittel schließlich 1960 ebenfalls »gesiebte Luft« zu atmen bekommen hat.

Achtunddreißigmal vom Protokoll abgewichen! Einmal geleugnet, ein Protokoll unterschrieben zu haben! Von der Unterschrift sich mit Achselzucken daraufhin »überzeugt«. Wer Ohren hat zu hören, der höre!

Hatte die Verteidigung hier nicht die Chance, die von Tittel im Gespräch mit mir in Aussicht gestellte Frage nach dem Zustandekommen der Protokolle zu stellen? Sie wagte es nicht. Jeder Anwalt bringt sich durch eine solche Frage in ein schiefes Licht gegenüber der Anklagebehörde und hat Konsequenzen zu erwarten.

Als ich am Spätnachmittag völlig müde und erschöpft bin, kommt, der abgefeimten Psychologie dieser feinen Justiz entsprechend, das Schwerwiegendste: Böhlen. In einem Mordstempo werden die grob verzerrenden und verfälschenden sog. »Zusammenfassungen« durchgejagt. Am Schluß steht nur die Frage, ob ich das gesagt habe. Ich bin nur noch ein vibrierendes Nervenbündel, von dem einen Wunsche beseelt, daß endlich alles aus sein möge. Ich sage mühsam: Ja. Und in diesem Ja liegt alles Wissen um die Vergeblichkeit, vor dieser Anklagevertretung und diesem Gericht die Dinge zu entwirren und zurechtzustellen.

Rechtsanwalt Tittel sagt mir danach, durch dieses Ja sei alles entschieden worden. Ich hätte doch wenigsten differenzieren müssen, um Aufschub bitten, anmelden, daß ich nicht habe folgen können.

Er irrt sich ganz sicher. An der Strafe und ihrer Höhe hätten alle Versuche in dieser Richtung nichts geändert. Außerdem: Hätten mir nicht die Anwälte in solcher Situation zu Hilfe kommen können? Doch will und kann ich niemandem einen Vorwurf machen.

26. November 1957

Heute ist Anne mit im Saal. Das gibt ein ganz anderes Lebensgefühl. Als eine der ersten Zeuginnen bzw. Zeugen wird sie hereingeführt: blaß, abgehärmt. Nun soll sie aussagen. Ob ich westliche Sender gehört habe? Ja, doch nur ganz selten einmal, etwa Nachrichten vom Nordwestdeutschen Rundfunk. Andere Sender bekamen wir gar nicht. Sehr mager, was diese Zeugin dem Gericht einbringt. Man spürt Anne die verhaltene Wut und die heimliche Verachtung an, mit der sie vor diesen Richtern steht. Mühsam preßt sie sich die Worte heraus.

Ich darf auch Fragen stellen. Bin munterer und frischer als gestern. Kein Wunder. Der Hauptdruck ist vorbei. Alles andere ist nur noch Abwicklung. Ich bitte Anne, sich zu äußern über meine Einstellung zu den politischen Parteien Westdeutschlands. Antwort: Gegen die CDU, für die SPD.

Dann kommen die Zeugen der Böhlener Kirchgemeinde. Sie bieten ein beklagenswertes Bild. Völlig verängstigt, bringen sie fast nichts Brauchbares heraus. Sie sind es nicht gewöhnt, öffentlich für ihren Glauben einzustehen. Am besten gelingt es noch der Zeugin aus dem Böhlener Kirchenbüro.

Ganz anders die Böhlener Arbeiter. Sie haben die schriftlichen Eingaben, die sie damals im März bei der Staatsanwaltschaft gemacht haben und deren Inhalt ich von den ersten Vernehmungen her kenne, auswendig gelernt und sagen nun in strammer Haltung ihre Lektion auf. Einer getraut sich nicht, mich anzusehen. Im ganzen bieten sie ein bestelltes Bild des Hasses, der künstlichen Empörung. Der Ton, in dem sie sprechen, deprimierend-unsachlich. Auf das Inhaltliche einzugehen lohnt nicht. Etliches ist völlig frei erfunden. Das meiste ist in der Anklageschrift nicht enthalten, fehlt auch in der Urteilsbegründung! Ich habe den Eindruck, dieser Aufmarsch ist vor allem um der Arbeiter selbst willen inszeniert, um ihnen ihre Macht vor Augen zu führen. Mienen und Gebärden der anwesenden Journalisten lassen z. T. erkennen, wie peinlich sie berührt sind von der Art, wie hier gesprochen und vor Gericht argumentiert wird.

Etlichen von diesen Zeugen erspare ich einige Fragen nicht. Mehrfach bringe ich vor: »Sie haben das ausgesagt. Da haben Sie mich mißverstanden. Es hat Ihnen Anlaß zu Kritik und Ärger gegeben. Für jeden Abend hatten wir zu einer offenen Aussprache eingeladen. Warum haben Sie Ihre Kritik nicht dort zur Klärung an Ort und Stelle vorgebracht? Das ist doch sehr merkwürdig!«

Auch die Theologiestudenten Andreas Jentsch und Wolfgang Wohllebe werden vernommen, beide Glieder der Leipziger Evangelischen Studentengemeinde. Jentsch hat einen heftigen Zusammenstoß mit dem einen Staatsanwalt. Der fragt ihn, was er denn gegen das Unrecht an den Rosenbergs in USA getan habe? Darauf Andreas: »Wollen Sie mich provozieren, Herr Staatsanwalt?« Der Junge hat Schneid. Der Staatsanwalt tobt. Zu Unrecht. Im übrigen: Die Anklage gegen Andreas Jentsch steht erst recht auf tönernen Füßen. Er war ja lediglich Wortführer gewesen bei der studentischen Resolution für die Wiederbesetzung des Lehrstuhles für Neues Testament in der Theologischen Fakultät! Es bleibt mir unfaßlich, wieso er wegen dieser völlig legitimen Aktion zu eineinhalb Jahren Gefängnis verurteilt werden konnte. Doch sollte man sich in »diesem Hause« über nichts mehr wundern.

Wolfgang Wohllebe antwortet sehr behutsam und überlegt, hat Artikulationsschwierigkeiten, versucht zu differenzieren, dabei eine etwas knifflige Diktion, spricht langsam aus angestrengtem Nachdenken heraus. Es ging u. a. um die Aussprache im Erweiterten Vertrauenskreis anläßlich der Wahlen 1954 und das FDJ-Statut 1955. Als er den Saal wieder verlassen hat, knirscht der Staatsanwalt voll Wut: »Haben Sie den gesehen? Das sind die Kreaturen, mit denen der Angeklagte gearbeitet hat.«

Zum Schluß kommen die Plädoyers.

Zuerst der Staatsanwalt. Er legt mit ungeheurem Furor los. Seine Grundthese: Das alles sei Nato-Politik in Aktion. Ich hätte mein Amt mißbraucht zu äußerst gesellschaftsgefährdender Boykotthetze ... Mit Spannung erwartet man ein astronomisches Urteil. Doch da lenkt er plötzlich ein. Die Macht der Arbeiter und Bauern sei jetzt so stabilisiert, »daß wir es nicht mehr nötig haben, so hohe Strafen zu beantragen«. Doch müsse er angesichts der Gefährlichkeit der staatsfeindlichen Tätigkeit des Angeklagten fünf Jahre Zuchthaus beantragen. Auf den Gesichtern der Böhlener Arbeiter spiegelt sich Enttäuschung. Kein Beifall erhebt sich.

Ich selbst bin nach allem noch angenehm enttäuscht. Denn der ganze Tenor der Staatsanwälte, zumal das Plädoyer ließ mehr erwarten. Andererseits: W. P. hatte meine Sache auf Grund seiner Erfahrungen auf höchstens drei bis dreieinhalb Jahre eingeschätzt. Nun weiß ich wenigstens schon einigermaßen, woran ich bin.

Dann bekomme ich das Schlußwort.

Lange hatte ich geschwankt, ob ich ein radikales oder ein maßvolles, zurückhaltendes Schlußwort sprechen solle. Die Klugheit gebot mir das letztere, die Klugheit und der Gedanke an die selektierte Zuhörerschaft. Auch wäre Radikalität jetzt nicht mehr überzeugend gewesen. Es war außerdem nicht zu bezweifeln, daß mein Schlußwort auf die Strafzumessung durch das Gericht Einfluß haben würde. Die Staatsanwälte waren ja bei der »Vorbesprechung« sehr deutlich gewesen. Auch hatte ich überlegt, ob ich eine lange, ausführliche Rede – etwa an Hand der Anklageschrift – halten oder mich lieber ganz kurz fassen sollte. Die Anwältin riet zur Kürze.

Da sagte ich in wohlüberlegten Sätzen etwa folgendes: »Mit der Nato hat meine Tätigkeit nichts zu tun. Auch nicht mit Hetze. Nur ein einziges Motiv war für mich maßgebend: das Evangelium von Jesus Christus den mir anvertrauten Menschen auszurichten in einem Lande, das vom kämpferischen Atheismus beherrscht wird. Daraus resultiert alles.

»Ich habe aber im Laufe des Prozesses mehr und mehr erfahren, daß ich durch verschiedene mir zur Last gelegte Tätigkeiten mit der sozialistischen Gesetzlichkeit in Widerspruch geraten bin. Besonders beeindruckt haben mich die Voten der Böhlener Arbeiter in ihrer nackten Feindseligkeit und Verblendung (ich habe nicht gesagt, daß ich positiv beeindruckt wurde!).

Auch bitte ich das Gericht zu bedenken, daß mir als Studentenpfarrer durch die Sprechstunde sehr, sehr viele negative Informationen zuflossen, so daß ich ein sehr negatives Bild von der sozialistischen Wirklichkeit an der Hochschule gewinnen mußte.

Ferner: Evangelische Akademien, Studentenpfarrerkonferenzen, Patengemeinden, Bücher, Evangelische Akademikerschaft, Hauskreise – in alledem habe ich nur wahrgenommen und betätigt, was mir vorgegeben war, also keineswegs auf mein persönliches Konto geht.«

Zuletzt wies ich auf das Wort hin, mit dem ich in Emmendingen (Baden) im Juli 1956 in der Predigt die Festgemeinde zum Lutherjubiläum gegrüßt hatte: ›Ich komme aus Gottes geliebter DDR.‹

»Dazu bekenne ich mich auch noch jetzt. Und hoffe im übrigen, daß es endlich und bald zu einer friedlichen Koexistenz zwischen Staat und Kirche komme, die ich von Herzen wünsche.«

28. November 1957

Nachmittags ist Urteilsverkündung. Diesmal ist der Saal nicht so voll. Dafür sind viele da, die gekommen sind, um mir ihren geschwisterlichen Gruß und Beistand zu bezeugen; auch der Bischof, Präsident Dr. Harzer vom Landeskirchenamt sowie Superintendent Stiehl aus Leipzig.

Es bleibt bei fünf Jahren. Die U-Haft wird angerechnet. Also bleiben noch viereindrittel Jahre. Eine lange, lange Zeit. Werde ich sie ganz absitzen müssen? Der Verlesung des Urteils fügt der Oberrichter den Hinweis zu, daß mir gegen das Urteil das Einspruchsrecht zusteht.

Nach dieser kurzen Zeremonie kann ich kurz die Anwältin sprechen. Ob sie nun besser verstanden hat, worum es hier ging? Der Staatsanwalt hatte ja in seinem Schlußplädoyer offen auch den Bischof, das Landeskirchenamt als in bestimmter Weise mitschuldig angesprochen, der Richter in der Urteilsbegründung ebenso.

Ein paar Minuten kann ich auch Anne sprechen. Nun haben wir das Dramatische hinter uns. Jetzt geht der zähe Kampf mit der Zeit los. Der Herr möge uns beistehen, Geduld und Kraft geben und Segen daraus wirken.

Sogar mit dem Bischof wird mir ein ganz kurzes Gespräch vergönnt. Er sagt mir: »Aus der Tiefe rufe ich, Herr, zu dir«, den Anfang des Psalms vom Bußtag der vorigen Woche. »Wir haben nicht alles verstanden. An manchem haben wir zu tragen. Aber wir glauben es Ihnen: Sie haben im Glauben an Jesus Christus so geredet und gehandelt.« Das bezeugt zu bekommen ist mir wichtig, denn für einen mit den Praktiken der U-Haft nicht vertrauten Mann mußte ja die sog. »Hauptverhandlung« ziemlich verwirrend sein.

Bezeichnend ist das Verhalten des Gerichts zu den von der Anwältin übergebenen Dokumenten. Die Leumundszeugnisse werden akzeptiert, das vom Kirchenvorstand von Panitzsch allerdings mit Kritik. Doch zurückgewiesen als »von nicht zuständiger Seite« verfaßt werden die wichtigen kirchlichen Fachgutachten über meine Predigt in Leipzig vom 4. 11. 1956 und über meine Vorträge in Böhlen. Sie werden zurückgegeben mit dem ausdrücklichen Bemerken, daß man zahlreiche darin enthaltene Provokationen »wohlwollend« übersehen wolle.

30. November 1957
Frau Brendel und Herr Tittel kommen. Sie wollen mich überreden zum Einspruch. Frau Brendel weist auf »die dicken Hunde« in der Urteilsbegründung hin, von denen ich selber nach der Urteilsverkündung zu ihr sprach. Doch ich kann ihrem Vorschlag nicht zustimmen: »Mit welchen Argumenten wollen Sie diesen Staatsanwälten und diesen Richtern gegenüber arbeiten?« Darauf wußten sie nicht viel zu sagen. Warum also noch Wochen und Monate bis zur Einspruchsverhandlung in der Stasi-Haft (der schlimmsten Gestalt der Haft in der DDR) sich quälen? W. P. hatte mich dringend gewarnt, in Revision zu gehen. »Du versperrst dir damit eine vorzeitige Haftaussetzung nach § 346 der Strafprozeßordnung«. »Das beste ist, das Urteil annehmen und dann alles auf dem Gnadenwege versuchen. Eine Persönlichkeit nach der anderen intervenieren lassen. Geh nicht in Revision. Das haben schon viele bereut. Du wirst noch an mich denken.« Nun, er sprach aus Erfahrung. Und ich hatte zu der Zeit noch kein Mißtrauen gefaßt. So blieb ich dabei.

2. Dezember 1957
Ich hatte schon gemeint, keinen Anwalt mehr zu sehen. Denn die Sache war ja abgeschlossen. Da kam Tittel noch einmal. Bringt etwas zu beißen. Und die ersten Pressestimmen (Leipziger Volkszeitung, Neues Deutschland, Union). Eine Berichterstattung wie erwartet, nein, noch schlimmer. Auch Prof. Emil Fuchs beschmeißt mich in der »Union« mit Dreck.

Schon jetzt ist mir klar, daß der Prozeß Modellbedeutung hat und zur Abschreckung für die ganze Kirche gemeint ist, jedenfalls die Kirche zu höchster Vorsicht in der Ausrichtung ihres Auftrages bestimmen soll. Und nötigt er nicht auch zu einer theologischen Überprüfung ihres Weges in der DDR?

Ich empfinde, daß Gott mit diesem Prozeß der Kirche die Möglichkeiten zu extensiver Öffentlichkeitsarbeit weiter einschränken will und sie ganz auf die Mitte, das Evangelium von Jesus Christus, weist. Wenn wir die wieder haben, werden wir auch neue Vollmacht zu weiterem, auch sozialethisch wirksamem Denken und Handeln bekommen. In diese Richtung – Konzentration auf die biblische Mitte – sollte ja auch die Weiterarbeit in der Studentengemeinde gehen. Deshalb die Vortragsreihe über die Heilige Schrift im Herbst 1957.

Den Schein, wonach ich keine Rechtsmittel gegen das Urteil einlege, habe ich nun unterschrieben.

Täglich erhalte ich auf meinen Antrag hin nunmehr eine Zeitung: die »Berliner Zeitung« (BZ). Aber alle Zeilen, die Bezug auf meinen Prozeß nehmen, sind herausgeschnitten. Warum eigentlich? Berichtet die BZ nicht wahrheitsgemäß? Doch die Antwort ist so naheliegend in »diesem Hause«: Schikane!

4. Dezember 1957

Beschwere mich, daß ich wieder in einer Nordzelle hausen muß, wo nachts der Motorenlärm allen Schlaf illusorisch macht. So gelange ich wieder in eine Südzelle. Hier ist es ruhiger. Hier scheint doch ein wenig Sonne, wenn auch sehr, sehr matt durch dicke Glasbausteine.

9. Dezember 1957

Heute morgen wurde ich mit einem zweiten Verurteilten, begleitet vom Hyginiker in der kleinen »Minna« zur Alfred-Kästner-Straße gebracht. Das bedeutet endlich: Ende der U-Haft bei der Stasi!

Der andere ist ein Einzelbauer aus der Nähe von Leipzig. Man nimmt ihn noch vor der Nacht aus meiner Zelle. Es handelt sich zunächst um eine Kellerzelle.

10. Dezember 1957

Sie bringen mich in den ersten Stock. Einzelzelle. Aber doch wenigstens ein großes Klappfenster. Also ausreichend frische Luft. Heraus aus dem stickigen Mief der U-Haft. Außerdem: Fenster mit durchsichtigem Glas! Der Hof ist ein großer dunkler Schacht, von allen Seiten hochgeschossige Gebäude! Man läuft bei der »Freistunde« im Abstand von zehn Metern einzeln hintereinander. Kein Baum, kein Strauch. Hartgefrorene Segmentierung mit dünner Schneekruste. Aber am Abend Blick durchs Fenster: Über dem Haus gegenüber nach vielen Monaten wieder der erste Stern! Wie er funkelt in der kalten Winterluft! Ich kann mich nicht sattsehen.

Die Zeitung kann ich erst für Januar bestellen. Aber ein Buch bekomme ich: eine sehr lesbare Bach-Biographie. Der Kalfaktor hat offensichtlich erkannt, wer ich bin.

Übrigens: Kaum war ich in der »Kästnerpiepe« eingeliefert, schlägt mir schon die erste Welle der Sympathie entgegen. Beim Baden – vorher werden alle Sachen abgegeben – bringt mir ein Häftling den Kamm, das einzige Stück aus den »Effekten«, das beim Mann bleibt, und legt ihn, sorgfältig in ein Stück Papier eingewickelt, auf die Holzbank bei der Brause. Als ich ihn nehme, bemerke ich, daß das Stück Einwickelpapier der Leitartikel des »Neuen Deutschland« ist, der sich mit Bischof Dibelius und mit meiner Person befaßt. Das ist ein außerordentliches Erlebnis! Es ist das Erlebnis der Solidarität, der Menschlichkeit unter »Knastologen«. Ich entnehme dem Artikel, daß die Evangelische Kirche in Deutschland oder die Evangelische Kirche der Union ein Wort beschlossen hat über die Not der Christen in der DDR, speziell hinsichtlich ihres schwierigen Verhältnisses zum Staat. Zweifellos eine Folge meines Prozesses.

Erstaunt lese ich auch, daß ich die Bibel, wie Dibelius, im Sinne der Nato interpretiere. Nun ja, so ungefähr war auch der »Jargon« des Staatsanwaltes.

In der Strafvollzugsanstalt Torgau

Am 16. Dezember 1957 werde ich in eine große »Minna« verladen. Zunächst geht es nach Röcknitz. Eine Stunde Aufenthalt. Beim Aussteigen sehe ich die verschneiten Kiefern und das Lager im Schnee. Hier wäre es in mancher Hinsicht nicht übel. Doch dann geht es weiter. Es ist grimmig kalt. Etwa fünfzehn Grad minus. Trotz Holzschuhen und Mantel friere ich wie ein junger Hund.

Endlich sind wir da. Ich habe das Schild an der Straße eben noch mitbekommen und weiß beim Aussteigen: Ich bin in Torgau.

Schreibstube. Alles voll Offiziere und Polizeimeister. Der »Sarotti-Mohr«: ein schwarzhaariger, wollkopfiger Polizeimeister bellt mich an: Ich wolle wohl nun hier weitermachen wie draußen? Daran sei nicht zu denken!

Doch meldet sich noch eine andere Stimme, eine ruhige, menschliche, sachliche Stimme, die eines Leutnants, des »schönen Egon« (Judo-Meister und ehemaliger Offizier der Kriegsmarine): »Es hat Sie übrigens niemand zu beschimpfen. Das dulden wir nicht.«

Ich komme in strenge Einzelhaft. Die Zellen sind auf den ersten Blick recht anständig: Parkettfußboden, fließendes Wasser, Toilette mit Wasserspülung. Freilich, nur ein kleines Klappfensterchen von etwa 20 x 30 cm ist vorhanden. Die Luft kann aber nur durch die Löcher der Eisenplatte dringen, die beim Öffnen der Klappe sichtbar wird. Hier bekomme ich also buchstäblich »gesiebte Luft«. Das übrige Fenster besteht aus mattierten Scheiben, in die Drahtmaschen eingezogen sind. Mit diesem »Fenster« fest verbunden findet sich ein weiteres, das Blendenfenster, ebenfalls aus mattiertem Glas, das als ein luftschachtartiger Vorbau dem Innenfenster vorgehangen ist. Eine tolle, ausgesprochen »humane« Einrichtung. Hier kann man nichts von der Außenwelt wahrnehmen, geschweige denn sehen. Nicht einmal ein kleines Stückchen Himmel. Niemand kann behaupten, daß in dieser Zelle die Sauerstoffzufuhr ausreichend ist. Ganz zu schweigen von den Lichtverhältnissen.

Die Zelle liegt in Richtung Osten. Scheint früh die Sonne, so geht es noch. Ein warmer roter Schein dringt doch durch das Doppelfenster. Aber wenn der Himmel bedeckt ist und immer nachmittags, wenn die Sonne herum ist, ist es trüb und düster hier. Am Abend natürlich erst recht. Eine Fünfzehn-Watt-Birne befindet sich über der Zellentür. Wenn ich abends lesen will, muß ich mich auf den Hocker stellen und das Buch hochhalten. Länger als zehn Minuten hält man es sowieso nicht aus vor Kälte. Denn dies hier ist die kälteste Zelle des Hauses. Zwei Wände sind Außenwände. Der Heizkörper könnte sicher den ganzen Raum (etwa 22 Kubikmeter = die Norm für eine Person) gut heizen. Doch nur dreimal am Tage wird ein wenig Dampf durchgegeben. Ich befinde mich ja auf der »I«, der Arrest-Abteilung.

Ich bin ein »Roter«. D. h. meine Drillichhose – den ganzen Winter habe ich nur Drillichzeug an! – hat am Oberschenkel einen roten Querstreifen, der mich allen kenntlich macht als besonders gefährlichen Burschen, jedenfalls als »Politischen«. Die Tür ist eine Doppeltür. Die Vortür ist gepolstert. Beim Mittagessen, überhaupt beim Essensempfang muß ich den Hocker mit der Schüssel herausstellen. Dann wird die Tür wieder geschlossen. Die Kalfaktoren füllen draußen die Schüssel. Wenn sie einige Zellen weiter sind, schließt der Wärter wieder auf, und ich nehme mein Essen herein. Jede Kontaktmöglichkeit mit anderen Strafgefangenen soll mir genommen sein. Über mir ist keine Zelle, sondern ein Durchgang. Auch von daher dringt Kälte. Dazu noch nächtlich bei Ablösung der Nachtschicht um 22 Uhr das Füßegetrappel der Strafgefangenen.

Das Tollste: Ich darf mich nicht mit meinem Namen melden! Die Meldung hat bei mir zu heißen: »Der Strafgefangene von Zelle 60 meldet sich zur Stelle«. Erst nach zwei Tagen gibt man das auf. – Bei der »Freistunde« auf dem Hofe werde ich allein gehalten, von zwei Wächtern bewacht, einem mit Karabiner im Anschlag. Ich bin anscheinend ein ganz und gar staatsgefährliches Subjekt. Doch aus allen Fenstern und Ritzen wispert und flüstert es: »Wer bist du?«, »Bist du Schmutzler?«, »Bist du aus Leipzig?« Blitzschnell ist es herum, wer ich bin. Und wo immer Strafgefangene auftauchen, sind solche dabei, die mir freundlich zuwinken, die mir einen ermunternden Blick zuwerfen. Aus dem Fenster ruft einer: »Hier mußt du Humor haben«. Ein anderer flüstert beim Vorbeilaufen im Hause: »Kopf hoch. Laß dich nicht jucken«. Nein, »jucken« laß ich mich nicht, wenn man statt geistiger Auseinandersetzungen mit Zuchthaus kämpft, kann man mir nicht imponieren.

Am ersten Abend lege ich meine Sachen so, wie ich es in der Kästner-Straße in Leipzig gesagt bekam, auf bzw. in den umgedrehten Hocker. Damit komme ich hier aber ganz schief an. Der Hauptwachtmeister fährt mich scharf an. Immer wieder schreit er: »Päckchenbau«, »Päckchenbau«, »Das ist kein Päckchen«, »kein Päckchen«. Ich rede ihn an, teile ihm mit, daß ich nicht verstehe. Er steht da, leicht gebückt, den Kopf etwas vorgeschoben, er hat einen leichten Buckel, mindestens einen sehr starken Rücken. Er schreit: »Päckchenbau«, »Vorschrift«, »Kommandotafel«. Ich sage, ich komme aus Leipzig, ich wüßte nicht, was er wolle. Plötzlich läuft er fort, kehrt mit einer Tafel zurück, auf der das Innere einer Zelle zu sehen ist und die Schrankordnung, der Bettenbau und auch die Ordnung der Sachen beim Ausschluß. »Hier, sehn Se sich's an. So wird das gemacht. E Päckchen, e Päckchen will ich nachher sehn.« Das war meine erste Begegnung mit »Päckchen«, den aber die Knastologen mit dem weit gehässigeren Namen »Putenschlunk« belegten. In der Tat, er ist der ekligste und gehässigste Wärter, der mir begegnet ist. Es erscheint glaubhaft, daß er schon einmal Polizeimeister war und wegen Gefangenenmißhandlung degradiert wurde, wie man von ihm erzählt.

Überhaupt die Namen der Wachtmeister. Man kennt ja nicht ihren bürgerlichen Namen. Also müssen Spitznamen erfunden werden. Man muß sich ja untereinander verständigen. Hier hat der Volkswitz, aber auch der Volkszorn ein weites Feld. Das wird gründlich beackert. Denn es ist seinerseits anonym und die einzige Möglichkeit des Wehrlosen, sich ein wenig für so viele Schmach schadlos zu halten. Den »Sarotti-Mohr« erwähnte ich schon, der Name will ihn der Lächerlichkeit preisgeben, seine angemaßte Würde demütigen. Da sind »Parkett-Schreck« und »Rucksack«, »der laufende Meter«, »der Doppellinkshänder«, »die Kanalratte« (ein ausgesucht dummer und provokatorischer Kerl, der später strafweise abgelöst wird), der gemütliche und anständige »Bäckermeister«, »der Lanke«, »Eichhörnchen«, »Froschauge«, »der Tod auf Latschen«, »der Staatsanwalt«, »Tinko«, »Tschako-Marsch«, »Makarenko«, »der Küchenheinz«, »Al Capone« oder auch »Tamarlan« oder »Buffalo Bill«. Schon bei der Stasi hatten wir solche Namen wie »der Schleicher«, »das doppelte Lottchen«, »die dicke Berta« u. ä. Hier heißt der Verbindungsoffizier zum MfS – der allmächtige Mann im Hause, der auf Zelle 34 sitzt, seiner Dienstzelle – »T 34«, auch »Schweinebacke«, auch »Zahnarzt« genannt (letzteres, weil er häufig den Strafgefangenen sagt: »Den Zahn müssen Sie sich ziehen lassen«).

Zelle 60 wird also mein Domizil für ein Jahr, fast ein Jahr! Zeitung, Bücher, sogar zehn Mark monatlich Zukauf in der HO wird, der »Hausordnung« entsprechend, gewährt. Selbst Kinobesuch, wenigstens im ersten Vierteljahr. Als letzter werde ich in den Saal geführt. Klipp, klapp, klipp, klapp machen die Holzschuhe. Alle drehen sich um. Ich sitze ganz hinten, vielmehr werde gesetzt, isoliert. Dann geht es los. Kinobesuch fiel ab April weg für mich ohne Angabe von Gründen.

Der Besuch des Gottesdienstes hingegen ist mir nie verweigert worden. Nur einmal kam »Korrekt« herein in die Zelle mit einer Liste und stellte vor die Entscheidung: »Kirche oder Kino?« Beides zu haben gehe nicht. Nanu? Ja, beides sei Vergünstigung. Nur eine könne man haben. Das wurde dann aber von Pfarrer Giebeler, dem evangelischen Gefängnisseelsorger, und von der Stasi abgestellt (bei der ich mich beschwerte).

Auch die Sprechstunde des Pfarrers konnte ich immer aufsuchen. Merkwürdigerweise durfte man den Pfarrer immer allein sprechen. Beim katholischen war das, wie ich hörte, anders. Durch Pfarrer Giebeler kam ich auch an Bücher der kirchlichen Bibliothek (mit Büchern u. a. von Althaus, Barth, Feine, Schlatter, Bardtke, Bonhoeffer, Lau, Guardini, Weber: eine ganz ansehnliche Sammlung).

Ab und zu kommt ein Offizier, etwa ein Oberleutnant, der stellvertretende Anstaltsleiter, wie ich später erfahre, herein, läßt sich melden (ich melde laut und zackig), glotzt mich an, schielt die Wände empor, zum »Fenster« hin, ringsum über Liegestätte (= gemauert, ein dünner Aufleger, vier Decken), Schrank und Klo hin und spricht schräg in den Raum hinein: »Allerhand, was? Hier drin! So den ganzen Tag. Allein.«

»Jawohl, allerhand, Herr Oberleutnant.«

In der Tat: das ist allerhand.

In der Hausordnung steht, daß der Strafvollzug auf dem Prinzip der Wiedergutmachung durch kollektive Arbeit beruht. Dazu würde die Möglichkeit geboten. Ich spreche alle Offiziere, die kommen, daraufhin an. Sie antworten unisono: »Arbeit wollen Sie? Ja, Arbeit ist eine Vergünstigung. Das kommt jetzt für Sie nicht in Frage.« Immer wieder höre ich: Arbeit, das sei eine Vergünstigung. Ein andermal: »Das kommt automatisch. Sie brauchen nicht danach zu fragen. In absehbarer Zeit werden Sie Arbeit bekommen.«

Im Herbst 1959 dann druckst der »T 34« herum in meiner Zelle mit der Frage, wie es denn bei mir mit Arbeit stünde. Ich erkläre ihm: Arbeit als Wiedergutmachung jederzeit, so weit sie in meinen Kräften steht, Arbeit als Vergünstigung: nein, denn bei meinem Gesundheitszustand ist Arbeit keine Vergünstigung in diesem Hause. Erst im Januar 1961 komme ich zum Strümpfestopfen, ohne Entgelt, aber für Arbeiterverpflegung. Das ist drei Wochen vor meiner Entlassung! So achtet man im Strafvollzug die »Gesetzlichkeit« des eigenen Staates.

An unqualifizierter Arbeit bestand meinerseits kein Interesse, weil ich genug anderes, Wichtigeres zu tun habe: Ich brauche Zeit zum konkreten Gebet, zum Loben und Danken und zu sehr ausführlicher Fürbitte. Ich lege mir einen großen Fürbittekalender in Kopf und Herz an. Ich benötige Zeit zu gründlicher Bibellese. Auch zum Erarbeiten von Vortragsthemen.

Vor allem zum Durchdenken der Lage unseres Volkes und unserer Kirche. Zur Analyse der Voraussetzungen und Hintergründe des Prozesses, den man mir gemacht hat. Zum Besinnen auf das, was Gott heute und hier von mir, von seiner Gemeinde in der DDR, im »sozialistischen Lager« will.

Ich wiederhole aus dem Gedächtnis, was dort von der Kirchengeschichte, der Weltgeschichte, der deutschen Geschichte, der Geschichte der Philosophie gespeichert ist. Ich lese (vorwiegend sowjetische) Romane, auch einige Fachliteratur (Pawlow, eine Psychologie u. a.). Doch das fällt dann für Nicht-Arbeiter weg. Denn: »Wir haben kein Interesse, daß Sie eines Tages als Professor von hier nach Hause gehen.« »Die Werktätigen müssen sich auch mühsam abends im Selbststudium weiterbringen.«

Immer wieder erbitte ich sozialistische Literatur, also Marx, Engels, Lenin. Sie wird mir immer neu in Aussicht gestellt, doch nie gewährt. Sollte es doch am Glauben an die Überzeugungskraft dieser Lektüre fehlen?

Im übrigen hat wohl E. E. Kisch recht mit seiner Erfahrung: Die Deutschen haben immer Angst, es könnte den Leuten im Zuchthaus zu gut gehen. Das war in kapitalistischen Zeiten so, doch ist es im hiesigen Sozialismus nicht ebenso?

Ein ganz wichtiges und zentrales Ereignis ist in jedem Monat der Gottesdienst. Auch hier werde ich ein Jahr lang streng isoliert. Es ist wie im Kino: Wenn ich mit meinen Holzschuhen hereinklabastere, dreht sich alles um, lächelt mir freundlich zu, ich schlage zum Gruß ein Kreuz, muß aber ganz hinten Platz nehmen. Doch nun singen und beten wir zusammen. Das ist eine großartige Sache. Eine Oase Gottes in der Wüste dieses Hauses, und das ist immer eine Oase der Menschlichkeit.

Probst Staemmler aus Wittenberg predigt markant und kraftvoll an den hohen Feiertagen. Er weiß aus der NS-Zeit, was Knast ist. Er ist beliebt bei den Knastologen. Mehr als Pfarrer Giebeler, der weicher wirkt. Gerüchte gehen im Hause um, Giebeler sei Offizier der Volkspolizei und Bezirkstagsabgeordneter. Doch davon ist kein Wort wahr. Es sind Gerüchte, ausgestreut, um den Gefangenen den Gottesdienstbesuch zu verleiden. Nur vierzig bis siebzig Mann kommen. Es wären wohl mehr, wenn man alle, die wollen, zugleich kommen ließe. Aber das geschieht nicht. Meist läßt man nur um die vierzig zu.

Im Mai 1958
Der erste Besuch von der Stasi aus Leipzig: mein zweiter Vernehmer vom Vorjahr in Zivil, dazu der freundliche Herr von den Büchern. Sie vernehmen mich über die Schwestern in den Säuglingspflegeschulen und Krankenhäusern und deren Beteiligung am Leben der Evangelischen Studentengemeinde. In erster Linie aber über die Russen und speziell über den Professor für Praktische Theologie in L. Von ihm weiß ich nur Gutes und Harmloses. Sie ziehen, das ist mein Eindruck, mit etwas langen Gesichtern ab.

Ob ich Wünsche hätte?

Ja, ich würde mich gerne beteiligen an der Aktion gegen die vom Bonner Bundestag im März 1958 beschlossene Integration der Bundeswehr in die atomare Aufrüstung der Westmächte. Ich bitte um die Möglichkeit, Briefe an mir bekannte kirchliche Persönlichkeiten im Westen zu richten, um sie zu bitten, ihren Einfluß geltend zu machen gegen die Verwirklichung jenes Bundestagsbeschlusses wie auch gegen die Ablösung des Militärseelsorgevertrages zwischen Kirche und Bonn durch einen Vertrag über eine andere Gestalt der Seelsorge an Soldaten. Tatsächlich erhalte ich Papier mit dem Bescheid, einmal zwei Entwürfe für derartige Briefe zu machen. Aber: von den beiden Briefen ist später nie wieder die Rede.

Ende Mai 1958
Heute der zweite Stasi-Besuch aus Leipzig. Diesmal ohne den Vernehmer. Es erscheint allein der freundliche Mann, der meine Bücher beschlagnahmt hatte. Lockeres Gespräch. Er erzählt von massiven Äußerungen führender Kirchenmänner gegen den Staat. Oberlandeskirchenrat Gerber, Dresden, habe gesagt, die SED-Presse lüge in dem, was sie zur Frage Konfirmation/Jugendweihe geschrieben habe. Ein anderer Kirchenmann habe erklärt: der Staat müsse noch ganz anders betrogen werden. Meine Frage an den Besucher: »Warum werden diese Leute nicht eingesperrt?« Die lapidare Antwort: »Daran haben wir kein Interesse«. Und nun kommt er zum Eigentlichen. »Übrigens«, meint er, »wir verlangen von Ihnen ja nicht, daß Sie Ihr Christsein aufgeben. Das bleibt Ihnen. Wir nehmen Ihnen nichts. Nur das erwarten wir: daß Sie die Entwicklung zum Sozialismus bejahen.« Meine Gegenfrage: »Aber

Sozialismus heißt doch u. a. auch Atheismus?« Antwort: Ja, aber das sei doch etwas anderes. Das sei ja Wissenschaft ...

Dann wird mir ein Anerbieten gemacht: »Wie wäre es, wenn Sie uns einen ausführlichen Lebenslauf schrieben, worin Sie selbstkritisch Stellung nehmen zu Ihrem Vorgehen?« Ich soll also weiter getestet werden! Wollen sie mit mir »ins Geschäft« kommen? Es sieht fast danach aus. Deshalb hatten sie wohl diesmal nur den Freundlichen geschickt.

Doch was wollten sie konkret? Wünschten sie, was sie in der U-Haft durch Drohungen erpreßt hatten (in ihrem »Jargon«: das Geständnis einer »vorwiegend staatsfeindlichen Einstellung«), jetzt als freiwillige Aussage von mir zu haben? Da muß ich sie sehr enttäuschen.

Andererseits hielt ich es nicht für klug, einfach abzulehnen. Also ließ ich mir Papier und Stift geben und mich einschließen zu dem Versuch, ihre Frage wahrheitsgemäß zu beantworten, ohne sie damit zu »provozieren«. Die Zeit, die ich zu dieser Arbeit benötigte, verging wie im Fluge.

Ich benutzte die Gelegenheit, um »auszupacken«, was mir in meiner Seelsorge an negativen Erfahrungen mit der gesellschaftlich-politischen DDR-Wirklichkeit begegnet war, um zu zeigen, daß und inwiefern mich das als evangelischen Studentenpfarrer seelsorgerlich und theologisch auf den Plan rufen mußte. Auch wies ich auf meinen kirchlichen Auftrag hin, den Studenten in der geistigen und geistlichen Auseinandersetzung des christlichen Glaubens mit dem ihnen staatlich verordneten Marxismus-Leninismus beizustehen.

Zum anderen machte ich sinngemäß deutlich: Der Verfassung der DDR von 1949 lehne sich zwar weithin, bis in die Formulierungen hinein, an die Weimarer Verfassung an, ich hätte sie daher wohl mehr im Sinne der Weimarer Demokratie verstanden. Der Prozeß hätte mich aber zu der selbstkritischen Einsicht gebracht, daß die führende Kraft in der DDR ja die SED sei, die Verfassung demnach auch im Sinne der SED zu verstehen und zu praktizieren sei: »Neue Macht schafft neue Gesetzlichkeit«. Ich mußte einsehen: Gott mutet mir und der Kirche eine so geartete Obrigkeit zu. Das zu akzeptieren führe zu einer neuen theologischen Beurteilung der Lage.

Im Juni 1958

Der dritte Stasi-Besuch aus Leipzig. Ich bekomme »schwarzen Kaffee«. Aus der Thermosflasche des »Freundlichen«. Auch belegte Brote und Äpfel. Mein »Lebenslauf« sei gelesen und nicht übel beurteilt worden.

Nun ein weiteres. Ich möge doch die Namen der Pfarrer, Kirchenleute usw. aufschreiben, an denen der Staat ein Interesse hat, vor allem auch solche, die negativ gegen den Staat arbeiten, aber auch solche, die besonders positiv eingestellt sind. Ich erwidere: »Solche kenne ich nicht. Kritische Haltung gegenüber jedem Staat gehört zu den elementarsten Kennzeichen christlichen Glaubens. Doch will ich gern ein Verzeichnis von Namen geben, von denen ich annehmen muß, daß sie auf Grund ihrer Stellung und Haltung das Interesse des Staates verdienen.«

Was man will, ist deutlich: Man möchte mich Schritt für Schritt dahin bringen, einzelne Männer meiner Kirche, von denen man mir unterstellt, ich wüßte über sie Belastendes auszusagen, zu verraten. Man will mich zum Judas machen. Nun, damit werden sie kein Glück haben. Ich werde ihnen stattdessen einige Portraits von Männern meiner Kirche geben, bei denen ihnen die Augen übergehen und die vor allem den Vorzug haben, daß sie ganz der Wirklichkeit entsprechen.

Als man beim nächsten »Besuch« darauf zu sprechen kommt, wütet man gegen mich, vor allem der »Bergmann«: »Sie denken wohl, wir brauchen Ihre Berichte zur Information. Da irrn Se sich. Wir wissn genau Bescheid. Abr was Se da uffgeschrim ham, das spottet ja jedr Beschreibung. Von Voigt (gemeint war mein Studiendirektor im Predigerseminar Lückendorf) ham Se überhaupt nischt geschriem. Un die andern, da fehln bloß noch de Flügl, dann wär'n das de reinsten Engl.«

Im Oktober 1958

Wieder »Besuch« aus Leipzig. Der »Freundliche« hat wieder zu trinken und zu essen mit, auch Äpfel. Die Liebe, denkt er, geht durch den Magen. Von materialistischen Voraussetzungen her durchaus logisch gedacht. Nun, ich nehme und denke auch.

Dann also »der Vorschlag, die Frage, die Bitte«. Der Mann holt aus seiner Aktentasche ein Buch: G. Klaus, Jesuiten – Gott – Materie. Ob ich das nicht einmal lesen und mich dazu äußern könne?

Was kann mir erwünschter sein? Klaus ist zweifellos der derzeit führende theoretische Kopf der Marxisten in der DDR, jedenfalls im akademischen Raum. Seine Auseinandersetzung mit Fragen des Glaubens, der Kirche etc. lockt mich – auch zur Auseinandersetzung, zumal sein Buch die Antwort ist auf Wetters zweibändiges Werk »Der dialektische und der historische Materialismus«, ein Werk, das anklagend bei der »Hauptverhandlung« auf dem Richtertisch lag! Sehr willkommen ist mir die Besprechung auch insofern, als ich die Möglichkeit habe, Recht und Grenzen der Feuerbachschen Thesen über die Religion unter die Lupe zu nehmen. – Die Besprechung, sagt mir der »Freundliche« später, sei positiv beurteilt worden. Zweifellos nicht von ihm. Er ist für so etwas nicht kompetent.

Nachdem die Sowjets wieder einen schweren Sputnik gestartet hatten, trat er mir triumphierend entgegen: »Sehen Sie, solche Dinge passieren im Sozialismus. Sputniks fliegen um die Erde. Und wo bleibt da Ihr Gott?« Er meinte, Gott sei damit widerlegt. Der Ahnungslose! Ich sagte ihm: »Die Sputniks fliegen nur, weil unsere Naturwissenschaftler und Techniker gemäß der biblischen Weisung: ›Macht euch die Erde untertan!‹ die Gesetze erforscht haben, die Gott in die Schöpfung eingestiftet hat. Diesen Gesetzen müssen sie bei der Konstruktion gehorchen. Und nur weil sie ihnen gehorchen, funktionieren sie.« Das waren für ihn offensichtlich böhmische Dörfer und leuchtete ihm gar nicht ein.

In meiner Besprechung zu Klaus' Schrift hatte ich die Kreuzzugsideologie als eine genuin römisch-katholische Ideologie angeprangert, die von biblisch-evangelischer Sicht abzulehnen sei, sowohl in der Gestalt des Mittelalters als auch in der von 1958. »Bergmann« fuhr mich daraufhin an: »Gegen Adenauer sind Sie bloß, weil der katholisch ist.« M. a. W.: Er war wütend, daß es rein evangelische Argumente gegen Bonn gibt. Daß man also nicht Sozialist im DDR-Verständnis sein muß, um in Abwehrstellung gegen den Kreuzzugsgedanken zu stehen.

Dem »Freundlichen« brachte ich zwei Dinge vor: einmal den unbegründet vor einem halben Jahr entzogene Kinobesuch. Das stellte er sofort ab. Das zweite: Ich bat um eine Zelle mit besserem Licht. Darauf kam der »Freundliche« in meine Zelle, stellte ihre Düsternis fest, und sofort wurde der Umzug in eine Zelle auf der anderen Seite (Nr. 62) angeordnet, eine Zelle mit durchgehender Heizung Tag und Nacht, mit großem Klappfenster, das größtenteils durchsichtiges Fensterglas hatte, wenn auch außen eine Verblendung angebracht war. Die Lampe mit fünfzehn Watt war direkt über dem Tisch angebracht, so daß man doch etwas länger und besser lesen konnte.

Dennoch: Zu untätiger Einzelhaft verurteilt zu sein, das ist in der Tat die schlimmste Strafe, die einem Menschen widerfahren kann. Man tut das, um einen Menschen innerlich zu zerbrechen. Die Staatsanwälte hatten mir zwar – wie mitfühlend! – vor der »Hauptverhandlung« versichert: »Wir wollen Sie nicht zerbrechen. Sie können, wenn Sie Ihre Strafe verbüßt haben, wieder einer Tätigkeit im bürgerlichen Leben nachgehen.« Aber untätige Einzelhaft ist wie eine Vivisektion, ein langsames Zerschneiden und Zerdrücken der Menschlichkeit des Menschen.

Ende November 1958

Ein zweiter Mann kommt auf meine Zelle: H. K. aus D., fünfzehn Jahre Zuchthaus wegen Spionage für Bonn, seine Frau wegen Mitwisser- und Mittäterschaft: sechs Jahre. Motive: Geld, Westberliner Leben genießen, verbunden mit Ressentiment: Man hatte ihn aus FDJ und SED ausgeschlossen, von der Hochschule für Grafik und angewandte Kunst relegiert, zuletzt war er wieder bei seinem Vater in R. bei Leipzig als Tischlergeselle tätig. Seinen Angaben nach hat er sich bei der Stasi selbst gemeldet, ihm sei Straffreiheit zugesagt worden. Dabei habe man ihn aufs Glatteis geführt und schließlich verhaftet, nachdem er umfassend seine Spionagetätigkeit »gebeichtet« habe. Ein schwarzhaariger, breitschultriger, großer Mann! Mit Augen, die mir nie ganz gefielen, irgendwie fehlte ihnen die Offenheit. Ein Anbeter des Westens. Ein Mann, der beim Lesen der Zeitung (»Neues Deutschland«) fortgesetzt in den Ruf ausbrach: »So ein Mist!«

Ich verhalte mich reserviert. Man warnt mich: H. K. sei ein agent provocateur. Nach einigen Tagen muß er angeblich in einer anderen Zelle einen »Lebenslauf« für den »T 34« schreiben. Ob er da nicht etwas ganz anderes geschrieben hat? Ich hüte mich vor »negativen Diskussionen« mit ihm.

Januar 1959

Besuch vom MfS aus Leipzig: der »Freundliche« und »Bergmann«. Man wolle sich mit mir unterhalten, um von mir zu profitieren, von meinen Erfahrungen zu lernen. Ich bin gespannt. Ich bekomme ein großes Stück Creme-Torte. Aus solcher Leckerei habe ich mir noch nie etwas gemacht. Doch jetzt erscheint sie mir als Nahrungsmittel und willkommene Abwechslung. Ich ahne noch nicht, daß sie mir nach einer Weile eine heftige Gallenkolik bescheren wird – Anlaß zu tollsten Spekulationen.

Dann fängt »Bergmann« an zu sprechen. Er mahnt und droht. Von »Unterhaltung« und Gespräch keine Rede mehr. Stattdessen: »Denken Sie ja immer an das Kräfteverhältnis, schätzen Sie das Kräfteverhältnis richtig ein!« Ich komme kaum zu Wort. Schließlich bringt man das Thema »Niemöller« auf. Er wird gelobt. Ich entgegne: »Wäre N. ein Bürger der DDR, er säße mit mir im Zuchthaus. Wenn er nur ein Zehntel von dem, was er drüben gegen die Regierung in Bonn gesagt hat, hier gegen die hiesige Regierung gesagt hätte!« Betroffenes Schweigen.

Dann Bergmann: »Aber Niemöller weiß immer, bis wohin er zu gehen hat.«

In der Hand hält Bergmann dabei die zwei Bände »Reden und Aufsätze« von Martin Niemöller. Sie werden mir überreicht: »Wir wollen nicht, daß Sie hier wie ein Ganove behandelt werden.« Und dann, fast schreiend: »Sie sollen hier intensiv geistig arbeiten.« Man kann sich schwer die Freude eines Gefangenen vorstellen, den plötzlich von außen her solche Bücher erreichen. Es ist, als ob Gott selber durch den Mann des MfS seine Hand über die Mauer durchs Gitter steckte, um mich zu erquicken. Mir ist klar, daß Martin Niemöller selbst dahinter steckt. Der Mann, für den ich in der NS-Zeit jahrelang gebetet habe, als er als »persönlicher Gefangener des Führers« in Dachau schmachtete!

Natürlich will die Stasi mich durch die Bücher beeinflussen in Richtung Anti-Bonn-Politik, Anti-Atomkrieg, Anti-Atomrüstung usw. Doch das ist ja im Grunde unnötig.

Über ein halbes Jahr behalte ich die beiden Bände auf Zelle. Der Zellengenosse darf sie allerdings nicht mit lesen. Zweimal lese ich die Bücher durch. Beim dritten Durchgang sollte die genauere theologische Analyse und Kritik eines jeden Vortrages und Aufsatzes folgen. Doch dazu kommt es nicht mehr. Der »T 34« nimmt die Bände wieder an sich. Ich hätte mich doch ein wenig mehr beeilen sollen.

Übrigens: In den Niemöller-Bänden stehen eine ganze Reihe »dicker Hunde«, Aussagen, die in der DDR als schwere Boykotthetze gegen den sozialistischen Staat bewertet werden, z. B.: die DDR sei ein »Totalstaat«; die im Osten, einschließlich der DDR gewährte Freiheit liege unter dem Freiheits-Existenz-Minimum eines Europäers; die Christen in der DDR hätten ihrem Staat gegenüber die Aufgabe, klar zu bekennen. Das macht mich stutzig. Entweder hat man die Bücher nicht gelesen. Oder man will meine Reaktion prüfen. Anne hat die beiden Bände auch. Sie leiht sie begeistert aus. Ich schreibe ihr in meinem Monatsbrief, sie möge das nicht mehr tun, weil doch einige Stellen drin stehen, die nicht im Sinne der DDR sind. Daraufhin hätte man mich eigentlich befragen und mir die Bände entziehen müssen. Doch nichts dergleichen geschieht. Das mag an der Trottligkeit liegen. Doch vielleicht war es ihnen nur einfach fatal.

Januar 1959

Überraschend erfolgt im Januar noch ein zweiter Besuch der Stasi. Der »Freundliche« kommt und bietet mir an, einen Sonderbrief an Prof. Heinrich Vogel in Berlin-Zehlendorf zu schreiben. Es ginge darum,

Vogel zu »beruhigen«. Im Westen würde man davon reden, ich sei unschuldig verurteilt. Es wäre gut, wenn ich im Brief an Vogel auf diese Frage einginge ...

Auf Zelle schreibe ich einen achtseitigen Brief. Eingangs Dank für seine verständnisvolle theologische Würdigung des christozentrischen Ansatzes meiner Böhlener Vorträge (wovon mir Anne beim Besuch in Torgau berichtet hatte). Dann breite Schilderung der Haft-»Vergünstigungen« (Lektüre kirchlicher Literatur, der Bibel, des griechischen Neuen Testaments, Niemöllers, der westlichen Zeitschrift »Stimme der Gemeinde«). Schließlich Eingehen auf den Prozeß und die Schuldfrage: Ich habe in den entscheidenden Dingen, die mir zur Last gelegt werden, optima fide gehandelt, im besten Glauben an ihre »Gesetzlichkeit«, als Verkünder des Evangeliums. Dabei habe ich aber offensichtlich die Verfassung der DDR falsch interpretiert, nämlich sozusagen weimarisch, nicht sozialistisch. Wohl war mir bewußt, daß meine Tätigkeit als Studentenpfarrer der SED unbequem war. Ich habe aber einen Unterschied gemacht zwischen Partei und Staat. Das sei jedoch falsch gewesen. Man könne an die Beurteilung meines Falles nicht von westlichen Vorstellungen aus herangehen. Von den Vorstellungen sozialistischer Gesetzlichkeit aus sei das anders. Das sei zwar bitter für mich gewesen, aber es sei so. Schließlich ging ich auf die politischen Versäumnisse der evangelischen Kirche in der Vergangenheit z. B. in der Arbeiterfrage und in der Friedensfrage ein. Es sei höchste Zeit, Buße zu tun. Heute ginge es vor allem um den aktiven Friedenskampf, im Westen speziell um die Verhinderung der atomaren Aufrüstung der Bundeswehr.

Als ich dem »T 34« den Brief übergab, war ich allen Ernstes geneigt anzunehmen, er werde den Empfänger erreichen.

März 1959

H. K. wird nach der II zu den Technikern verlegt. Es zieht zu mir H. Z.: Dipl.-Ing., sieht eher »harmlos« aus, hat aber Lebenslänglich – ein mit allen Wassern gewaschener Mann, ein professioneller Mitarbeiter des Secret Service. Blonder Junge, technisch hoch begabt, bestens geschult. Stammt aus dem Gebiet östlich der Oder, noch diesseits der alten Grenze zu Polen. Förstersohn. Hatten auch ein großes Gut, von der Mutter bewirtschaftet. Im Krieg bei der Kriegsmarine, auf einem Schnellboot. Von dort zu den Minensuchern, nach dem Kriege in englischem Sold. Dabei für den Secret Service angeworben. Bruder nach dem Kriege verstorben, Medikamente konnten nicht herangeschafft werden infolge Sturheit der Ost-Behörden. Vater wurde von einer Frau aus dem evakuierten Dorf beim Russen denunziert, wird nach längerer Zeit wieder entlassen. Aber er stirbt an den Folgen der Behandlung.

H. Z. hat professionell in der DDR spioniert, wahrscheinlich auch in Polen. *Was* er konkret ausspioniert hat, darüber kein Wort. Auch die Stasi, selbst das Gericht wissen davon nichts, behauptet H. Z. Er hat als Bauleiter eines Großbaus in Stalinstadt vorzügliche Arbeit geleistet, sehr freigebig, sehr beliebt, sehr großzügig. Außerdem arbeitete er – der englische Geheimdienst hatte ihn in Darmstadt zum Flugzeug-Ingenieur ausbilden lassen – für den Russen in dieser Branche. Das alles aber nur zur Tarnung für seine eigentliche Spionagetätigkeit. Er erzählt manchen Knüller. Zweifellos ein interessanter Mann. Durch ihn erhalte ich Einblick in das Leben und Treiben einer heutigen Baustelle in der DDR. Verheiratet, ein Junge, Frau und Kind wohnen in Hannover. Seinen Jungen kennt er nur vom Foto.

Er arbeitet in Sonderzelle III. Dort hat nur die Stasi Zutritt. Alles geheim. Offenbar für die Sowjetunion. Offenbar Flugzeugbau. Er ist Fachmann im Flugzeug-Zellenbau. Genießt nicht wenige Vorteile: kein Gehaltsabzug, großer Einkauf, Zigaretten nach Bedarf, Feuer auf Zelle. Warum nimmt man ihn mit mir zusammen? Ich werde vor ihm gewarnt. Auch sein eigenes Reden gibt zu denken. Ich will auf der Hut sein.

Andererseits hat H. Z. sympathische Züge. Jungenhaft durch und durch. Man kann sich gut mit ihm unterhalten. Ich höre gern zu, wenn er von der Kriegsmarine erzählt, vom Wald, von der Kindheit, dem Elternhaus, seinen Spionageknüllern (außer DDR). Ich bekomme Einblick in die ausgekochten und skrupellosen Methoden der Geheimdienste. Es wird mir deutlich, in welchem Maße die Männer dieser »Dienste« in allen Staaten heute die Politik bestimmen. Man blickt hier hinter die Kulissen der Weltgeschichte.

Nach und nach stellt sich heraus, daß H. Z. ein recht entschiedener Atheist ist. Ab und zu mildert er ab zu einem bloßen Agnostizismus, aber das ist ja nur die höfliche Form des Atheismus. Großvater und Vater: beide standen quer zum Pfarrer des Ortes zu Hause. Vaters Konfirmationsspruch lautete »An Gottes Segen ist alles gelegen«. Er selbst dazu: Davon hätte er nichts gemerkt; er hätte alles selber erkämpfen und erarbeiten müssen. Dazu kommen die Lehrer.

Von Zeit zu Zeit bricht H. Z. eine Diskussion, eine Polemik, eine Debatte über religiöse Fragen vom Zaun, äußert sich ganz plötzlich scharf und giftig, verletzend, verächtlich, tobt gegen alles, was Kirche, Pfarrer, Religion, Gottesdienst heißt. Immer wieder wird dem Pfarrer auch das Nichtstun bescheinigt, die Schmarotzerexistenz. Wieso diese

Ausbrüche? Sind das Rebellionen, die aus ihm selbst kommen? Will er sich weiden an seinem Opfer, wenn er nicht nur heftig polemisiert, sondern auch massiv droht? Oder: Hat er einen Auftrag in dieser Richtung bekommen? Soll er mich so unter »Beschuß« nehmen, daß mir Hören und Sehen vergeht? Soll er sozusagen prüfen, ob mein Glaube die Zerreißprobe solcher moralischer und handfester »Bombardements« aushält? Ob er mithin »echt« ist? Es ist ihm unausstehlich, auf seine Einwände und Beleidigungen immer klare Antworten zu erhalten (auch wenn die Antwort nur ein: Ignoramus, ignorabimus ist) ohne Erwiderung des Hasses und der Gemeinheit.

Die Atmosphäre in der Zelle ist oft bis zum Äußersten gespannt. Wirklich bis zum Äußersten. Dazu hat H. Z. gewisse Angewohnheiten, die auf Provokation aus sind. Z. B. pufft er mich regelmäßig schmerzhaft am Oberarm. Doch hüte ich mich zurückzuschlagen. Das wäre eine ungleiche Partie. Ich nehme die Sache humoristisch. Eines Tages aber – ich habe Kopfschmerzen – ist es mir zuviel, und ich reagiere sauer. Da schnappt er ganz gewaltig ein. Er überstürzt sich. Droht mit Mord. Er werde mich so aufhängen, daß klar sei, es liege Selbstmord vor, nachts, zur Schlafenszeit. Ich schweige. So gehen wir schlafen. Er glaubt vielleicht, ich hätte Angst und würde diesen Terrormethoden weichen und den Wachtmeister zu Hilfe rufen. Ich will ihm beweisen, daß ich keine Angst habe.

Doch erlebe ich immer wieder: Hat er früh antikirchlich, antichristliche getobt, kommt er mittags und bietet Versöhnung an. Ansonsten ist er sehr kameradschaftlich. Er bringt mir – seit Juli 1959 habe ich als »Nicht-Arbeiter« keinen HO-Einkauf mehr – regelmäßig Zucker, Keks, Margarine, Wurst mit. Auch profitiere ich von seiner Schwerarbeiterverpflegung. Denn er ist gallenleidend, hat mitunter schwere Koliken. Dann kriege ich seine Portionen. Von der vielen Margarine stellen sich zuletzt auch bei mir schon Gallenbeschwerden ein.

Juni 1959

Wieder Besuch vom MfS. Die übliche Zweierbesetzung. Auch diesmal bekomme ich Kaffee und Kuchen. Doch was mir akustisch dazu verabreicht wird – und zwar diesmal mit verteilten Rollen – schmeckt alles andere als angenehm. »Bergmann« sowohl als auch »der Freundliche« fallen sehr wenig freundlich über mich her. Ich hätte eine politische Aktion gestartet. Alle möglichen Leute zum Einschreiten für mich bewegt: Niemöller, Heinemann usw. – »Ich, wieso? Ich bin täglich und stündlich bewacht, auch beim Besuch meiner Frau, ich kann keinerlei

›Aktion‹ starten.« – »Dann eben Ihre Frau. Sie ist politisch gegen uns tätig« (so sinngemäß). – »Meine Frau? Politisch? Sie hat von Politik keine Ahnung und will auch keine haben. Aber es gibt doch eine ganz einfache Erklärung: Wenn meine Frau, wie ich aus Ihren Vorwürfen schließen muß, sich an verschiedene Menschen wendet, die sich für mich einsetzen, dann geschieht das nicht aus politischen Gründen, sondern allein aus menschlichen, weil sie ihren Mann wieder frei und bei sich haben möchte.«

Schweigen.

Mir ist sofort klar, was hier los ist. Rechtsanwalt Tittel und meine Frau haben die von Anfang an mit Tittel abgesprochene Begnadigungsgesuchs-Aktion durchgeführt. Die Gesuche sind eingegangen. Dies war wohl tatsächlich vom MfS nicht erwartet worden. Sie waren darüber sehr böse und schockiert. Statt auf die Bitten der westlichen Brüder einzugehen, verhärteten sie sich umso mehr. Nicht wenige einflußreiche und in der DDR politisch nicht schlecht beleumundete Männer waren es, die für mich etwas riskiert und in Bewegung gesetzt hatten. Anne hatte es mir beim Besuch angedeutet: Präses Wilm, Martin Niemöller, Herbert Mochalski, Karl Barth, Gustav Heinemann, Heinrich Vogel, die kirchlichen Bruderschaften (Kloppenburg, Simon u. a.), dazu der Studentenkongreß für atomare Abrüstung in Berlin-West (Martin Fischer). Aber es war alles umsonst.

Und doch auch nicht. War es doch ein Test für beide: für die DDR und für die westlichen Brüder. Letztere mochten daraus erkennen, wie hart und starr das System war. Andererseits mochte die DDR sehen, daß christliche Bruderschaft eine Realität in der Welt und in Deutschland ist, die sich auch über theologische Unterschiede hinweg bewährt.

Nun fragte ich also meinerseits. Und zwar nach dem Brief an Heinrich Vogel. Ob er abgegangen sei. Ich sei verwundert, daß ich keine Antwort erhielte.

Neuer Wutausbruch auf der anderen Seite. Drohende, zornige Blicke und Gebärden, teils sitzend, teils stehend, dazu die verbale Erläuterung: »Der Brief ist natürlich nicht abgegangen. Das konnten wir Prof. Vogel nicht zumuten. Es ist ungeheuerlich, was Sie da behaupten.«

»Wieso?«

»Sie schreiben doch, zwischen christlichem Glauben und Sozialismus gibt es keine Verständigung. Das sozialistische Recht sei von vornherein unchristlich.«

»Das habe ich nicht geschrieben. Zeigen Sie den Brief. Lesen Sie vor. Ich stehe zu jedem Satz. Das ist eine Unterstellung.«

»Den Brief haben wir nicht mit, wir werden ihn das nächste Mal mitbringen.«

Ich mache mir keine Hoffnungen mehr. Es ist klar: Sie wollen nicht. Ich gebe meiner Ratlosigkeit Ausdruck und frage: »Was soll ich nur noch tun, um Mißverständnisse zu verhindern?«

Antwort: »Wir geben Ihnen noch eine Möglichkeit. Schreiben Sie auf, was Sie im Falle einer Entlassung tun würden, um das Verhältnis zwischen Kirche und Staat zu verbessern.«

Ich erkläre mich einverstanden. Aber sofort kommt ein bissiger und provozierender Kommentar. Schreiend und gestikulierend fährt »Bergmann« mich an: »Sie tun uns keinen Gefallen, wenn Sie drumherum reden (für ihn ist alles theologische und differenzierende Reden Drumherumreden). Uns ist es genau so recht, wenn Sie offen erklären, daß Sie die DDR ablehnen, daß Sie ein Feind sind. Sie ham nu eine letzte Möglichkeit.«

Es erscheint hoffnungslos. Doch ich will diese letzte Möglichkeit ergreifen.

Auf Zelle entwerfe ich ein ausführliches konkretes »Programm« zum Thema. Erster Punkt: Überwindung des Mißtrauens durch offene, auch persönliche Gespräche. Abbau der Ressentiments, Werben für das Verständnis der politischen Lage der DDR, Vermeiden aller Unterstützung des Kalten Krieges ... Zum Schluß: »Ich bin mir darüber im klaren, daß ich zur Besserung des Verhältnisses zwischen Kirche und Staat nur wirksam beitragen kann innerhalb und im Rahmen meines kirchlichen Amtes.« Damit war eindeutig zum Ausdruck gekommen, daß ich zu einer Mitarbeit in Massenorganisationen nicht bereit bin.

Zum Schluß – als P. S. – füge ich die Bitte an, mir die vor einigen Monaten durch Prof. Karl Barth für mich den Behörden der DDR übergebenen und von diesen (Staatssekretariat für Kirchenfragen) auch zur Lektüre freigegebenen beiden Bände seiner »Kirchlichen Dogmatik« zur Verfügung zu stellen.

6. Oktober 1959

Morgen feiert die DDR ihr zehnjähriges Bestehen. Seit vielen Monaten verdichten sich die Gerüchte von einer Amnestie großen Stils. Alle Wachtmeister sind davon überzeugt. Kommissionen sind gekommen, haben Akten gewälzt. Bekleidung ist eingetroffen. Doch der »T 34« hat verlauten lassen, daß »nichts drin« sei. Warten wir ab. Es ist immer noch Zeit.

Da schließt es. Der »T 34« steht in der Tür. Ich muß folgen in sein

Zimmer. Dort übergibt er mir den Band IV,1 von Barths »Kirchlicher Dogmatik«. Ich wage kaum, meinen Augen zu trauen, und bin voll großer Freude. Sie wird zwar ein wenig gedämpft. Denn mit schnarrender Stimme sagt mir der Oberleutnant: »Daß Sie's wissn, das Buch kriegen Se nich zu lesn, weil Sie uns so simpatsch sin, sondern bloß, weil wir dem Mann, der's geschickt hat, en Gefalln tun wolln.« Dennoch: Es ist wie ein Wunder! In der Arrest-Abteilung des Zuchthauses zu Torgau ein Band der »Kirchlichen Dogmatik« Karl Barths! H. Z. ist auch platt.

Bis Januar 1960 werde ich das Buch haben können. Der »T 34« will es schon nach einem Monat zurückhaben (obwohl es meiner Frau schriftlich gegeben wurde, daß *beide* Bände für die Dauer der Haft in meinem Besitz sein sollten!). Doch ich weise darauf hin, daß das ja kein Roman ist, sondern ein wissenschaftliches Werk, das studiert sein will.

Die Monate bis Januar 1960 vergehen wie im Flug. Sie sind wie ein geistlicher Rausch. Wohl stoße ich mich an einigen Barthiana, etwa an seiner Stellung zur Uroffenbarung oder zur Realpräsenz im Abendmahl. Aber es ist doch ein so hohes Maß beglückenden Konsenses da! Und eine so fröhliche, so vom Lob Gottes durchtränkte peregrinische Theologie, daß man darüber ganz froh werden und bleiben muß. Eine Kirche, die so vollmächtige Schriftausleger hat, ist mitnichten tot!

November 1959

Der letzte Besuch Annes im alten Jahr. Es hat keine Amnestie gebracht. Eine schwere Welle der Enttäuschung ist über die Zuchthäuser der DDR und viele, viele Familien draußen dahingerollt und hat die Gemüter weiter verhärtet. China, Polen, Ungarn, Korea, Vietnam: sie alle haben amnestiert. Doch nicht die DDR. Nur schwarzen Kaffee gab es am 7. 10. und anständiges Essen. Sonst nichts. Nicht einmal Kino. Ist das ein Zeichen von Stärke?

Anne bin ich zu viel Dank verpflichtet. Was hat sie nicht alles für mich getan! Wieviele Gänge, Bittgänge, Bittschreiben. Auch eine Eingabe an den Präsidenten der Republik. Auch diese wurde zwar abschlägig beschieden. Was hat sie aber im ganzen dennoch erreicht! – von Martin Niemöller die Bibel, die ich auf Zelle behalten durfte, bis hin zu Karl Barths Dogmatikband, das habe ich im Grunde durch ihren Einsatz erhalten. Und jeder Besuch hat einen festlichen Anstrich. Und Nachrichten. Jedes Mal eine lange Liste konkreter Dinge, Namen, Ereignisse! Sie füllt mich an mit dem Leben draußen. Immer berichtet sie von viel Post aus Ost und West. Sogar aus dem Ausland kommen Grüße. Der Christliche Studentenweltbund hat mich auf seiner Fürbittenliste.

Die Wachtmeister verhalten sich recht nett. »Knitterbacke« sowieso. »Sarotti-Mohr« saß nur die ersten beiden Male dabei. Auch bei »Napoleon« ging es gut, ganz zu schweigen vom »Bäckermeister«. »Putenschlunk« hingegen ist hinterhältig. Kommt hinterher auf Zelle mit Fangfragen, wie man das und das gemeint habe.

Die dreißig Minuten der Begegnung am Tisch sind ganz dicht und erfüllt. Ich komme Anne immer »schmuck« vor. Nun ja, man wird vorher rasiert, mit anständigem Haarschnitt versehen, in eine saubere Uniform gesteckt. Ein solcher Besuch tankt mich richtig auf. Neue Lebensimpulse, neue konkrete Fürbitt-Anliegen, neue Gesichtspunkte.

Merkwürdig bleibt: Beim Besuch müssen wir uns immer wieder an einen bestimmten Platz setzen, und zwar in die unmittelbare Nähe des Fensters, unterhalb dessen sich allerhand Dosen an der Wand befinden. Eine einfache Klingelanlage, wie sie zur Verständigung der Wachtmeister dient, sieht doch wohl anders aus. Nun, wir haben keine Geheimnisse.

Januar 1960

Man bringt mich in den Besuchsraum. Herein tritt, ich traue meinen Augen kaum: Professor Emil Fuchs von der Leipziger Theologischen Fakultät. Das ist in der Tat eine Überraschung. Wir haben theologisch sehr verschiedene Standpunkte. Auch hat er mich nach dem Prozeß in der »Union« nicht eben in Schutz genommen. Mein Mißtrauen ist beträchtlich. Will man mich jetzt von dieser Seite her ideologisch beeinflussen? Kommt er aus eigener Initiative, oder kommt er im Auftrag? Er ist ein religiöser Sozialist, ein Quäker, eine anima candida.

Mir fällt ein, daß ich ja seinerzeit, als ich den Brief an Heinrich Vogel schrieb, vom »T 34« einen weiteren Auftrag erhielt: In der Leipziger Volkszeitung waren Friedenbeiträge von Emil Fuchs u. a. Zu diesen Persönlichkeiten und ihren Artikeln sollte ich mich äußern. Das hatte ich freimütig getan. Fuchs kam dabei trotz meiner Kritik recht gut weg. Ob er von dieser meiner »Einschätzung« weiß?

Das Gespräch ist stockend. Eigentlich kein Gespräch, sondern für mich eine Gelegenheit zum Fragen und zur Information aus erster Hand. Ich erfahre von der Theologischen Fakultät in Leipzig, von der Christlichen Friedenskonferenz in Prag, von den Vorbereitungen für eine gesamtökumenische Friedenskonferenz, von seinen Büchern: der zweibändigen Ethik und der zweibändigen Autobiographie. Ob ich Interesse daran hätte?

»Sehr. Nur weiß man nie, ob man die Bücher bekommt. Karl Barth hat zwei Bände für mich geschickt. Trotz schriftlicher Zusicherung habe ich erst nach langem Drängen wenigstens einen bekommen. Den anderen aber nicht.«

»Wenn Sie darum bitten, bekommen Sie sicher auch den anderen.« Der Ahnungslose!

Als die dreißig Minuten um sind – der »Küchenheinz«, ein Unterleutnant, bewacht uns – frage ich Fuchs direkt: »Herr Professor, haben Sie nicht irgendeine besondere Frage zu stellen?« Denn er ist offensichtlich befangen und schüchtern.

Er: Wie ich denn nun über meine Sache denken würde?

»Ich habe daraus gelernt; es sei eben nötig zu erkennen, daß die Kirche nichts tun dürfe, was dem Kalten Krieg helfen oder ihm Vorschub leisten könne. Man muß sehen, daß der Zustand, der sich herausgebildet hat, kein vorübergehender Zustand ist. Es muß deshalb in der DDR zu einem modus vivendi zwischen Staat und Kirche kommen.«

H. Z. sagte ich nichts von diesem Besuch. Da wird er nach zwei Tagen äußerst ungemütlich, macht mich madig, wirft mir ungute Spekulation vor. Er tut so, als habe er einen Anspruch auf Information. Es zeigt sich: Er weiß genau Bescheid. Behauptet: diesen Besuch habe die Stasi geschickt, jedenfalls habe sie ein Interesse daran. Sein eigener »Spionagedienst« im Hause hat entweder glänzend geklappt, »Küchenheinz« hat geplaudert - oder er hat einen Auftrag vom »T 34«, mich über Fuchs auszuhorchen.

Ende Januar 1960

Nun habe ich dem »T 34« den Barth-Band doch schon zurückgeben müssen. Ich habe gebeten, mir dafür das griechische Neue Testament, das er mir am 6. Oktober 1959 abgenommen habe, zurückzugeben. Damals hatte er mir die Sache so begründet, daß »in diesem Hause« nicht wissenschaftlich gearbeitet würde, das gäbe es nicht. Jetzt sagt er: »In diesem Hause wird deutsch geredet, nicht griechisch.« Doch trifft es sich, daß der evangelische Gefängnisseelsorger mich nach dem Buch fragt und ich ihm davon berichte. Da packt ihn die Wut, und er erreicht, daß es mir nach einigen Monaten (!) der »T 34« wieder auf meine Zelle bringen muß.

Februar 1960

Nach fast drei Jahren hinter verblendeten Fenstern komme ich endlich weg von der I hinauf auf die II, in der ersten Etage. Da gibt es keine

Blenden mehr vorm Fenster, und ich kann den Himmel sehen, die Vögel und die Wolken, die von früh bis spät ruhelos wandern.

Die neuen Zellengefährten: A. Z., ein älterer, leidender Mann aus Thüringen, ehemaliger Nazi, war lange im Haft-Arbeitslager, kommt schon nach kurzer Zeit in Arbeit. Ist Spezialist für Schalldämpfer von Jagdgewehren. Er zeigt uns den Roten Milan, der draußen seine Kreise zieht, die Gabelweihe. Ein lieber, sanftmütiger, umgänglicher Mann.

Der andere: H. H., hat nach 1945 Landwirtschaft studiert, dann zur Kasernierten Volkspolizei, rascher Aufstieg zum Leutnant. Der Junge ist hell und von schneller Auffassungsgabe, war bei den Marinestreitkräften (damals Vopo-See), wegen einer Sauferei geht er ab, wird LPG-Bauer, auch die Frau tritt mit ein in die LPG in Mecklenburg. Doch er verdient da zu wenig, sie kaufen ein Einzelgut, als Einzelbauer kommt er gut voran, wehrt sich aber energisch in Versammlungen gegen die sozialistische Entwicklung auf dem Lande, man wird aufmerksam, die Lage spitzt sich zu, er macht »die Mücke«, zusammen mit seiner Frau (dabei müssen sie natürlich durch den amerikanischen Geheimdienst), baut sich im Saargebiet eine Existenz auf. Arbeitet am Koksofen, nebenbei im Steinbruch. Macht Geld. Anschaffungen. Seine Frau stammt aus der Umgebung von Berlin. Bei einem gelegentlichen Besuch in Berlin fahren sie mit der S-Bahn durch den Ostsektor. Verhaftung. Prozeß. Sieben Jahre wegen Spionage! Wir treiben Französisch. Aber es ist schwer. H. leidet unter der Arbeitslosigkeit. Er liest auch in der Bibel. Trotzdem kommt es kaum zu Gesprächen. Sein Herz schlägt bei der Tanzmusik, beim Schlager. Schon im Mai werden wir getrennt.

Wieder einige Wochen allein.

Ende Februar 1960

Anne ist zu Besuch da. »Putenschlunk« sitzt dabei. Sie spricht mit mir über das Geburtstagspaket. Ob sie wieder solchen Zucker schicken soll wie im vorigen Jahr? Sie meint Traubenzucker, Dextropur. Ja, warum nicht, im vorigen Jahr hat man ihn mir ohne weiteres ausgehändigt. Vielleicht kannst du ihn noch mit Vitaminen anreichern?

»Putenschlunk« hört das alles. Aber er sagt kein Wort.

März 1960

Mein Geburtstagspaket ist angekommen. »Putenschlunk« händigt es mir aus. Was bei ihm so »Aushändigen« heißt. Er zerschneidet mit einem Riesenmesser das Stück Butter in zig Fetzen. Ich sage ihm: »Herr Polizeimeister, so hat mir bisher noch niemand die Butter zugerichtet wie Sie.« Er: Ich solle den Mund halten, ich hätte ihm keine Vorschriften zu machen. Ich: »Das war keine Vorschrift, nur eine Feststellung.« Und siehe da: bei den nächsten Stücken sind es schon weniger Fetzen. Und bei dem letzten genügen – man staune – zwei Schnitte, einer längs, einer quer.

Natürlich wird auch der Käse und alles andere Schneidbare zerschnitten, selbst die Citrusfrüchte, bis auf die Zitronen. Bei meinem ersten Geburtstagspaket (1958) wurde sogar von jeder Zitrone ein Stück weggeschnitten. Dann ist der Zucker in der Zellophanpackung an der Reihe. Er wird nicht ausgehändigt, sondern beschlagnahmt. In der Ambulanz wird untersucht werden, ob er der Vorschrift entspricht. Es darf laut Vorschrift nur Würfelzucker geschickt werden.

Am nächsten Tag Mitteilung vom »Stotterlieschen« bei der Medikamentenausgabe auf Zelle (H. Z. ist noch da), daß mein Zucker Traubenzucker sei und zu den »Effekten« (= Privatsachen) gehe. Traubenzucker sei ein Medikament.

Ich erwidere: »Traubenzucker, Dextropur, ist in jeder Lebensmittelhandlung ohne Rezept frei erhältlich, also kein Medikament.«

Montag früh können Bitten und Beschwerden vorgebracht werden. Ich bitte, den Kommandoleiter wegen der Beschlagnahme des Zuckers zu sprechen. Nach mehreren Tagen werde ich bestellt. »Buffalao Bill« und »Putenschlunk« empfangen mich. Den Zucker könne ich nicht bekommen, er sei Medikament. Ich widerspreche. Antwort: »Entsprechend unseren Vorschriften ist Traubenzucker Medikament.« Ich entgegne: »Ich bin verwundert, daß der Herr Polizeimeister, der doch beim Besuch meiner Frau die Aufsicht hatte und unser Gespräch über Zucker mit angehört hat, uns nicht belehrt hat. Im vorigen Jahr habe ich den Zucker bekommen.« Peinliches Schweigen. Es bleibt aber dabei, ich kann den Zucker nicht erhalten. »Buffalo Bill«: »Wir schlagen Ihnen vor, den Zucker für ein Altersheim zu bestimmen.« Ich beantrage aber Rücksendung des Zuckers an meine Frau, damit sie eindeutig Klarheit darüber bekommt, daß Zucker nicht erlaubt ist. Die Sache wird – wir sind ja in Deutschland – schriftlich fixiert und mit Unterschrift versehen. So tritt der Zucker seinen Rückweg nach Leipzig an.

April/Mai 1960

Im April wird der Brief meiner Frau beschlagnahmt, im Mai mein eigener Brief. Ob das mit der Zucker-Affäre, von der natürlich das ganze Haus spricht, zusammenhängt? Es ist nicht auszuschließen, im Gegenteil sehr wahrscheinlich.

Den Grund dafür, daß der April-Brief meiner Frau zu den Akten geht, erfahre ich trotz wiederholter Anstrengung nicht.
Ich melde mich zum Anstaltsleiter.

Hier eine Zusammenstellung der mir im Laufe der Zeit auferlegten Einschränkungen für die Abfassung von Briefen:
keine religiösen Dinge ansprechen,
keine Bibelzitate,
keine Zahlen,
keine Vogelnamen,
keine Blumennamen,
keine Buchtitel und -inhalte,
keine Patenkinder erwähnen,
keine sonstigen Personen außer Blutsverwandten,
keine Krankheiten anführen,
nichts Sentimentales schreiben (z. B. »Die Krähen ziehen krächzend durch den Nebel«).

Dazu aus Gesprächen mit »Sarotti-Mohr« über Briefe von mir:
Er: »Wer ist M. Hausmann?« Ich: »Ein Schriftsteller.«
Nach vier Wochen erneut die Frage:
»Wer ist dieser Hausmann?« Ich: »Ein Dichter.«
Er: »Vor vier Wochen haben Sie etwas ganz anderes gesagt!«
Ich: »Schriftsteller, ein Dichter ist auch ein Schriftsteller.«
Er: »Das weeß ich ooch.«
Er (liest vor): »Winde, Wolken, Jahreszeiten, Tidestrom am Schilf entlang ...« Plötzlich Wutausbruch: »Was soll denn das heißen? Was ist denn das für ein Unsinn, für ein Mist.«
Ich: »Das ist Lyrik. Lyrik ist nicht jedermanns Ding.«
Er: »So was gommt jednfalls nich wiedr in Frache.«

Er: »Sie schreiben: ›Es tut mir leid, daß Du nun binnen zehn Jahren schon das fünfte Mal umziehen mußt‹. Solche Sachen wünschen wir nicht.«
»Was soll das heißen: ›Tröste Dich damit, daß uns gesagt ist: Wir haben hier keine bleibende Statt!‹?«
Ich: »Das ist eine biblische Wendung. Nichts in dieser Welt bleibt ewig.«
Er starrt mich wütend an. Dann: »Koofn Se sich gefällchst ne andre Brille, daß Se endlich klarer sehn.«
Ich: »Es ist nicht Ihres Amtes, meinen Glauben zu beleidigen.«
Er: »Solche Stelln, das fällt weg. Schreim Se sachlich, klar un verständlich!«

Mai 1960

Für einen Tag und eine Nacht in eine neue Zelle zusammen mit zwei armen Schluckern, die beide einen künstlichen After haben. Eine sehr unangenehme Sache. Der eine ein Melkmeister, ein Köllscher Junge. Hat sechs Jahre wegen Trockenstehenlassen der Kühe u. a. m. Der andere: ein Buchhalter aus der Rhön. Hatte Verbindung mit einem ehemaligen Privatunternehmer: acht Jahre. Beim Kölner ist an allem die Frau schuld, wie er sagt. Bei dem anderen stirbt die Frau, d. h. sie nimmt sich das Leben. Ich sehe nicht ganz durch. Doch sind die Strafen nicht zu hoch? Hat der Staat das nötig?

Am nächsten Tag werden wir getrennt. Ich komme auf eine Zelle mit zwei anderen Gefangenen. Nach wenigen Wochen bin ich wieder allein. Jetzt gibt man mir die Ethik von Emil Fuchs herein. Eine recht interessante Lektüre. Freilich in allem die Bestätigung dessen, was ich von ihm schon weiß.

Juni 1960

Zwei junge Burschen kommen plötzlich in die Zelle: R. R., ein Eisenbahner aus Torgau, und ein Traktorist aus der Nähe von Torgau. Wir kommen alle drei in den zweiten Stock auf die III. Da hat man einen weiten Ausblick. Das Haus ist vollgestopft. Wo soll das noch hin? Wir bekommen sogar noch einen vierten Mann: G. H., Techniker, Fachmann für Wasser und Zucker. Zuletzt bei Leuna. Wegen einer Frau, mit der er ein uneheliches Kind hat, kommt er nicht weiter und flieht nach dem Westen. Der Weg führt über die westlichen Geheimdienste. Das Gewissen schlägt. Er kommt zurück: fünf Jahre wegen Spionage.

In der Leipziger U-Haft begegnet er einem »Zeugen Jehovas«. Er erkennt seine Schuld vor Gott. Sonst ist er vollgestopft mit irrigen Ansichten der »Zeugen«. Gute Gespräche. Er sieht die Irrtümer sehr bald ein. Kann denken. Die beiden jungen Kerle entpuppen sich als Rabauken. Sobald wir ein geistiges oder geistliches Gespräch beginnen, heben sie ein Hühnerhofkonzert an. Sie kommen bald in Arbeit. G. H. und ich, wir lesen Bibel, Gesangbuch, Katechismus. Beten. Gute Gemeinschaft. Klare Verhältnisse.

Ein »Zeuge« kommt auf unsere Zelle: W. P. aus Berlin-Niederschönhausen. Sehr leidend: hochgradige Spondylose, Herz, Augen (W. P. kann nur noch wenig lesen). Wegen seiner Glaubensüberzeugung und daraus resultierender illegaler Betätigung hat er sechs Jahre zu verbüßen, noch nicht mal zwei sind um. Es zeigt sich: W. P. ist ein sehr weltoffener Sektierer mit weitem Horizont. Kommt mir weit entgegen. Ich halte mit G. H. Bibelarbeit. Er hört zu und sagt zu mir: »Du könntest fast ein ›Zeuge‹ sein.« Doch grundsätzliche Gespräche mit ihm führen nicht weiter.

Leider kommt G. H. bald in Arbeit zu den Technikern. Ich habe nur noch anfangs im Gottesdienst mit ihm Berührung. Dann kommt er nicht mehr hin. Einfluß der anderen? Es sieht fast so aus.

Juli 1960

Ein sehr warmer Sommer ist draußen über dem Land.

Mit W. P. wieder nach II. Dort ist schon ein dritter: R. T. aus der Nähe von Ueckermünde, Hauptmann der VoPo gewesen, wegen Frauengeschichten nach dem Westen gegangen, dafür acht Jahre. Ein netter, sympathischer Mann, leidet an Minkos, sehr asthmaleidend, empfindlich und zurückhaltend.

August 1960

Bald kommt ein vierter Mann in die Zelle: R. K., beinbehindert, armamputiert, nur ein Auge: Explosion eines Sprengkörpers nach dem Ersten Weltkrieg. Das hat er bis heute nicht verwunden. Klug, umgänglich, zäh. Religiös schwer ansprechbar. Wir treiben Englisch mit dem englischen Vorwort des griechischen Neuen Testaments; zuerst auch mit R. T. Doch der fällt bald aus. Keine Energie. Schrecklich zu sehen, wie er so dahinkümmert. Doch seine Augen leuchten, wenn man auf ihn eingeht und Zeit für ihn hat. Er ist noch jung, und sein Gesicht doch schon so verwelkt. Wir treiben zusammen ein wenig Erdkunde. Stundenlang kann er über einer Landkarte grübeln und sinnen. Vor allem über Gegenden, die er kennt. Die sind ihm eine anscheinend unerschöpfliche Quelle der Freude. Er muß wohl sehr an seiner Heimat hängen. Ich will mit seiner Frau und den Eltern in Verbindung treten. Hoffentlich gelingt es ihm, eher rauszukommen.

September 1960

Die Gerüchteküche wegen einer Amnestie ist Tag und Nacht unter Dampf. Wilhelm Pieck ist gestorben. Der Staatsrat ist gebildet. Hoffentlich trügen die Gerüchte nicht. Doch sogar H. L., ein Theologe, der aus Brandenburg kommt, wegen Spionage zu fünfzehn Jahren verurteilt, auf sieben Jahre herabgesetzt, von denen zwei Drittel verbüßt sind, hat Hoffnung.

1. Oktober 1960

Staatsratserklärung: »Straferlaß durch Gnadenerweis«! Tatsächlich. Man faßt es nicht. Auch die Bedingungen stehen in der Zeitung: Zwei Drittel bei Strafen über drei Jahren müssen »weg« sein. Doch da ist die

Klausel: »soweit erwartet werden kann, daß die Betroffenen sich nicht wieder gegen die demokratische Gesetzlichkeit vergehen.«

10. Oktober 1960

R. K. und ich haben heute den Personalbogen für die Entlassung ausgefüllt und den Lebenslauf geschrieben. Mir wurde sogar gesagt, ich solle mir Winterkleidung schicken lassen. Es scheint doch etwas zu werden. Merkwürdig bleibt nur, daß der Schlußtermin der Abwicklung der 30. November ist. Das ist doch noch eine recht lange Zeit – es ist doch alles vorbereitet, Kommissionen haben gearbeitet, Beurteilungen wurden geschrieben usw.

30. Oktober 1960

Wir wandern. Diesmal nach der X. In einer Zwölferzelle. Das hat Vorteile. Vor allem: man hat mehr Auslauf. Außerdem: diese Zwölf hier sind gute Kumpel. Ich lege ihnen die Offenbarung des Johannes aus. Vier halten sich dazu.

17. November 1960

Täglich finden Entlassungen statt. Meine Frau hat mir die Wintersachen geschickt. Heute kommt sie zu Besuch. Vielleicht darf sie mich mitnehmen? Sie hat große Hoffnung bis zum 30. November. Ich auch.

H.-G. S. befragt mich: »Muß ich eigentlich als glaubender Christ in der DDR bleiben, um mich gerade hier als Christ zu bekennen und zu erweisen, oder könnte ich mich auch nach dem Westen absetzen?« Ich antworte: »Je bewußter einer Christ ist und versucht seinen Glauben zu leben, umso weniger kann er ohne besondere Not dieses Land und seine Menschen dem Atheismus überlassen«. Er schien betroffen und fragte nicht weiter.

1. Dezember 1960

Die Amnestieaktion ist abgeschlossen. »Für alle ist etwas drin«, hatten die Offiziere vor den Strafgefangenen gesagt. Da haben wir nun die Bescherung. Einige hundert durften nach Hause. Zumeist Jugendliche. Etwa fünfzig bis sechzig Gefangene, für die alle Papiere vorbereitet waren, bleiben zurück. Darunter ich, auch R. K., der Einäugige, auch H. L., der Theologe. Nur P. S., der alte Knabe, darf gehen. Wir gönnen es ihm alle. Er hat lange genug geschmachtet, weil er einem Rechtsanwalt bei der Flucht behilflich gewesen war. Fünf von sieben Jahren hatte er hinter Gittern verbracht.

23.–26. Dezember 1960

»Tinko« bringt mir die Autobiographie von Emil Fuchs auf die Zelle. Als Bibliotheksbuch. Aber ich darf es als erster lesen!

Über Weihnachten allein! Ein besonderes Fest. Nicht würdig eines Straferlasses durch Gnadenerweis! Also Bürger zweiter, nein dritter Klasse! Ein Doppelmörder war von Lebenslänglich auf zwölf Jahre herabgesetzt und im November nach Hause entlassen worden. So sind die Maßstäbe in diesem Staate: »Wir können alles verzeihen. Aber wenn Sie gegen den Staat etwas tun, das können wir nicht verzeihen.«

Doch gerade in der Heiligen Nacht unter dem Klang der Weihnachtsglocken wird mir Trost durch Text und Melodie eines neuen Christnachtsliedes, das mir in den Sinn kommt. Doch es sind nicht nur die Glocken, die mich in dieser Nacht mit der Gemeinde und mit den Lieben daheim kommunizieren lassen: An dieser Weihnacht dürfen die Strafgefangenen in Torgau zum ersten Mal ein Weihnachtspäckchen empfangen. Außerdem sind mir monatlich zehn Mark zum HO-Einkauf auf Betreiben von draußen bewilligt worden.

Januar 1961

In der Zeitung steht eine Erklärung des Politbüros zur Rechtsentwicklung in der DDR und bald darauf ein Kommentar von Walter Ulbricht. Daraus geht eindeutig hervor, daß die Nichtamnestierten Leute sind, die schlechterdings als Verworfene, endgültig Abgeschriebene angesehen werden müssen, die der Gesellschaft nicht mehr zugezählt werden können, jedenfalls in ihr keine Perspektive mehr haben.

Ich melde mich zum Anstaltsleiter. Ich will wissen, welcher Grund für meine Nichtamnestierung maßgebend war.

Ein paar Tage bin ich mit W. zusammen, einem Manne des amerikanischen Geheimdiensts. Wir stopfen zusammen Strümpfe, nähen Knöpfe an. Das heißt: er tut das, ich helfe nur. Er kommt leider bald in eine andere Zelle. Schade.

17. Februar 1961

Heute hat meine Schwiegermutter 81. Geburtstag. Doch sie muß auf ihre Tochter bis zum Nachmittag warten. Denn früh ist diese noch bei mir in Torgau. »Buffalo Bill« ist dabei und sehr brummig. Droht mit Abbruch. Nun ja, wir wissen ja, wo wir sind. Zuvor hatte er mir noch mitgeteilt, daß ich nach dem Besuch dem Anstaltsleiter vorgeführt würde.

(Den hatte ich inzwischen kennengelernt durch einen unverhofften

Besuch auf Zelle. Er kam mit einer ganzen »Legion Engel«, Offizieren, Ledermantelträgern und Wachtmeistern. Blick schräg nach vorn zur Wand, wurde ich katechisiert: Päckchen? Weihnachtspäckchen? HO-Einkauf? Briefe? Dann zwei weitere Fragen: »Was arbeitet eigentlich Ihre Frau?« und »Was werden Sie tun, wenn Sie entlassen werden?« Zum letzteren ich: »Das weiß ich noch nicht. Denn ich werde ja zuvor noch bei meiner Kirche vor Gericht gestellt.« Sichtlich verblüfft darauf der Anstaltsleiter: »Wie kommen Sie darauf?« Meine Antwort: »Das hat mir ein Offizier des Ministeriums für Staatssicherheit bei der Untersuchungshaft in Leipzig gesagt.« Darauf keine weitere Frage.)

Nachdem ich eine Stunde gestanden hatte (als psychologische und biologische Vorbereitung des Gespräches), kam endlich der hohe Herr, begleitet von einem Hauptmann. Langes Hin und Her. Viel allgemeines Gerede. Ich drang schließlich auf Konkretion: »Sagen Sie mir bitte klipp und klar, welche Gründe zu meiner Nichtamnestierung geführt haben.«

Ergebnis: Zwei Briefstellen. Die eine: »In der HO konnte ich wieder einige Äpfel erstehen.« Die andere: »Ich freue mich über die Obstschwemme in diesem Jahr, von der ich in der Zeitung lese. Auch wir bekommen etwas ab. Mehrere Male gab es Tomaten.« Diese beiden Briefstellen seien eine Verhöhnung. Ein weiterer Grund: Im Umgang mit dem Wachtmeister hätte ich mitunter einen »spitzen Ton ...«

Ich: »Bitte, erlauben Sie mir, mich in dieser Sache an den Herrn Staatsratsvorsitzenden persönlich zu wenden.«

Dies wurde mir zugesagt. Versuchen wir also das Letzte, testen wir alles durch!

Überraschenderweise werde ich vor dem Röntgen im Kreiskrankenhaus am Nachmittag zur Effektenkammer gebracht. Überprüfung. Meine schöne Unterjacke von Motten zerfressen! J. L. flüstert mir zu: »Mensch, du wirst entlassen.« Tatsächlich muß ich auch den Empfang meines Entlassungsgeldes unterschreiben. Dann zum Röntgen. Auf Zelle: Personalbogen und Lebenslauf. Arzt.

Wirklich?

18. Februar 1961

Früh Bibelarbeit über Apostelgeschichte 20.

Wir stopfen.

Da wird geschlossen: der »Staatsanwalt«. »Was, Sie arbeiten noch?« »Ich hatte keine Mitteilung, was nun eigentlich Sache ist.« »Aber ich weiß es.« »Dann weiß ich es auch.« Ich werde zum Baden gebracht. Es ist so weit. Um 10 Uhr vormittags bin ich entlassungsreif im Zimmer des Anstaltsleiters. Bei ihm ist Staatsanwalt Holzmüller aus Leipzig. Ich werde ermahnt: Drei Jahre Bewährungspflicht! Sonst ... Jede Wohnungsänderung ist meldepflichtig.

Holzmüller: »Ihre Entlassung geht zurück auf Fürsprache von Prof. Fuchs beim Staatsratsvorsitzenden. Daraufhin hat Walter Ulbricht persönlich in Ihre Sache eingegriffen und die Strafaussetzung verfügt.«*

Einer der beiden sagte mir noch: »Wenn es nach uns gegangen wäre, so würden sie nicht entlassen.« Nun, diesmal ging es nicht nach ihnen. »Küchenheinz« begleitet mich durch die Gasse bis fast zur Hauptstraße.

Es ist nicht zu fassen. Ich bin wieder auf freiem Fuß. Welche Wendung!

> »Wenn der HERR die Gefangenen Zions erlösen wird,
> werden wir sein wie die Träumenden.
> Dann wird unser Mund voll Lachens
> und unsere Zunge voll Rühmens sein.
> Dann wird man sagen unter den Heiden:
> Der HERR hat Großes an ihnen getan!
> Der HERR hat Großes an uns getan;
> des sind wir fröhlich.
> HERR, bringe zurück unsere Gefangenen,
> wie du die Bäche wiederbringst im Südland.
> Die mit Tränen säen,
> werden mit Freuden ernten.
> Sie gehen hin und weinen
> und streuen ihren Samen
> und kommen mit Freuden
> und bringen ihre Garben.«
>
> Psalm 126

---

* Wie mir sehr bald bekannt wurde, hatte die gesamtdeutsche EKD-Synode vor wenigen Tagen einstimmig eine Entschließung gefaßt, wegen meiner Entlassung bei Walter Ulbricht vorstellig zu werden. Das gab wohl den Ausschlag.

Außerdem, so wurde mir in Leipzig bezeugt, hatten dort Zusammenkünfte von Vertretern der politischen und staatlichen Behörden mit Leipziger Pfarrern stattgefunden, bei denen zu Beginn die Amtsbrüder einhellig feststellten: »Wir sprechen mit Ihnen nur, wenn Sie Dr. Schmutzler rauslassen, sonst nicht.« Erst als die andere Seite ernsthaft versprach, sich für diese Entlassung einzusetzen, fanden sich die versammelten Pfarrer zum Gespräch bereit. Eine späte, aber deutliche Haltung der Solidarität, nicht innerkirchlich abgeschottet, sondern freimütig, Auge in Auge mit den Vertretern von Partei und Staat.

Der neue Anfang

Der Sänger des 126. Psalmes hat recht: Aus schlimmer Gefangenschaft frei werden versetzt in einen Zustand des Träumens; ein zentnerschwerer Alpdruck weicht, neues Leben strömt durch Auge, Ohr und Herz, so wie das Neugeborene die Welt in sich einsaugt, mit den Sinnen und allen Poren, als Rätsel zum Staunen, noch unwissend, so ergeht es dem Entlassenen, nur eben bewußt, wissend, aufgetan, die farbige, bunte, vielgestaltige Welt als Geschenk ganz neu und tiefer erlebend, und doch wie träumend, freilich wie ein Traum des Lachens und des Rühmens, ein Traum der großen Freude.

Dieser Zustand hielt noch lange an. In ihm befand ich mich noch, als ich mich mit Anne zum ersten Male wieder auf den Weg nach Dresden begab und wir vom Landesbischof im Landeskirchenamt willkommen geheißen wurden. Seit der Begegnung Ende November 1957 im Leipziger Bezirksgericht hatten wir uns nicht gesehen, wohl aber waren wir im Gebet einander jahrelang nahe gewesen. Jetzt hielt der Bischof meine Hand, blickte mich an und fragte: »Bruder Schmutzler, können Sie uns vergeben?« Ich wußte nicht, wie mir geschah. Ich stammelte ein unbeholfenes Ja. Die Frage kam mir unwirklich vor. Ich hörte sie wie träumend. Wie weit weg war doch das Vergangene, wie entfernt alles anklagende Fragen gegenüber meiner Landeskirche!

Nachdem feststand, daß ich künftig im Landeskirchenamt arbeiten sollte, wurde mir eines der schönsten Arbeitszimmer zur Verfügung gestellt, ein Raum mit Balkon und Aussicht ins Grüne. Es war, als wollte man mir durch solche Arbeitsbedingungen ermöglichen, etwas von dem nachzuholen, was ich fast vier Jahre lang entbehrt hatte: mich als menschlicher Mensch zu fühlen.

Man übertrug mir die Funktion eines theologisch-pädagogischen Fachberaters der Landeskirche in eigener Verantwortung, ohne genaue Abgrenzung der Aufgaben, mit der Möglichkeit, mich überall, wo es die Sache unter theologisch-pädagogischem Aspekt erforderte, einzumischen, Vorschläge zu machen, Initiative zu ergreifen. War dieser Auftrag nicht geradezu maßgeschneidert für mich?

In Torgau hatte ich mich oft mit den Wochensprüchen unserer Kirche befaßt. Zu etlichen habe Ich mir auch kleine Melodien einfallen lassen.

Einer war mir in der letzten Zeit hinter Gittern besonders lieb geworden. Er begleitete mich jetzt auf den theologisch-pädagogischen Acker, den in neuer Funktion zu bestellen mir künftig aufgetragen war:

> Wer die Hand an den Pflug legt und siehet zurück,
> der ist nicht geschickt zum Reiche Gottes.
>
> Lukas 9,62